Ute Bales

Keiner mehr da

RHEIN MOSEL VERLAG

Rhein-Mosel-Verlag
Brandenburg 17, D-56856 Zell/Mosel
Tel. 06542/5151
www.rhein-mosel-verlag.de

ISBN 978-3-89801-477-9
Ausstattung: Stefanie Thur
Titelbild: bit.it / photocase.de
Lektorat: Michael Dillinger
Korrektorat: Melanie Oster-Daum
Autorenfoto: Michael Spiegelhalter

Ute Bales

Keiner mehr da

und andere Erzählungen

RHEIN-MOSEL-VERLAG

Inhalt

Stress

Viertel vor sieben. Jetzt aber zack, zack! Wo ist das graue Hemd? Ob er das Kind mitnehmen könne zur Krippe, ausnahmsweise, ruft Lilly vom Flur aus, sie müsse nämlich um halb neun schon im Geschäft sein. »Klar, mach ich!«, ruft Paul aus dem Bad, während er sich die Zähne putzt und gleichzeitig nach dem Hemd angelt. Dann hält er die Zahnbürste unter das fließende Wasser, steckt sie zurück in den Becher, wischt den Mund ab, knöpft das Hemd zu, greift nach der Krawatte. Schnell noch frühstücken, einen Kaffee im Stehen, währenddessen Unterlagen zusammensuchen, nachsehen, ob er alles dabei hat: die Mappe mit den Bauplänen, seine Notizen für die Sitzung, Brille, Handy, Geld. Die Kleine schläft noch halb, als Lilly sie für die Kinderkrippe anzieht und die Dose richtet mit den gestifteten Möhren und den Apfelstücken. »Ich komm mit runter«, sagt sie, verstaut noch zwei Windeln und das Fläschchen in der Tasche mit dem Einhorn. Die Kleine sträubt sich, als Lilly sie hochhebt und verzieht das Gesicht, als ob sie anfangen wolle zu heulen. Aber Lilly setzt sich das Kind auf die Hüfte, folgt Paul die Treppe hinunter zum Auto und küsst ihn. »Denk dran«, sagt sie, »heute Abend sind wir zu Ferchs eingeladen. Wir sollen was mitbringen. Einen Salat oder so was.«

»Sorry, bei mir wird's spät heute. Entscheide du. Hab jetzt keine Zeit mehr. Drück mir die Daumen für die Sitzung.« Lilly packt die Kleine in den Kindersitz auf der Rückbank und gibt ihr einen Kuss. »Tschüss, meine Süße, bis später. Mama hat dich sooo doll lieb.« Dabei reißt sie die Arme nach oben und malt einen riesigen Ballon in die Luft. Die Kleine streckt die dicken Ärmchen. Paul ist kaum vom Hof gefahren, da schläft sie ein.

Zur Firma ist es Gott sei Dank nicht weit, 30 Minuten, wenn es gut läuft, allerdings ein paar Kreisverkehre und Ampelschaltungen, die Zeit brauchen. Das Radio ist leise gestellt, aber so, dass er alles hören kann. Er trommelt mit den Fingern auf das Lenkrad. »Billie Jean is not my lover, she's just a girl who claims that I am the one, but the kid is not my son, she says I am the one, but the kid is not my son ...« Er mag Michael Jackson und überlegt, welches Album das war. Dann Nachrichten zur halben Stunde. Belgien will der Ukraine 30 F-16 Kampfflugzeuge zur Verfügung stellen. Macron ist auf Staatsbesuch in Deutschland. Es folgen Prognosen zur Europa-Wahl. Zum Schluss das Wetter. Sonnig soll es bleiben, wolkenlos, bei 20 Grad. Er hört nur mit halbem Ohr zu. Die Mutter liegt in der Klinik mit Oberschenkelhalsbruch. Er überlegt, wann er hinfahren könnte. Vielleicht morgen.

Vor ihm trödelt ein E-Golf. Der Fahrer fährt 40, obwohl 60 erlaubt sind. Das Handy klingelt. Er kann nicht abheben. Das Klingeln hält an und macht ihn nervös. Er dreht das Radio lauter. »Israelische Streitkräfte haben erneut Angriffe im südlichen Gazastreifen in Rafah durchgeführt. Mehrere Dutzend Menschen sind dabei getötet worden. Medienberichten zufolge sind Panzer ins Zentrum der Stadt vorgedrungen.« Er dreht leiser. Die Nachrichten sind kaum auszuhalten. Das Handy beruhigt sich, aber keine zwei Minuten später vibriert es wieder. Nein, er kann jetzt nicht. Aus dem Augenwinkel sieht er, dass es Alain ist. Was kann er wollen? So früh? Eine Viertelstunde wird er sich noch gedulden müssen. Paul fällt ein, dass er vergessen hat, die Computerbrille mitzunehmen. Mit der sieht er besser als mit der Lesebrille. Er zweifelt, ob er die Lesebrille auch wirklich eingepackt hat, tastet in seiner Tasche herum. Die Brille ist da. Gott sei Dank. Was Alain wohl gewollt hat? Alain ist sein Vorgesetzter. Sie sind per Du, dennoch lässt Alain den Chef oftmals ganz schön raushängen. Paul geht die Tagesplanung nochmal durch. Die Sitzung wird sich ziehen. Sicher fällt die Mittagspause aus. Um neun kommen Rix, der Architekt, und Marcel Durant vom Vorstand, und dann noch einer von einer Agentur, ein junger Schnösel, jedenfalls nach Meinung der Sekretärinnen. Frühestens um Viertel nach neun wird es losgehen, mit der üblichen Begrüßung durch Alain. Dann wäre er dran. Ein paar einleitende Worte, dann würde er seinen gläsernen Pavillon präsentieren. Ganz in die Landschaft hat er den Bau integriert, flankiert von Birken und Kiefern, als Übergang zu einem Park, dabei ausschließlich umwelt- und klimaschonende Aspekte bei der Konstruktion bedacht. Nur lokale Materialien sollen verbaut werden. Die großzügige Glaswand, die sich in eine breite Türöffnung verwandeln kann, gefällt ihm besonders. Gäste gleiten sozusagen durch den Pavillon hindurch, denn die gläserne Wand lässt sich komplett zur Seite falten und verbindet den Bau unmittelbar und schwellenlos mit den Plätzen und Wegen des Parks.

Paul hat alles bedacht, alles berechnet. Der Entwurf ist gut geworden. Sehr gut sogar. Er lehnt sich zurück, während er den Drücker bedient, mit dem er das Fenster der Fahrertür einen Spalt breit öffnet. Wenn er bloß etwas mehr Ruhe hätte. Auch im Büro. Aber da ist ständig jemand mit einer Frage, einer Bitte, einem Kommentar. Ein Großraumbüro mit sechs Arbeitsplätzen. Eines der Telefone klingelt immer.

Auch zuhause hat er keine Ruhe. Gestern hatte Lilly ihn, noch bevor er am Abend seine Jacke an die Garderobe hängen konnte, aufgefordert, die Spülmaschine auszuräumen. Oft ist sie so genervt, sieht nicht, dass er hungrig und müde ist. »Du hast's gut, hast mit alldem nichts zu tun«, hatte sie gesagt und auf das Spielzeug gewiesen, das im Wohnzimmer verbreitet herumlag, auf die halb ausgeräumte Einkaufstasche, auf die ungeöffneten Briefe, auf den Korb mit

Wäsche, auf die Kleine, die in ihrem Babystuhl vor einem halb leer gegessenen Teller mit Brei saß, von dem ein Teil in ihren Haaren, auf dem Lätzchen und auf dem Boden gelandet war. Lillys Stimme war gereizt. »Du kannst gleich mal loslegen«, hatte sie ihn angefahren und geklagt, dass sie erst am Morgen geputzt hätte, und jetzt, hach, sieh dir das mal an, wie es wieder aussieht. Er wollte sich über den Kühlschrank hermachen, fand aber nichts außer einem Becher Joghurt, den er, gelehnt an die Küchentür, mit einem benutzten Löffel auskratzte. Später dann Lillys Gemurre, weil er das Zeug auf dem Wohnzimmertisch zusammengeschoben hatte und seine Akten ausbreiten wollte. »Kannst du nicht warten, bis die Kleine schläft?« Also gut, Spülmaschine ausräumen, Boden säubern und Müll runterbringen. Gegen neun, als Lilly und die Kleine schliefen, konnte er damit anfangen, seine Planung nochmal durchzurechnen, Ungenauigkeiten zu bereinigen.

Paul ist gut in dem, was er macht. Sehr präzise. Das sagt jeder. Er will auch gut sein und aufsteigen. Das Haus muss bezahlt werden, ein Urlaub sollte auch drin sein. Er will seiner Familie etwas bieten. Aber er ist auch oft erschöpft, das weiß er selbst, denkt aber, dass die Erschöpfung zum Erfolg gehört wie der Strand zum Meer. Lilly sagt ihm oft, dass er zu viel arbeitet. Manchmal macht ihn das wütend. Natürlich hat sie recht. Sein Leben platzt aus allen Nähten, er schläft zu wenig, er unternimmt zu wenig mit seiner Familie, hetzt von der Arbeit nach Hause, gelegentlich noch zum Sport. Abends ist er platt. Auf dem Kühlschrank haften kleine Zettel: Alex zurückrufen. Zahnarzttermin verschieben. Geburtstag Claire. Konzert bei Christine. Steuerunterlagen abgeben. Er hetzt sich ab, weiß nicht, wie andere das schaffen, mit ihren ausgeglichenen Partnern, den perfekten Wohnungen, den perfekten Kindern. Sein Leben ist eine Aufeinanderfolge von Aufgaben und Verpflichtungen. Die Kollegen fragen schon gar nicht mehr, ob er nach der Arbeit mit ihnen etwas trinken gehen möchte.

Im Radio spielen sie ein Stück von Queen. Wie für ihn bestellt, denkt er, als er die ersten Takte hört. Ja, Freddie, der hat es vielleicht anders gemacht als er. Aber Freddie ist tot, hat für seinen Lebenswandel bezahlt. »I want to break free, I want to break free, I want to break free from your lies, you're so self satisfied, I don't need you, I've got to break free, God knows, God knows I want to break free …«

Nein, seine Freiheit wird anders aussehen. Er sieht auf die Uhr. Nicht mehr weit bis zur Firma. Die Sitzung fängt um neun an. Bis dahin kann er sich alles nochmal ansehen. Noch ein Stück Landstraße, eine eintönige Strecke, die er täglich fährt. Manchmal weiß er nicht mehr, ob er schon an diesem oder jenem Dorf vorbei ist und an diesem oder jenem Kreisverkehr. Er blinkt, biegt ab. Keine hundert Meter entfernt hat sich ein Stau gebildet. Polizisten versuchen den Verkehr zu regeln. Wenn nur nicht diese ständigen Verzögerungen wären. Er überlegt, das Gebiet zu umfahren. Er kennt sich aus. Aber dann wartet er doch. Morgens ist jede Minute kostbar. Fünf davon hat er schon verloren. Es dauert weitere fünf Minuten, der Verkehr rollt langsam wieder an. Das Industriegebiet kommt in Sicht mit den Bürotürmen. Wieder vibriert das Handy. Ein Kreisverkehr nähert sich, er fährt 20, nimmt das Handy kurz hoch, überlegt abzunehmen, lässt es dann aber wegen der Polizisten und schaltet es auf lautlos. Dass Alain immer so eine Angst hat, wenn Präsentationen anstehen. Hinter dem Kreisverkehr liegt das Firmengelände. Der Parkplatz ist voller als sonst. Er parkt weiter hinten, neben Alains weißem BMW.

Obwohl es hell ist, knipst er im Büro die Lampe über seinem Schreibtisch an. Dann fährt er den Computer hoch. Zwanzig nach acht. Zwei Kollegen sind schon da, nicken herüber, wieder vibriert das Handy, dann klingelt das Telefon. Die Frau am anderen Ende der Leitung hat ein Problem, das er nicht lösen kann, weswegen er sie weiterverbindet. In der Leitung tutet es, Musik setzt ein, er legt auf. Durch die Glastür sieht er einen seiner Kollegen, der in der Küche vor dem Marilyn-Poster von Warhol steht, eine Zigarette raucht und einen Kaffee trinkt. Der Kollege grüßt, indem er die Kaffeetasse hebt. So locker will ich es auch mal haben, denkt Paul, da stürzt Alain auf ihn zu. Paul entschuldigt sich, dass er unterwegs nicht antworten konnte, zu viel Verkehr und massenhaft Polizisten. Alain ignoriert, was er sagt und fragt ihn nach Unterlagen, einem gelben Ordner mit wichtigen Sachen, wichtig für die Sitzung. Gestern habe er sie auf Pauls Schreibtisch gelegt, heute seien sie verschwunden. Schon eine Stunde lang sei er dabei, alles abzusuchen. Paul weiß nichts von einem gelben Ordner, schüttelt den Kopf. »Keine Ahnung.« Alain ist genervt. Hektisch seine Stimme. »Das gibt's doch gar nicht.« Paul hilft suchen und als sie den Ordner endlich finden – er liegt auf dem Kopierer und es ist kein gelber, sondern ein blauer – ist es halb neun. Alain blättert sich durch die Seiten und stellt fest, dass eine der Kalkulationstabellen fehlt. »Die hab ich mitgenommen, nochmal durchgerechnet«, sagt Paul. »Zeig nochmal alles her«, verlangt Alain, und als Paul seine überarbeiteten Pläne auf dem Schreibtisch ausbreitet, Alain mit dem Finger hierhin und dorthin zeigt und schließlich nach der Kalkulation der Glastüren fragt, ringt Paul nach Luft. »Sag bloß, du hast die Kalkulation vergessen?« Alain hat wieder diesen durchdringenden Blick. »Nein, hab ich nicht.« Paul zieht den eigenen Ordner heran. Kurz zweifelt er, ob er die neue Kalkulation nicht vielleicht doch hat liegen lassen, auf dem Wohnzimmertisch, zwischen all den Zeitschriften und Prospekten. Dann aber hält er seine Berechnung in der Hand. »Hier«, sagt er erleichtert, schiebt das Blatt in Alains Richtung und erklärt seine Veränderungen. Alain ist einverstanden, nickt.

Paul kehrt zurück an den Computer, schickt der Sekretärin seine Zeichnung. Für die Power-Point-Präsentation, schreibt er dazu. Mit ein paar Klicks ist das erledigt. Wieder läutet das Telefon. Er klemmt den Hörer ans Ohr, betätigt die Maus, klickt sich zum Kalender. »Woche siebenundzwanzig sagen Sie? Moment mal, Moment bitte, das ist schlecht, da bin ich schon voll, kann auch nichts schieben, oder Moment noch, doch vielleicht in der Woche achtundzwanzig, am Donnerstag, aber nein, halt, klappt auch nicht. Wie wär's nochmal eine Woche später, am Mittwoch, den 3.? Ja, da könnte ich den Vormittag anbieten. Aha, prima, passt. Dann trage ich das so ein.«

Rix kommt herein, wirft den Mantel über einen Stuhl. Paul fällt auf, dass Anzug und Krawatte nicht aufeinander abgestimmt sind. »Guten Morgen, die Herren«, sagt Rix und grüßt in die Runde. Er folgt Alain in den Besprechungsraum. Paul rafft seine Unterlagen zusammen und fährt sich durch die Haare. »Dann wollen wir mal«, sagt er. Aus den offenen Bürotüren dringt gedämpftes Reden und unterdrücktes Lachen. Im Besprechungsraum stehen Orangensaft- und Mineralwasserflaschen vor einer Reihe umgestülpter Gläser. Wie immer ist eine Platte mit belegten Brötchen gerichtet worden. Die Fenster sind geöffnet. Frühlingsluft zieht herein, verweht den Duft der Wurstbrötchen. Einen Moment steht Paul am Fenster, sieht auf den Parkplatz, auf die wenigen Sträucher. Dann begrüßen ihn Kollegen, der Raum füllt sich.

Alain eröffnet die Sitzung, verweist aber bald auf Paul, der mit wenigen Klicks auf dem bereitgestellten Computer seine Planung präsentiert.

Paul sieht, wie Rix gleich vorne, neben Durant und dem Schnösel von der Agentur, in der ersten Reihe sitzt, zurückgelehnt, die Arme verschränkt, mit erwartungsvoll hochgerecktem Kinn. Während der ganzen Zeit behält er diesen arroganten Blick bei, bis zum Schluss, aber Paul lässt sich nicht aus der Ruhe bringen. Sein Vortrag ist gut. Flüssig und schlüssig. Auch seine Ideen. Er muss einige Fragen beantworten, darauf ist er vorbereitet. Eine der Fragen führt zu einer kurzen Debatte. Paul hat gute Argumente, kennt das Für und Wider, kann überzeugen. Ein paar Kleinigkeiten müssen angepasst werden, für Paul ein Klacks, eine Sache von nicht mal einer halben Stunde.

Die anschließende Diskussion dauert, wie erwartet. Am Ende gibt es Applaus. Alain sieht erleichtert aus. Seine Aufregung scheint verflogen. Er nickt Paul sogar zu und hebt die Kaffeetasse, als wolle er mit ihm anstoßen. Erst gegen zwei verabschieden sie sich. Es sind noch ein paar von den Brötchen übrig, Paul schnappt sich eines mit Salami und sitzt ein paar Minuten später wieder an seinem Schreibtisch. Alain kommt kurz vorbei, meint, dass alles noch flüssiger hätte laufen können, ist aber insgesamt zufrieden. Der Anrufbeantworter blinkt und achtzehn neue Mails sind reingekommen. Zuerst die Sachen für Rix, entscheidet Paul, nur vorher noch ein Blick auf das Handy. Ein Freund fragt, ob sie sich zusammen ein Fußballspiel ansehen wollen, am Abend, im Scooters. Geht nicht, tippt er zurück, wir sind schon eingeladen. Er schiebt das Handy zurück in die Tasche und will sich den besprochenen Korrekturen seiner Bauzeichnung widmen, checkt aber dann doch noch vorher die Mails und hört den Anrufbeantworter ab. Bis halb vier ist er damit beschäftigt, einige der Mails sind dringend, er wird mindestens noch eine Stunde dranhängen müssen, wenn das mit dem Bauplan heute noch erledigt werden soll.

Kurz nach vier klingelt das Handy. Lillys Foto erscheint auf dem Display. Was sie wohl will? Er hat ihr doch gesagt, dass es später wird. Er hebt ab. Lillys Stimme klingt seltsam, anders als sonst. »Ich bin in der Krippe. Marie ist nicht da, mein Gott, Paul, wo ist Marie?« In diesem Moment trifft ihn etwas, das ihn wie ein heißer Strahl durchbohrt. Der Bauch zieht sich zusammen. Marie, Marie, seine kleine Marie! Angst umklammert ihn, würgt ihn, er sieht sich fallen, mit dem Kopf voraus, in eine Tiefe ohne Boden, und die Luft bleibt weg, wie wenn man zu weit geschwommen ist und kein Land mehr sieht und der Sauerstoff fehlt und man gierig atmet. Er kann Lilly nichts sagen, lässt das Handy fallen und stürzt aus dem Büro. Der Aufzug ist irgendwo, das dauert zu lange, er drückt nicht, sondern rennt die Treppen hinunter, tastet unterwegs nach dem Autoschlüssel. Sein Herz schlägt bis zum Hals. Marie, seine kleine Marie! So lang kam ihm nie ein Weg vor, zweiter Stock, erster Stock, Parterre und der lange Flur, und endlich ist er draußen auf dem Hof, dann bei den Parkplätzen, er rennt, sein Wagen steht ziemlich weit hinten, er rennt, vorbei an den Glascontainern. »Marie, Marie …!« Schon aus der Entfernung drückt er die obere Taste des Klappschlüssels, los, los, komm schon, es klackt, da ist er am Auto, reißt die Tür auf. Marie, Marie! Maries Kopf liegt seltsam verbogen, die Ärmchen liegen schlaff neben dem kleinen Körper. Er öffnet den Gurt, will sie aus dem Sitz heben, aber sie ist so weich, so weich. »Nein, nein!«, schreit er, »nein, nein, nein!« Er hebt sie auf, presst sie an sich, spürt, was er nie spüren wollte, niemals. Sein Herz hämmert, ihn schwindelt, es dröhnt in seinem Kopf, er hält sein Kind fest, ganz fest, dann öffnet er den Mund, schreit aus tiefsten Tiefen, ein Schrei, wie man ihn in Schützengräben hört, ein Schrei, gefüllt mit Rotz und Blut und Schmerz, ein Schrei, der nicht mehr aufhört, nie mehr aufhört für ihn, nie mehr.

Überleben

Rückblickend schrumpften die Jahre, und obwohl sie viele Jahre im Historischen Archiv der Universität geputzt hatte und darüber alt geworden war, blieb genau genommen nur dieser eine Tag, der letzte, der sich ihr ins Gedächtnis brannte. Die anderen Tage versanken in der Ödnis der Lappen, des Putzmittels mit dem Zitronenduft, den sie längst nicht mehr wahrnahm. Sie versanken auch in der Eintönigkeit der Gegenstände, die sie abstaubte, polierte, abrieb und wischte: die Flure mit den marmorierten Fliesen, die Waschbecken und Spiegel, die Toiletten, die Treppen mit den rutschigen Stufen, die unaufgeräumten Schreibtische – bitte so lassen, wie sie sind und nichts verändern, höchstens die Telefone desinfizieren – die graumelierten Teppichböden, die sie täglich mit einem viel zu schweren Sauggerät vom Staub befreite.

Sie arbeitete immer gegen Feierabend, wenn die Büros sich leerten und nur noch diejenigen zurückblieben, die entweder das Tagespensum nicht geschafft hatten oder sich profilieren wollten. An jenem Tag saß nur noch ein Mann mittleren Alters im vorletzten Büro vor einem Computer. Sie kannte ihn vom Sehen, hielt ihn für einen der Assistenten, denn neben der teuren Kleidung, die er trug, ging eine gewisse Arroganz von ihm aus, die sie für assistententypisch hielt. Er war für ihren Geschmack zu modisch gekleidet, seine mit Gel zurückgekämmten, gewellten, an den Ansätzen graumelierten Haare saßen perfekt. Die Hände waren leicht gebräunt. Am Zeigefinger steckte ein Silberring mit einem blauen Stein. Zu seinem sichtlich teuren Smartphone, das auf dem Schreibtisch lag, gehörte ein silberfarbenes Lederetui, das eine erkaufte Eleganz verströmte, die ihr nicht gefiel, ebenso wenig wie der schwarze Füllfederhalter mit den Goldstreifen. Ein Wichtigtuer, dachte sie.

Er schien sie nicht zu bemerken, arbeitete konzentriert, und auf ihre Frage hin: »Stört es Sie, wenn ich hier sauge?«, zuckte er nur mit den Schultern und sah sie nicht an. Ihr fiel auf, dass er die Tastatur nicht professionell betätigte, sondern mit zwei Zeigefingern darauf herumhackte. Wer weiß, wie lange er noch brauchen würde, dachte sie und wollte nicht warten. Die anderen Büros waren schon gemacht und das Saugen würde schnell gehen. Sie bückte sich, steckte den Stecker ein, betätigte das Pedal. Der Staubsauger heulte auf. Der Lärm war unangenehm. Auch der Mann war unangenehm.

Lächerlich fand sie es, als er den Stuhl zurückschob, aufstand, und das Zimmer verließ. Nicht einmal zwei, drei Minuten Lärm waren ihm also zuzumuten. Sie schüttelte den Kopf, lenkte das Gerät um zwei Zimmerpflanzen, sammelte ein paar abgefallene Blätter auf, nutzte dann die Gelegenheit, um unter dem Schreibtisch zu saugen. Sie konnte nicht anders als hinsehen: Der Bildschirmschoner zeigte eine Alpenlandschaft, idyllisch, mit weißen Bergspitzen. Neben der Tastatur und unter einer Lampe, die ihren Kopf über die Schreibtischplatte beugte, lagen Fotos. Die Fotos waren vergilbt, sichtlich alt, schwarzweiß. Sie war an etwas erinnert, trat näher heran, lehnte den heulenden Staubsauger an die Kante des Schreibtisches und hob eines der Fotos auf.

Da war es, als ob sie in etwas versänke. In ihrem Kopf waren sofort das Brüllen und die Kommandos von denen wieder da, die vor der Rampe für Ordnung sorgten. Da waren die Rufe von Leuten, die sich verloren hatten, der Gestank, das Durcheinander, da war die Angst. Auf einem der Fotos war eine Frau zu sehen, eine Frau mit einem Kopftuch, halb abgewandt, mit einem Mädchen an der Hand. Mutter, dachte sie, aber es war nicht ihre Mutter, es war eine fremde Frau mit einem fremden Kind, aber doch eine Mutter, wie ihre eine gewesen war und ein Kind, das so aussah wie sie. Genau dort hatten sie gestanden, auf dem zertretenen Boden an dieser Rampe und ihre Ohren waren voll gewesen von diesem Geschrei, von den Befehlen, von den Rufen Hunderter Menschen, die blass und kraftlos aus den Waggons strömten und vor den Wagen auseinandergerissen, geprügelt und gestoßen wurden. Auch sie waren auseinandergerissen worden, obwohl die Mutter sie fest umklammert hatte. Aber dann war eine andere Hand dazwischen gegangen, eine harte, brutale Hand, und die Hand der Mutter war zu schwach gewesen, musste nachgeben, und da hatte sie plötzlich ganz allein dagestanden in diesem Gewirr.

Ihre Hände zitterten. Ja, genau dort, wo die Frau mit dem Kopftuch und das Mädchen standen, hatten auch sie gestanden. Und neben ihr lag ein Mann auf dem Boden, ein gebrechlicher, alter Mann, der sich nicht mehr auf den Beinen halten konnte. Einer der Aufseher hatte dem Alten seine schwarzen Lederstiefel in den Hals gebohrt und gelacht.

Vielleicht war sie dieses Kind an der Hand dieser Frau, vielleicht war das das letzte Foto der Mutter. Aber nein, die Mutter war blond und die Frau auf dem Foto dunkelhaarig. Das Herzklopfen wurde schlimm. Mit dem Fuß trat sie auf das Aus-Pedal des Staubsaugers, das Heulen verebbte. Sie schwitzte, konnte den Blick nicht von dem Bild lösen. Die Mutter hatte das gleiche Tuch. Und das Kind war ungefähr sechs, so wie sie damals. Sie hob das Foto bis dicht vor die Augen, als ob sie hineinkriechen wollte. »Mutter«, flüsterte sie immer wieder, »Mutter.«

Als der Mann zurückkam, stand sie immer noch da mit dem Foto in der Hand. »Was tun Sie da? Legen Sie das weg.« Aber sie konnte das Foto nicht weglegen, es war doch ein Foto der Mutter, das wollte sie ihm sagen, aber sie konnte es nicht sagen, sie konnte nur dastehen und den Mann anstarren. »Legen Sie es zurück!«, wiederholte er und als sie es nicht tat, riss er ihr die Bilder aus der Hand und herrschte sie an: »Was erlauben Sie sich? Lassen Sie mich endlich arbeiten!«

Sie bückte sich nach dem Staubsauger, streckte den Arm vor. Unleserlich aber doch vorhanden am Unterarm die Nummer 50463. Unterhalb der vier ein kleiner schwarzer Winkel.

Der Mann sah, was sie sah. Zögerte. Ein abschätziger Blick traf sie. »Sie haben also überlebt«, sagte er. Sie nickte. »Wie haben Sie denn überlebt?« Sie schluckte, konnte nichts sagen, wusste nicht, was er meinte, weil sie sich ertappt fühlte wegen des Fotos und weil so eine Schärfe in seiner Stimme lag und auch in seinem Blick. »Indem Sie anderen das Essen weggenommen haben? Indem Sie sich die besseren, wärmeren Kleider gegriffen haben und die anderen frieren ließen? Indem Sie sich die dicke Suppe von ganz unten aus dem Topf geschöpft und den anderen die wässrige Brühe von oben überlassen haben?« Sein Gesicht näherte sich ihrem. »Oder indem Sie jemanden denunziert haben?« Sie antwortete nicht. Er redete weiter. »Sie sagen also nichts. Typisch. Niemand redet darüber. Die, die rausgekommen sind, haben es verstanden, andere zu schinden. Sie waren rücksichtslos, skrupellos, nur deshalb haben sie überlebt. Und deshalb reden sie nicht.«

Sie spürte Brechreiz aufsteigen. Wollte weg. Er baute sich vor ihr auf. »Sie haben auf Kosten anderer überlebt. Es muss beschämend sein, am Leben geblieben zu sein.« Herausfordernd sah er sie an. Sie hasste die Art, wie er im Stehen die eine Hüfte herausdrückte und beim Sprechen mit den Fingern spielte. »Sie haben kein Recht«, sagte sie, ging in Richtung der Tür, taumelte, hielt sich an der Klinke fest, sah noch, wie er die Fotos zusammenlegte. Sie hatte die Mutter vor Augen, hörte, wie sie beim Namen gerufen wurde. Sie zögerte. Dann kehrte sie um, ging in Richtung des Schreibtischs. Der Mann sah auf. Ihre Stimme war fordernd: »Geben Sie mir das Foto. Es ist bei Ihnen in keinen guten Händen.«

»Was soll das? Machen Sie, dass Sie …!«

»Rauskommen? Ich soll also gehen? Nicht ohne das Foto dort!« Mit dem Finger zeigte sie auf die Aufnahme, die oben auf dem Stapel lag, wollte danach greifen. Er sprang auf. »Wenn Sie nicht sofort verschwinden …«

»Dann sorgen Sie dafür, dass mir gekündigt wird, oder?« Sie schnappte sich das Foto und wollte hinaus. Ihr Herz raste. Sie spürte es bis in den Kopf. Dann aber blieb sie stehen, drehte sich nach ihm um, hielt das Bild hoch: »Das sind wir. Das hier vorne bin ich und hier, sehen Sie, das ist meine Mutter«, sagte sie, deutet auf die Frau mit dem Kopftuch und fügte hinzu: »Meine Mutter hat den Dreck der Kapos wegputzen müssen, damals, und ich putze jetzt Ihren weg! Wir haben uns also nicht gerade verbessert.« Wieder wollte er auffahren, aber sie ließ ihn nicht zu Wort kommen, denn während sie das Foto in ihre Schürzentasche steckte, trat sie ganz nah an ihn heran und flüsterte ihm ins Gesicht: »Wir hatten immer schon mit Kapos zu tun, verstehen Sie? Kapos, so wie Sie. Und immer, wenn ich meine, dass die Zeit besser geworden ist, begegne ich solchen Leuten. Leute, die nichts verstanden haben. Und wissen Sie, was daran das Schlimmste ist? Dass es genau deshalb niemals aufhören wird.«

Amerika

I

»Stell dir vor, Johann, übers Meer, mit dem Wind und dann: Amerika! Dort sind wir frei und keiner kann uns was! Kein König, kein Kaiser. Schon gar keine Armee. Wir reisen mit dem Dampfschiff. Auf so ein Schiff würde unser ganzes Dorf passen. Da wo wir ankommen, sie sagen dort Eiländ, ist alles voller Menschen. Der Hafen muss riesig sein. Zuerst werden wir untersucht, dann prüfen sie, ob wir lesen und schreiben können. Wenn wir aufgenommen sind, heißt es: Pusch tu Nu Jork. Das heißt, wir werden nach Nu Jork gebracht. Nu Jork ... Pferdebahnen und Restaurants gibt es dort und Häuser, die so hoch sind wie unsere Kirche!«

»Ja, aber Nick, sag, wie viel Geld haben wir? Was, wenn es nicht reicht?«

Hubert Metzen saß am Küchentisch und aß, die Ellbogen aufgestützt. Vor ihm stand eine Schale mit saurer Milch, in die er Brot gebrockt hatte. Die Tür stand offen. Er konnte nicht anders, als der Unterhaltung seiner beiden Söhne zuzuhören, die in der Kammer nebenan altes Werkzeug reparierten. Jetzt planen sie wieder, dachte er. Seit Wochen sprachen sie von nichts anderem und wie es aussah, war es ihnen ernst damit. Er dachte an Lisbeth, seine verstorbene Frau, und dass er spätestens im Frühjahr auch ohne die Söhne sein würde. Wenn Lisbeth bloß bei ihm geblieben wäre. Ob sie versucht hätte, die beiden umzustimmen? Er sah Lisbeth vor sich. Ihr glattes, dickes Haar, zum Dutt zusammengebunden, ihre dunklen Augen und wie sie so stolz den Kopf in den Nacken werfen konnte. Er erinnerte sich an einen Tag kurz nach der Hochzeit. Lisbeth hatte in einem Tümpel des Baches Bettlaken gewaschen und neben den Apfelbäumen zum Bleichen ausgelegt. Unendlich heiß war es gewesen, so heiß, dass sogar die Vögel verstummt waren. Plötzlich hatte er Lisbeth schreien hören. Sofort war er losgestürzt, fand sie am Bach, wo sie völlig aufgelöst am Ufer saß und ihm ihre Hand entgegenstreckte: »Sieh doch! Sieh! Der Ring …« Sie schluchzte, heulte, schwitzte, flehte zum Heiligen Antonius. Dass der Verlust des Traurings Unglück bringen werde, Pech für viele Jahre, davon war sie überzeugt. Er beruhigte sie, durchforschte die Wiese, durchwühlte jedes Grasbüschel. Dann kämpfte er sich durch das Ufergestrüpp, und dort, wo die Äste der Weiden sich mit der Strömung bewegten und schwarze Wellenringe über das Wasser liefen, war es plötzlich, als teilten sich die Zweige. Und wirklich, sie gaben den Blick frei auf etwas, das an einem Ast hing und glänzte. Wie er dann den Ring zum Vorschein gebracht und juchzend gegen das Licht gehalten hatte! Wie der Ring funkelte! Und Lisbeth, wie sie am Ufer stand, mit in der Hüfte gestemmter Hand, wie sie sich mit der anderen eine Haarsträhne aus dem erhitzten Gesicht strich und lachte, lachte, dass sich Grübchen auf ihren Wangen bildeten. Er konnte ihr Lachen noch hören, hell wie die Glocken der Marienkapelle, aber verwischt und von sehr weit her. Wie jung sie damals waren.

In der Kammer nebenan war das Gespräch der Jungen leiser geworden. Jetzt redeten sie über das Schiff. Es ging um Preise für Fahrkarten der dritten Klasse und darum, ob sie nicht doch lieber den Segler wählen sollten, was die Reise zwar verlängern würde, aber halb so teuer wäre.

Draußen in den Bäumen lärmten Krähen. Es waren so viele, wie all die Jahre nicht. Frech waren sie, krakeelten vor der Stalltür, stürzten sich auf alles, was essbar war, stießen kurze, heisere Rufe aus, was sich anhörte, als ereiferten sie sich über die Kälte, über den Nebel, über das Wenige, was sie zum Fressen fanden, über ihn. Als ob sie Metzen vorwerfen wollten, dass die Obstbäume in diesem Jahr kaum getragen hatten.

Seit Wochen steckten die Jungen die Köpfe zusammen und warfen sich vielsagende Blicke zu. Längst hatte Nick seinem Bruder Johann die neue Welt schöngeredet. Abhauen würden sie. In ein paar Monaten schon. Auf alle Fälle, bevor der Brief kam, der auch Johann zum Militärdienst zwingen würde. Besonders Nick war angesteckt von den vielen, die es über den weiten Ozean geschafft hatten und hoffnungsvolle Briefe schrieben. Dass es Arbeit für alle gäbe, Wohlstand und Verdienstmöglichkeiten, gutes Land und Vieh für wenige Dollar, schrieben sie. Vor allem aber sei Amerika frei, ein goldenes Land, wo jeder so leben könne, wie es ihm gefiel.

Nick wusste viel, sammelte alles, was ihm über Amerika in dic Hände fiel: Zeitungsartikel, Dollarkurse, Berichte der Reedereien, sogar Abfahrtszeiten der Dampfer. Er besaß ein Konversationsbuch für Reisende, das neben einem Wortverzeichnis auch Fragen auf Amerikanisch enthielt. Immer wenn er daraus las, war es so, als trüge er den Klang der großen Welt in seiner Stimme. Do ju spieck Inglisch? Wotts jor näm?

Einmal hatten sich die beiden mit einem Agenten getroffen. Ein sogenannter Anwerber der Hamburg-Amerika-Linie war es, der sein Geld damit verdiente, Schiffspassagen nach Übersee anzupreisen. In der Wirtschaft war er aufgetaucht, sonntagmorgens zum Frühschoppen, und ins Schwärmen geraten. »Land, Land, eine Weite, das kann sich bei euch hier keiner vorstellen. Gutes, fruchtbares Land. Wer als Knecht geht, kommt bald als Herr zurück und fährt im Wagen zur Kirche.« In seinem teuren Anzug mit einer an der Weste befestigten teuren Uhr mit entsprechender Kette, versprach er den Brüdern einen enormen Tagelohn und schilderte nichts weniger als das Paradies, wohin er sie führen wollte, selbst wenn die Militärpapiere für Johann nicht vorlägen.

Immer, wenn Agenten dagewesen waren, hörte man, dass Häuser und Inventar verkauft wurden und sich ganze Familien mit Koffern und Kisten auf große Fahrt begeben hatten. Metzen war nie mit einem Agenten ins Gespräch gekommen. Das lag daran, dass er kaum aus seinem Dorf fortkam und sich selten in der Wirtschaft blicken ließ. Er wusste nicht, was er von diesen Herren mit den schwarzen Aktenkoffern halten sollte. Sie hatten leichtes Spiel. Zu gerne glaubten die Leute, was sie sagten, war doch ihr Landstrich arm und längst nicht jeder wurde satt. Die Armut saß überall. Metzen musste sich nur sein Hornvieh ansehen. Ein trauriger Anblick. Nicht auszudenken, wenn er Brot und Kartoffeln hätte kaufen müssen. Zu karg waren die Böden, zu rau war das Klima. Bis in den Mai hinein lag oft noch Schnee. Anfang November fiel er schon wieder. Nichts wurde reif, vieles verdarb und verkam. Wie oft waren ihm die Kartoffeln erfroren. Überhaupt die schlechten Ernten, die nichts anderes bedeuteten als Hunger und Schulden. In den letzten Jahren waren die Preise für Getreide und Kleidung ins Unendliche gestiegen. Es war sogar schon so, dass manche Dörfer die Last der Armenunterstützung von sich abzuwenden versuchten, indem sie die Bedürftigsten auf ihre Kosten nach Amerika schickten und für ihre Schulden aufkamen. Das war billiger als sie durchzufüttern. Nein, für die Agenten war es nicht schwer, die Leute von Besserem zu überzeugen. Seit Jahren warteten sie. Wie das Volk Israel auf den Messias.

Hubert Metzen konnte seinen Söhnen nichts verdenken. Je älter er wurde und je mehr er sah und hörte, desto besser konnte er sie verstehen. Söhne wie Bäume waren es. Das dachte er jedes Mal, wenn sie mit bloßen Oberkörpern vor der Waschschüssel standen und sich wuschen. Stark waren sie, obwohl sie sich kaum sattessen konnten. So viele junge Männer gab es, die für den Heeresdienst unbrauchbar waren, weil sie nur aus Haut und Knochen bestanden. Da waren seine Jungen anders.

Der ältere, Nikolaus, von allen Nick genannt, mit rötlichen Locken und einem gezwirbelten Bart, der jüngere, Johann, dunkler und stämmiger, beide mit geraden Rücken, starken Armen und entschlossenen Mienen: »Vater, wir werden Preußen nicht dienen. Wir haben alles bedacht. Es ist zwecklos hier. Wir gehen fort. In Amerika braucht man Leute wie uns. Sie suchen alles: Zimmerer, Schreiner und Metzger, Schneider und Stahlarbeiter. Auch Minenarbeiter und Leute, die sich in der Viehwirtschaft auskennen, so wie wir. Wenn wir Glück haben, kriegen wir ein Ochsengespann. Vater, wenn es drüben so ist, wie wir denken, kommst du nach.« Metzen spürte, dass auch ein bisschen Abenteuerlust mitschwang. Er glaubte daran, und der Gedanke gefiel ihm, dass jedem Menschen Chancen geschenkt würden, nach denen er greifen müsse, schon allein deshalb, weil sie nicht wiederkehrten. Dass man also sogar eine Verpflichtung hätte diesen Möglichkeiten gegenüber. Dass auch Gott es so sehen müsse, denn sonst hätte er die Chancen nicht zur Wahl gestellt. Ob es gut und richtig wäre, könne man ohnehin erst in ein paar Jahren sagen.

Dennoch war er in Sorge um seine Söhne und gab dies und das zu bedenken. »Was, wenn ihr vielleicht das Land bekommt, aber kein Arbeitsgerät? Vielleicht sind es Betrüger, diese Agenten, wer weiß es schon? Man hört so manches. Und was ist mit Johann? Was, wenn sie dahinterkommen, dass er nicht beim Militär war?«

Bei allem, was er einwarf, wusste er, dass er sie nicht würde abhalten können. Nick hatte lange genug gedient und war voller Hass auf alles Militärische zurückgekommen. »Gestatten vorbeigehen zu dürfen, gestatten eintreten zu dürfen, gestatten wegtreten zu dürfen … Linksum, rechtsschwenkt, ein Lied zwo drei vier! Dann aufspringen und strammstehen, sobald ein Vorgesetzter den Raum betritt.« Natürlich hatte Metzen versucht, seinem Sohn den Mund zu verbieten, ihn gewarnt, dass sie ihn, je nachdem wo er solches äußerte, eines Tages einsperren würden. Aber Nick ließ sich den Mund nicht verbieten. Er wurde nicht müde von Demütigungen zu sprechen, von Drill und Prügelstrafen, davon, dass ihm alle Würde ausgetrieben werden sollte und dass viele schon nach wenigen Wochen am Rand der Verzweiflung gestanden hätten. »Sklaven machen sie aus uns, die sich zu jeder Schandtat kommandieren lassen, sich benutzen lassen, und sogar, wenn sie fertig abgerichtet sind, ohne mit der Wimper zu zucken auf Vater und Mutter schießen würden. Das Ehrgefühl heißt kriechen und der Charakter äußert sich im Lecken von Stiefeln. Und der Adel kennt natürlich alle Schleichwege, um das nicht mitmachen zu müssen. Bloß wir sind gut genug. Außerdem sieht es nach Krieg aus. Bismarck ist ein Kriegstreiber und hat nichts anderes im Sinn, als Preußen nach oben zu bringen. Aber was bedeutet uns schon Preußen? Nichts und nochmal nichts! In Amerika kriegen wir Land, günstiges, gutes Land. Wenn wir uns verpflichten, es für fünf Jahre zu bestellen, gehört es uns. Das mit dem Ackergerät wird sich schon fügen. Eine neue Existenz werden wir aufbauen. Leben werden wir dort, anders als hier.«

Metzen ließ sich nichts anmerken, aber er trauerte. Wie würde es sein ohne die Söhne? Wer würde die Arbeit auf dem Hof und auf den Feldern tun? Abgesehen von einer Magd war er allein. Das Dreschen im Herbst war eine mühsame Arbeit, so wie das Pflügen im Frühjahr. Auch deshalb hatte er die beiden gebeten, abzuwarten. Ordentlich abwägen sollten sie. Nichts überstürzen. Ein Entschluss fürs Leben sei das. Denn kaum jemand, der gegangen war, kehrte wieder zurück.

Sie hatten ihm noch den Winter versprochen, aber ein Winter, was war das schon? »Auf was sollen wir warten, Vater?«, hatte Nick gefragt. Metzen wusste es selbst nicht. »Komm doch mit«, sagten die Söhne. Aber nicht einmal im Traum dachte Metzen daran, sein Land zu verlassen, jetzt, wo sein Haar grau und dünn und sein Gang langsam geworden waren. Wenn er jünger gewesen wäre, dann vielleicht.

Metzen verglich. Die Söhne vom Nachbargehöft waren auch fortgezogen. Brasilien. Seitdem hatten sich die Mundwinkel des Nachbarn verändert. Scharf abwärts zeigten sie jetzt, unablässig schimpfte er mit gepresster Stimme vor sich hin und manchmal schäumte sein Blut derart auf, dass er tobte und schrie, was man bis ins Dorf hören konnte.

Metzen schrie nicht. Schreien half nicht. Helfen würden einzig und allein andere Gedanken von denen, die regierten. Etwas müsste geschehen, damit die jungen Leute nicht dazu gezwungen wären, anderswo ihr Glück zu suchen. Jetzt schon waren ganze Dörfer entvölkert.

Die Sommerarbeit war hart gewesen. Wochenlang hatten sie in der Heuernte geschuftet, zuerst gemäht, dann jeden Morgen das Heu ausgebreitet, abends zusammengeschlagen und gehoppt. Todmüde waren sie abends in die Betten gefallen. In den Wochen darauf hatten sie mit Sicheln auf den Feldern gestanden und das Getreide geschnitten.

Im Herbst dann das Dreschen. Eine Knochenarbeit. Wie gut war es, wenn Johann abends in der Küche verschwand, um Gerstenkaffee zu kochen und jedem einen Brei zu rühren. Wie gut, wenn dann alle die Beine unter den Tisch strecken konnten.

Im nächsten Jahr würde er ohne sie auskommen müssen.

Der Winter kam früh. Weit vor der Zeit hatten die Bäume das Laub abgeworfen. Die Schatten waren lang geworden. Aufgeplusterte Spatzen hockten auf den Holzstapeln vor dem Haus. Längst glitzerten am Morgen die Wiesen. In der Stube wurde es den ganzen Tag nicht hell.

An Allerheiligen standen sie gemeinsam am Grab der Mutter. Auf dem Weg zurück nach Hause fluchte Johann über die Kälte. Dass es der letzte Winter in der Heimat sei, sagte er. Nach Illinois oder Ohio würden sie ziehen. Vielleicht auch nach New York. Man müsse sehen.

II

Die Wochen flogen. Als sich an den Obstbäumen Knospen zeigten und die Kraniche zurück waren, packten sie ihre Sachen.

Der Georgstag hatte noch kein Licht, da standen sie mit Kisten und Koffern in der Küche. Ein letzter Haferbrei, ein letzter Schluck Milch, eine letzte Umarmung. Dann ein letzter Blick. Alles ging so schnell.

Später ging Metzen zur Frühmesse, stand in der hintersten Bank, dachte daran, wo die Jungen jetzt sein würden. Ob er sie jemals wiedersehen würde?

Beim Hinausgehen tauchte er die Finger ins Weihwasserbecken, sah, wie die Wasseroberfläche sich kräuselte und bekreuzigte sich. »Und? Sind sie fort?«, fragte einer der Bauern, der mit ihm den Heimweg teilte. »Ja, fort«, sagte Metzen und beschleunigte seinen Schritt. Er konnte nicht sprechen, alles ging ihm durcheinander.

Den ganzen Tag war er zu kaum etwas fähig. Er versorgte die Ziegen und molk die Kühe. Den Nachmittag verbrachte er auf der Eckbank in der Küche, wo er rauchte, vor sich hinstarrte und immer wieder mit den Händen über die Tischplatte rieb. Wie still das Haus war ohne die Söhne. So leer, wie die Haken im Flur, an denen sonst Mützen und Jacken hingen. Die Dielen im Zimmer der Jungen knarrten nicht mehr. Keiner polterte auf der Treppe.

Wieder wünschte er Lisbeth herbei, aber das Wünschen half nicht. Er saß, sinnierte über alles und nichts, starrte in die Ecke.

Irgendwann stand er auf, beobachtete durch das Fenster wie der Wind durch die blühenden Obstbäume strich, hörte, wie die Elstern in den Heckenrosen lärmten. Er zog die Jacke vom Stuhl und ging hinaus auf den Hof. Die Luft war gläsern, der Himmel hing hoch. Da waren schon wieder die Krähen, wo kamen sie bloß her? Harr, harr, riefen sie und beobachteten ihn aus ihren Krähenaugen. Der Wind schob die Wolken vor sich her und zerblies ihre Ränder. Die Krähen hockten auf dem alten Apfelbaum, der irgendwann begonnen hatte, sich nach der Seite zu neigen und fast ans Liegen gekommen war. Eigentlich hätte er ihn fällen müssen, denn er trug nicht mehr und Efeu und Moos krochen am Stamm. Er besah sich die Birnbäume und mutmaßte, dass einer von ihnen den Winter nicht überstanden hatte. Im Stall hörte er die Kühe. Zwei Kühe und zwei Ziegen waren es. Kurz ging er hinein, um nach ihnen zu sehen. Die Kühe lagen im Stroh und drehten die Köpfe. Warm war es im Stall. Es roch nach Stroh, nach Mist, nach Staub. Metzen ging wieder, verriegelte die Stalltür von außen.

Draußen pickten Hühner im Gras. Sie plusterten das Gefieder und gackerten, als er näherkam. Er öffnete das Scheunentor, das quietschend aufging. Zaumzeug hing an der Wand, daneben Besen, Sense und Rechen. An der Wand stand der Pflug, an den Johann den Blecheimer gehängt hatte. Sauber und geordnet hatten sie alles zurückgelassen.

Metzen überlegte, was er tun wollte, fragte sich, ob er überhaupt etwas tun wollte, schloss das Scheunentor und ging am Schweinekoben vorbei Richtung Haus. Der Boden war weich und matschig. Auf der ausgetretenen Stufe blieb er stehen, schabte sich an deren Kante den Dreck von den Schuhen und hob den Kopf. Sein Blick ging in die Richtung, in die seine Söhne verschwunden waren. Lange hatte er sie noch winken sehen, in ihren verschossenen Jacken, mit den in den Rücken gerutschten Kappen, den strähnigen Haaren, sah das Leuchten in ihren Augen. Aber dann verschluckten Hecken und Sträucher die winkenden Arme und der Wind nahm ihre letzten Grüße mit.

Im Haus war es kalt. Er rieb die klammen Finger aneinander und zog die Jacke fest um sich. In der Küche setzte er sich auf die Eckbank am Fenster, dorthin, wo die Jungen immer gesessen hatten. Dann stand er wieder auf und setzte sich auf einen der Stühle, nur um zu sehen, dass die Eckbank jetzt leer war.

In der Nacht schreckte er aus dem Schlaf. Nick hatte ihm von den Dampfsirenen der riesigen Schiffe erzählt, von lauten, kreischenden Tönen, die sie beim Ablegen von sich gaben und jetzt war es, als ob dieses nie gehörte Heulen an sein Ohr drang, wie ein Abschied, und seine Gedanken flogen. Über die Schiffe hatte er viel gehört, auch Bilder gesehen. Riesen waren es. Auf diesen Riesen würden seine Söhne nun Wochen unterwegs sein. Wochen auf dem Wasser. Und Wochen, wenn nicht Monate, würde es dauern, bis er von ihnen Nachricht bekäme.

Draußen hatte Regen eingesetzt und klatschte gegen die Scheibe. Der Mond stand trüb über den Apfelbäumen und hatte einen Kranz um sich. Vielleicht war dort, wo sie hinreisten, das Licht heller, die Luft klarer? Wenn er sie kurz fragen könnte. Meine Söhne sind stark, sagte er sich, und sie lieben die Freiheit. Sie lassen sich nicht knechten. Sie fürchten keine Mühe und keine Not, nicht einmal den Tod. Dann dachte er darüber nach, dass die Sonne auch in Amerika aufginge, dass es dort Felder und Wiesen und Wälder gäbe, auch Sonntage und Montage, dass die Menschen dort zwar eine andere Sprache sprächen und anders aussähen, dass es aber doch Menschen seien, Menschen wie er und seine Söhne.

Er dachte an Dinge, die Nick und Johann gesagt und getan hatten und wie ähnlich sie sich doch waren. Manchmal wusste er nicht mehr, wer von beiden was getan und gesagt hatte. Die beiden waren wie einer und einer von ihnen wie zwei. Aber vielleicht würde Johann zurückmüssen. Vielleicht würde jemand die Papiere seiner Militärentlassung sehen wollen.

Frühling und Sommer waren verregnet. Manchmal wurde es den ganzen Tag nicht hell. Verbissen schuftete Metzen von morgens bis abends, fuhr mit dem Karren den Mist auf die Felder, schleppte Säcke, zog Furchen für die Kartoffelsaat, mähte die Wiesen, richtete die Zäune, trieb in aller Frühe das Vieh hinaus. Oft stand er im Garten, horchte nach dem Wind, der ihm wochenlang von Osten her mit voller Kraft ins Gesicht blies und graue Wolken vor sich hertrieb. Viel zu kalt war es für die Jahreszeit, viel zu spät hatte er wegen des Regens säen können und das Wetter war nass geblieben und er stellte sich vor, wie das Heu vermoderte und die Kartoffeln in der Erde verfaulten. Sicher würde in Amerika die Sonne scheinen und den Söhnen das Korn bis an die Schultern reichen.

Als im Juli der Hagel den Hafer zerschlug und er gegen Abend in Selbstgespräche vertieft von den Feldern kam, schrieb er mit Kreide an die Scheunentür: »Hoffentlich ist es dort, wo ihr jetzt seid, besser als hier.« Dann wischte er mit dem Hemdsärmel alles wieder ab, stand ganz still, horchte auf das Rauschen in den Bäumen, auf das Knacken der Äste, hielt Ausschau nach Elstern und Krähen. Mit lautem Geschrei zogen Wildgänse über sein Dach. Er beneidete sie um ihre Flügel und schickte ihnen seine Sehnsucht mit.

III

Aus Amerika kamen Briefe. Unregelmäßig. Metzen wartete immerzu.

Was in den Briefen stand, klang anfangs nicht nach dem, was die Agenten versprochen hatten. Die Söhne hatten sich als Knechte verdingen müssen und schufteten, wie Nick schrieb, Tag und Nacht. Allerdings für gutes Geld – 20 Dollar im Monat – dazu beste Verpflegung und dann und wann Fleisch.

Jahre vergingen, bis ein Brief kam, der zuversichtlich klang. Metzen las ihn wieder und wieder. Das Kuvert trug einen roten Stempel, auf dem nur das Wort Departement lesbar war.

»Wir haben eine Farm gekauft«, schrieb Johann, »über zweihundert Morgen, mit gutem Baumbewuchs und in guter Lage. Es gibt viele Deutsche, von denen manche sich einen Neger* halten, den sie auf dem Markt gekauft haben, was aber nicht mehr erlaubt sein soll. Hier sieht man auch Indianer*, aber sie sprechen nicht mit uns. Wir haben viel Hilfe hier, überhaupt helfen sich alle gegenseitig, denn alle wollen was erreichen. Die Leute wohnen bloß recht weit auseinander, einige Meilen, weswegen man ein Fuhrwerk braucht. Eine Kirche ist nah, nur sechs Meilen entfernt. Stell dir vor, ein Ort namens Hanover, aber nur mit einem N, liegt in der Nähe, man fühlt sich also kaum fremd. Lebensmittel und Holz sind so teuer wie in Deutschland. Wir erfahren auch den ganzen Zustand Europas und haben vom Krieg gehört zwischen Preußen und Frankreich und bedauern all die Soldaten, die dafür ihr Leben geben mussten. Das Haus, in dem wir leben, hat fünf Zimmer und Keller und alle nötigen Nebengebäude und Obstgarten mit 60 Apfel- und 14 Pfir-

---

* Beide Begriffe entnommen einem Originalbrief eines Auswanderers um 1888

sichbäumen. Es gibt hier gutes Wasser. Gerätschaften haben wir auch angeschafft, einen Wagen, Geschirr für zwei Pferde und einen Ochsen, und im April haben wir angefangen zu pflügen. Für Gerste, Hafer und Kartoffeln. Das Übrige ist mit Winterweizen bestellt. Wenn wir ein wenig eingerichtet sind, können wir auch Rindvieh halten. Das Gras ist jetzt schon so hoch, dass es uns bis zu den Knien geht. Wir können also Amerika loben, außer dass alles recht teuer ist und die Wege oft beschwerlich sind.«

Zum Schluss schrieben sie, dass sie gerne nochmal auf die Berge ihrer Kindheit steigen wollten, dass sie diese Ausblicke nicht vergessen hätten und auch das Dorf nicht und die Leute und bestellten Grüße an diesen und jenen und vermissten die Kirmes im August und den Ginster zu Pfingsten. Eine Adresse war vermerkt, die er sich einzuprägen versuchte. Marysville, Kansas. Ganz unten hatte Nick hinzugefügt: »Wir müssen hart arbeiten, aber wenn es Gott gefällt, wird er unsere Mühe segnen und einmal werden wir uns wiedersehen.«

Nachts, wenn er wach lag, stellte sich Metzen die Farm vor, die Felder mit dem Winterweizen, die neuen Maschinen und die Söhne, wie sie aussähen, wie sie lebten, ob sie vielleicht Frauen gefunden hatten, aber davon schrieben sie nichts. Was er sich vorstellte, gefiel ihm. Allein das Wort Farm hörte sich gut und groß an. Ein weites Land, endlose Zäune, Rinderherden mit gut genährten Tieren.

Manchmal, wenn er im späten Sommer vom Garten her das knackende Geräusch der Fledermäuse und den Aufschlag eines Apfels hörte, dachte er, wenn sie bloß einen Korb von den guten, sauren Äpfeln hätten, wenn er doch nur einen Korb mit langer Hand hinüberreichen könnte über den weiten Ozean und Kartoffeln dazu.

IV

Hubert Metzen hatte seine Söhne an die 18 Jahre nicht gesehen, da wurde ihm ein Brief gebracht, der über die Bilder, die er sich gemacht hatte, einen Schatten warf. Nick schrieb, dass sich das Glück von ihnen abgewandt hätte. In bittere Zeiten seien sie geraten, wüssten kaum noch Steuern und Zinsen zu zahlen, weswegen sie für wenig Lohn auf einer fremden Farm beim Dreschen helfen müssten. Zu essen gäbe es dort genug, aber das sei auch alles. Für die eigene Farm hätten sie sich verschuldet. Das Ackerland sei fast nichts mehr wert.

Metzen sorgte sich und begann für seine Söhne zu sparen. Es war nicht viel, was er erübrigen konnte, aber er glaubte daran, dass selbst aus kleinsten Münzen, wenn man nur Geduld aufbrachte, Taler werden könnten.

Irgendwann reifte in ihm die Idee, die Felder zu verkaufen und den Söhnen das Erbe zu bringen. Nach Amerika. Die Verwandten amüsierten sich, die Nachbarn lachten über den Zaun. Übernimm dich nicht! Oder hast du vergessen, wie alt du bist? Einer fragte ihn, ob er es wirklich riskieren wolle, nicht in der Heimaterde begraben zu werden, aber Metzen waren die Söhne näher als die Heimaterde. »Ist mir egal.«

Metzen wollte den Söhnen alles bringen, was er entbehren konnte. Für sich brauchte er nicht viel. Er verkaufte zwei Wiesen, ein Stück Wald. Später nochmal zwei Felder. Nein, die Söhne würden nicht mehr kommen, würden das alles nicht mehr brauchen. Und ihm, kürzlich 80 geworden, würde bald die Kraft ausgehen, die Felder zu bewirtschaften und sich um das Vieh zu kümmern.

Metzen bereitete sich vor, schrieb an die Söhne, teilte ihnen seine Absicht mit.

Auf der Gemeinde erfuhr er, wie es anzustellen war, an eine Schiffspassage zu kommen, welche Dokumente vonnöten seien, wann und von wo Schiffe ablegten, was er mitnehmen oder besser nicht mitnehmen sollte, wie viel Gepäck erlaubt war. Um an eine Reiselegitimation sowie an einen Reisepass zu kommen, musste er sein Geburts- und Taufzeugnis sowie einen Vermögensnachweis vorlegen. Außerdem vermittelte man ihn an einen Agenten, der ihn zu Hause besuchte und ihm gegen gehöriges Geld die Reise zum Hafen, die Überfahrt sowie die Ankunft in Amerika organisierte und dafür sorgte, dass er den Reisepass schneller bekam als andere.

Hubert Metzen beschloss im Herbst, wenn die gröbste Arbeit auf dem Hof getan war, mit dem letzten Schiff zu reisen und ein paar Wochen zu bleiben. Der Agent empfahl ihm Antwerpen. Von dort würde das Schiff fünf Wochen brauchen. Es würde an der spanischen Küste entlang und dann an der Insel Madeira vorbeifahren. Außerdem half er Metzen an die Söhne zu telegrafieren, ihnen die geplante Ankunftszeit mitzuteilen. Der Agent war unverschämt teuer, aber Metzen zahlte ohne Zögern. Die Antwort von jenseits des Ozeans kam schneller als erwartet. Nick schrieb von großer Vorfreude und legte seinem Brief ein getrocknetes Glückskleeblatt bei.

Wochenlang überlegte Metzen, was mitzunehmen sei. Sein eigenes Gepäck hielt er so gering wie möglich. Nur das Nötigste, das Wichtigste. Und das Wichtigste waren Sachen für die Söhne: Leinen aus der Aussteuer der Mutter, darunter zwei bestickte Tischdecken, warme Socken, Seife, das Gesangbuch der Mutter, Fotos, zwei Kochtöpfe, zwei Schüsseln, Löffel, Messer und Gabeln. Im Keller besah er sich seine Vorräte. Da waren die Einmachgläser mit Rüben- und Apfelkraut, daneben die mit Apfelmus. Er wog die Gläser in der Hand und befand sie als zu schwer. Er nahm ein Stück Schinken aus dem Rauchfang, auch gepökeltes Fleisch und

Speck und suchte zusammen, was er gedörrt, getrocknet und eingesalzen hatte, wie das Kraut, das Nick so gerne mochte. Auch mit Essig und Honig konnte er nichts falsch machen, aber Kohlköpfe und Zwiebeln würden die Reise nicht überstehen, am ehesten Rüben, die aber gab es überall. Erbsen, Linsen und Bohnen hatte er ausgedroschen und getrocknet. Mit alldem füllte er kleine Säckchen. Auch für Nüsse war noch Platz. An Äxte und Hacken dachte er noch, er könnte sie auf dem Rücken tragen, aber der Agent riet ab. Derlei Dinge seien drüben billiger.

Kurz vor der Abreise verkaufte er die Kühe und Ziegen. Nur die Hühner behielt er. Eine Nachbarin wollte sie, gegen Eier, in der Zeit seiner Abwesenheit mitversorgen.

Das Geld, das er für die Felder und Tiere bekommen hatte und auch die Ersparnisse, nähte er in ein Nadelkissen ein und steckte Nadeln obenauf. Das Kissen schob er in die Seitentasche einer Hose, die er zunähte. Die Hose legte er zuunterst in den Koffer, breitete ein Leintuch darüber, das er mit ein paar Stichen am Futter des Koffers befestigte.

V

Metzen war aus seinem Dorf nie weggekommen, und die bevorstehende Reise bereitete ihm Herzklopfen. Obwohl er kaum geschlafen hatte, fühlte er sich frisch und stark, als er aufbrach. Er war nie mit einem Zug gefahren und erschrak, als die Lokomotive in den Bahnhof einfuhr. Im Abteil saß er allein und wagte nicht, den Platz zu verlassen, den der Schaffner ihm zugewiesen hatte.

In Köln musste er übernachten. Der Agent hatte ihm eine Unterkunft vermittelt, die zwar billig, allerdings schmutzig und laut war. Er war froh, Proviant mitgenommen zu haben, saß in einem heruntergekommenen Dachzimmer auf einer durchgelegenen Pritsche und aß ein Brot und ein Ei. Ein trübes Fenster gab einen Spalt Himmel frei, die Spitze des Doms ragte in die Wolken, was ihn für das schlechte Lager entschädigte. Ansonsten schien ihm alles, was er in Köln sah, übertrieben und prahlerisch.

Die Fahrt bis Antwerpen war lang und dennoch kurzweilig. Eine Familie mit Kindern sorgte für Abwechslung. Dörfer zogen vorbei, die fast so aussahen wie seines, dann Waldstücke, Felder und Wiesen, Brücken, Bäche, Mühlen und Höfe. Irgendwo eine Grenzstation. Immer flacher und weiter wurde die Gegend, die Waggons immer voller, je öfter der Zug hielt.

Antwerpen war umtriebig, voller Menschen, die sich in allen möglichen Sprachen unterhielten. Da waren Männer in schwarzen Gehröcken mit seltsamen Hüten, unter denen Locken hervorsahen. Und Frauen mit aufgetürmten Haaren, die mit Bändern verziert waren. Keine trug geflochtene Haarkränze oder Zöpfe. Überhaupt sahen die Frauen anders aus als die in seinem Dorf.

Händler mit Bauchläden gingen herum und priesen Anhänger mit Marienbildern und Rosenkränze an. Metzen schüttelte jedes Mal den Kopf, wenn sie ihn an der Jacke fassten und ihm allerhand Nippes vor die Nase hielten. An jeder Ecke standen Drehorgelspieler oder Musikanten mit Violinen. Nie zuvor hatte Metzen derartige Gebäude gesehen. Ständig drehte er sich, wusste nicht, wohin er seinen Blick lenken sollte, belustigte sich über Kleider, Schuhe und Fuhrwerke, staunte über das Spektakel, über prächtig bemalte Fassaden und überhaupt über die Größe der Welt. Ein Wasserträger kam heran mit zwei, an einem Ledergurt befestigten Holzeimern, einem bogenförmigen Bügel über den Schultern. »Wasser! Frisches Wasser!«

»Schnaps!«, schrie ein anderer, der eine lederne Schürze um die Hüften trug und eine zweirädrige Karre vor sich herschob, auf der ein Fass, verschiedene Maße, Flaschen und Gläser befestigt waren.

Auch die Makler versuchten es mit Lautstärke. »Beste Logis, ganz in der Nähe, günstige Preise. Mit Verpflegung!« Hinzu kam der Lärm von Flöten, Trommeln und Pfeifen. All diese Töne bildeten ein Ganzes, und dieses Ganze war so eigen, vermischte sich mit unbekannten Gerüchen, mit unbekannten Farben und Bildern. Metzen fremdelte und war gleichzeitig angezogen von all dem Neuen.

Den Schlafplatz hatte er für fünf Nächte bestellt, aber die Abreise verzögerte sich, so dass er nochmal drei Nächte bezahlen musste. Zum Ausgleich sparte er am Essen, was aber nur wenig brachte; er musste trotzdem drauflegen. Er versorgte sich noch mit Brot und ein paar Lebensmitteln, auch mit einer Wasserflasche, zu der ihm der Agent geraten hatte.

Am neunten Tag dann der Dampfer. Riesig und schwarz lag er im Hafen und sofort waren da das Durcheinander von Leuten, Stimmen und Sprachen, das Geschiebe und Gedränge, das Rufen der Ordner, das Beruhigen von Kindern und alten Leuten. Überall Kisten und Koffer.

Und dann stand er an der Reling, sah auf das glitzernde Wasser, fast blendete es ihn. Die Sonne stand hell an einem weiten Himmel. Möwen kreischten. Er war unausgeschlafen, fröstelte.

Es dauerte mehr als einen halben Tag, bis jeder seinen Platz gefunden hatte und das Schiff auslaufen konnte. Das Zwischendeck, wo ihn jemand vom Schiffspersonal einen Gang entlang schob und ihm schließlich einen Schlafplatz zuwies, war dunkel und niedrig. Licht schimmerte nur durch wenige Luken. Überall Menschen. Überall Stimmen. Jemand erklärte, dass das Schiff normalerweise Getreide geladen hätte und nur grob für Auswanderer umfunktioniert worden sei. Das Zwischendeck würde später entfernt, hätte dann wieder Platz für Fracht.

Metzen prüfte die Koje. Die Kojen waren zu kurz und zu schmal, im Grunde waren es zusammengenagelte Bretter mit fleckigen Auflagen. Das Gepäck wurde im Laderaum unter dem Zwischendeck verstaut, wo sich Kisten und Kartons aller Größen stapelten, aber selbst vor den Kojen standen Kisten. Noch mehr Menschen drängten mit ihrem Gepäck ins Zwischendeck. Immer enger wurde es, immer lauter. Metzen versuchte sich kleinzumachen. Die Leute kamen ihm zu nah. Zu nah war ihr Husten und Niesen und Jammern.

Als der Dampfer auf See war, stand er eingepfercht an der Ecke seiner Schlafstelle und hatte das Gefühl, jemand zöge ihm den Boden unter den Füßen weg. Und dann passierte Merkwürdiges. Leute, die sich eben noch aufrecht bewegt hatten, krümmten sich plötzlich zusammen, klammerten sich an die Haltestangen, kauerten auf dem Boden, lagen auf den Pritschen, jammerten und hielten sich den Magen. Ein elender Gestank machte sich breit. Ein paar Tapfere gab es, die zwar den Mund voll hatten, aber trotzdem lächelten. Auch Metzens Magen drehte sich. Er krümmte sich, musste würgen, aber sein Magen war leer und so kam nichts als Flüssigkeit, die er in ein Taschentuch spuckte.

Die ganze Nacht kämpfte er mit dem Wellengang. Anderen ging es nicht besser. Alle paar Minuten hörte er, wie sich jemand übergeben musste. Auf der Pritsche gegenüber lag jemand, der von Schiffbruch und Ertrinken sprach, vom Tod auf See, von Nebelwänden und Eisbergen und Stürmen auf den Ozeanen, von Schiffen wie Nussschalen. Er sprach einen seltsamen Dialekt, beugte sich zu Metzen herüber, grinste und sagte: »Aber keine Angst, alter Mann. Bevor du ertrinkst, verreckst du an irgendeiner Krankheit, die irgendwer reingeschleppt hat.«

Am Morgen wurden die mit dem Boden verschraubten Tische mit wenigen Teekannen und trockenen Brotstücken gedeckt und Wasserfässer, an denen die Passagiere ihre Flaschen füllen konnten, untersucht und gestempelt.

Die Verpflegung war schlecht. Der Zwieback, der abends verteilt wurde, war schwarz, ohne Geruch und Geschmack und steinhart. Metzen feuchtete ihn mit Wasser an, um ihn kauen zu können. An ein Mittagessen war kaum zu denken. Es gab nicht genügend Kochstellen. Ohnehin brauchte es Geschick beim Kochen, besonders, wenn das Schiff schwankte. Metzen bemühte sich erst gar nicht um einen Platz an Tisch oder Herd. Er war daran gewöhnt wenig zu essen und blieb meist auf der Pritsche sitzen, abgesehen von sonnigen Tagen, an denen er sich an Deck aufhielt.

Das Schiff hatte nur Luken im Seitendeck, mit frischer Luft war es schwierig. Es blieb drückend und er schwitzte ständig. Dennoch drang manchmal Wasser ein, so dass die Kojen nass wurden. Bei stürmischem Wetter flogen die Kisten hin und her, obwohl sie mit Holzklötzen befestigt waren. Sogenannte Vormänner gingen herum, sorgten für Ordnung und Sauberkeit. Sie waren grob und schubsten die Leute hierhin und dorthin. Manchmal kamen sie, bestrichen die Kojen mit salzigem Kalkwasser, um Ungeziefer fernzuhalten. Es half nicht. Die Aborte stanken und es waren zu wenige für die vielen Menschen. Manche der Mitreisenden waren roh, spielten Karten und fluchten, sangen schmutzige Lieder, auch in Anwesenheit der Frauen. Das Zwischendeck verdreckte. Bald lag der Boden voller Abfälle.

Schon in der ersten Woche gab es starken Wind, riesige Wellen rollten gegeneinander, das Schiff hing schief und schaukelte. Wieder krümmten sich die Leute, lagen hilflos auf ihren Pritschen. Bänke, Geschirr und Gepäck polterten und wurden mit den Bewegungen des Dampfers hin und her geschoben, das Balken- und Plankenwerk krachte und ächzte und Metzen spürte die schmetternden Stöße riesiger Wellen, wie sie mit Wucht die Schiffsseite trafen und auf das obere Deck prallten.

VI

Mitte Oktober, nach knapp zwei Wochen auf See, befiel ihn ein Fieber, von dem er zunächst dachte, dass es harmlos sei, das ihn dann aber Tage an die Pritsche fesselte und in einen seltsamen Zustand brachte. Manchmal fühlte er sich wach und frisch, bald aber wurde alles dunkel um ihn herum und er versank in einem Dämmer, in dem er weder Hunger noch Durst empfand und alles wie durch einen Schleier wahrnahm. Eine Frau, die mit ihren drei Kindern allein reiste, kümmerte sich um ihn, brachte Wasser und Brot, fütterte ihn mit einer salzigen Suppe, die gut tat. Er verstand nur schlecht, was die Frau sagte, aber ihre Worte klangen gut und weich und er war froh, sie in seiner Nähe zu haben. Er glaubte verstanden zu haben, dass sie unterwegs war zu ihrem Mann, der anscheinend schon vor Jahren nach Amerika vorausgegangen war und dort ein Geschäft betrieb. Was für ein Geschäft es war, daraus wurde er nicht klug. Er versuchte ihr zu erklären, dass er unterwegs sei zu seinen Söhnen, dass er sie lange nicht gesehen habe und ihnen, bevor er sterben müsse, bringen wolle, was er erübrigen könne, weil es doch schwer sei in Amerika. Ob sie ihn verstanden hatte, wusste er nicht, immerhin nickte sie und lächelte. Er zeigte ihr auch Fotos von seinen Söhnen und konnte seinen Stolz nicht verbergen, als sie mit dem Finger auf Johann deutete und etwas sagte wie »Gutt, gutt.« Die Frau war vielleicht Mitte 30 und hieß Finna. In einer schwarzgebrannten Pfanne backte sie Pfannkuchen, die sie mit Apfelkompott bestrich, weswegen er sie in einem neuen Fieberanfall Lisbeth nannte, denn Pfannkuchen mit Apfelkompott hatte Lisbeth für ihn gemacht, früher, und er fühlte sich beschützt beim Gedanken an seine Frau, bevor ihn der Dämmerzustand wieder packte. Lange lag er so.

Als sich nach fast drei Wochen aus einem dünnen bläulichen Nebel die Küste abzeichnete, warfen nicht nur die Matrosen die Kappen in die Luft und schrien.

Das noch ferne Bild des Ufers fiel über das Wasser und lag zitternd auf dem unruhigen Gekräusel. »Hurra! Hurra! Amerika!« Obwohl das Schiffspersonal beruhigte, Eile sei nicht von Nöten, begann das große Packen. Bettdecken wurden verstaut, Proviant eingepackt, Kochstellen leergeräumt, Küchengerät eingesammelt, Frisuren gerichtet.

Metzen fühlte sich schwach. Aber er war in der Lage, sich anzuziehen und, wie die anderen auch, begann er zu packen. Es war nicht viel. Er überlegte, Finna etwas zu geben für die Pflege und den Beistand und hievte den Koffer vom Ablagebrett über der Koje. Um an sein Geld zu kommen, musste er den halben Koffer ausräumen. Er tastete nach seiner Börse, fand aber nur seinen Pass und die Reiseunterlagen und beschloss etwas vom eingenähten Geld zu holen. Finna hätte es verdient.

Das Handtuch, unter dem die Hose versteckt war, war abgerissen. Die Hose fand er seltsam zusammengeknüllt. Anders, als er sie gefaltet hatte. Er griff in die Seitentaschen, links, dann rechts, dann sämtliche Taschen, zweimal, dreimal. Wieder und wieder. Nichts. Heiß wurde es ihm und er musste sich setzen. Er rief nach Finna, aber Finna war nicht zu sehen, auch die Kinder nicht, um ihn herum war nur ein riesiges Durcheinander. Niemand achtete auf ihn. Verzweifelt breitete er sämtliches Gepäck auf der Pritsche aus, durchwühlte jeden Winkel des Koffers. Immer wieder tastete er die Hosentaschen ab. »Finna, Finna! Das kann doch nicht sein!« Leute drängten mit Koffern und Kisten an ihm vorbei. Sie riefen einander zu, Sprachen klangen durcheinander, Kinder heulten, ein paar Jugendliche stimmten ein Lied an. »Endlich ihr Brüder will's der Himmel, die längst gewünschte Stunde naht ...« Jemand schlug ihm auf die Schulter. »Wir haben es geschafft, alter Mann!«

Die Küste musste nah sein, denn das Gedränge auf dem Zwischendeck ließ nach. Die Geschwindigkeit des Schiffes fiel ab, Maschinen stampften, Winden kreischten. Nur Metzen saß auf seiner Pritsche, rief nach Finna. Aber Finna kam nicht. Niemand kam. Die Schiffsbesatzung war mit dem Anlegemanöver, die Mitreisenden mit dem Gepäck beschäftigt. Metzen saß und weinte.

VII

Metzen war alt geworden. Stundenlang saß er in der Küche auf der Eckbank am Ofen, dort, wo es warm war. Manchmal bewegte er sich den ganzen Morgen nicht. Was war auch zu tun? Dann und wann kam eine Nichte vorbei, erledigte das, was in Haus und Garten anfiel, fütterte die Hühner und kochte ihm eine Suppe. Gelegentlich verwechselte er sie mit Lisbeth. Die Geschichten, die er von Amerika erzählte, kannte sie auswendig. Dass er aus Scham vor den Söhnen bei der Ankunft das Schiff nicht hatte verlassen wollen, die Kontrolleure ihn schließlich gepackt und an Deck gebracht hätten. Grob seien sie gewesen und unverschämt. Ob er nicht mitbekommen hätte, dass er angekommen sei? Ob in seinem Kopf etwas nicht stimme? Wie Nick ihm dann entgegengekommen war, mit ausgebreiteten Armen, diesem rötlichen Bart und der Freude im Gesicht. Sechs Tage hatte Nick damals auf ihn gewartet. Einen seltsamen Akzent hatte er sich angewöhnt. Ein halber Amerikaner war aus ihm geworden.

Alles das erzählte Metzen wieder und wieder. Auch vom weiten Weg zur Farm und dass er zuerst nichts von dem, was ihm passiert war, hatte sagen können.

Wenn er davon anfing, wie er mit seinen Söhnen an einem Tisch auf einer holzbeplankten Veranda gesessen und erfahren hatte, in welche Not sie geraten waren, zitterten seine Hände. »Und ich konnte nicht helfen. Ach, was bin ich schlechten Leuten in die Hände gefallen. So schlechten Leuten.«

Ja, Metzen hatte Amerika gesehen. Groß war die Farm gewesen, größer die Schulden. Jetzt war die Farm verkauft, die Söhne arbeiteten wieder im Tagelohn. Um die Rückreise des Vaters zu bezahlen, hatten beide um Vorschuss bitten müssen.

»Amerika«, sagte Metzen immerzu, »ist ein schönes Land. Die Straßen sind breit und die Sterne hängen höher als bei uns. Wenn es bei uns hell ist, ist es dort dunkel. Und wenn es dort dunkel ist, ist es hier hell. Und die Menschen: Es gibt gute und böse. Ob du hier bist oder da, was heißt das schon?« Dann saß er wieder wie eh und je mit diesem Blick aus Warten.

Olaf W., Putzmann

Eigentlich war Olaf W. von Herrn P. nur als Putzmann für dessen Villa im Grünen angestellt worden. Böden fegen, dann nass putzen, Teppiche saugen, Mülleimer leeren, Staub wischen, alle vier Wochen Fenster putzen, Schreibtischplatte so lassen wie sie ist, Toiletten immer mit Desinfektionsmittel nachreinigen, an Waschbecken und Wanne nur den weichen Schwamm heranlassen. Dann aber war aus Herrn P. von heute auf morgen ein Pflegefall geworden und aus der Putztätigkeit wurde ein Vollzeitjob, der alles beinhaltete, was anfiel, besonders die Pflege von Herrn P.

Morgens um sieben ging es los: Herrn P. wecken, Schlafanzug ausziehen, noch im Bett die Windel wechseln, aus dem Bett helfen, frische Wäsche, Hose, Pullover und Socken anziehen, dann in den Rollstuhl hieven. Anschließend Herrn P. zur Toilette rollen, ihn vom Rollstuhl auf das Klosett heben, abwarten, je nach Geschäft unterstützend zur Seite stehen, ihn als nächstes zum fertig gedeckten Frühstückstisch fahren, dabei auf desinfizierte Hände achten, Kaffee ausschließlich in die rote Tasse füllen, ein Brot mit Marmelade bestreichen, aber nur mit Erdbeermarmelade, Brot in kleine Häppchen schneiden. Zum Schluss noch einen Becher Joghurt aufrühren, Geschmacksrichtung Himbeere oder Vanille, je nach Stimmung. Nach dem Frühstück dann Herrn P. die Haare kämmen, eine Schüssel mit lauwarmem Wasser richten zum Gesichtwaschen mit einem Waschlappen, zuletzt Zähne putzen über der Schüssel, eventuell rasieren mit dem akkubetriebenen Handgerät von Braun, abschließend die Bartzone mit Davidoff Cool Water einreiben. Von 8 bis 8:30 Uhr Herrn P. aus der Tageszeitung vorlesen, aber Kommentare unterlassen. Überhaupt möglichst wenig sprechen, denn Herr P. liebte keine Konversationen vor dem Mittagessen, schon gar nicht mit Olaf.

Stattdessen musste Olaf ihm am Vormittag klassische Musik einschalten, bevorzugt Tschaikowskys Nussknacker-Suite, Schuberts Klavier-Fantasie für vier Hände, Bachs Cello Suite No.1. In dieser Zeit konnte Olaf aufräumen und damit anfangen, Herrn P.s Dreck wegzuputzen. Er hatte auch ein wenig Ruhe vor P., nicht aber vor dessen Musik, die für Olafs Ohren nichts, aber auch gar nichts war. In diesen Stunden blieb ihm nur, sich vom warmen Putzwasser, vom Schaum und Zitronenduft des Putzmittels trösten zu lassen.

Obwohl er oft innerlich fluchte und sich erfolglos nach einer anderen Stelle umsah, war er doch ständig dabei, das zu tun, was Herr P. von ihm verlangte. Guck mal, da liegt noch Staub. Und dort oben: Siehst du die Spinnweben nicht? Unterm Tisch hast du auch was vergessen. Oder: Komm her! Ich sitze nicht gut. Zieh mal an meinem Arm, aber autsch! Pass doch auf!

Herr P. war Arzt gewesen. Gut situiert. Alleinstehend. Vor ein paar Jahren war es ihm gelungen, durch eine ganz bestimmte Therapie, einen Patienten, dem der baldige Tod angekündigt worden war, von einer schlimmen Herzkrankheit zu kurieren. Es gelang ein zweites Mal, dann in einem dritten und vierten Fall, was sich schnell herumsprach und Herrn P. den Ruf einbrachte, ein Wunderheiler zu sein. Herr P. schürte diesen Eindruck, indem er ein Geheimnis aus seiner Behandlungsmethode machte. Von heilenden Händen sprach er und von einer Kraft, die aus seiner Bauchmitte strömte. Keiner seiner Patienten konnte nach der Behandlung sagen, was eigentlich in der Praxis geschah.

Zeitungen berichteten, auch das lokale Fernsehen. Von einem Wunder war die Rede und ein überregionaler Fernsehsender lud ihn zum Interview ein. Die Leute kamen von weit her, sogar aus dem Ausland. Rund um sein Haus standen Bänke und Stühle für die Wartenden, die Hotels und

Restaurants der Umgebung meldeten steigende Umsätze. Das Warten konnte dauern, denn auf Terminvereinbarungen ließ sich Herr P. nicht ein. Er rief die Patienten nach der Reihenfolge ihrer Ankunft ins Sprechzimmer. Oft arbeitete er bis in die Nacht. Des Geldes wegen reute es ihn, Leute wegzuschicken, was aber unumgänglich war.

Jahre ging das so. Und obwohl die Wunderheilungen mit der Zeit nachließen, war der Zug der Patienten ungebremst. Bis der Schlaganfall kam. Drei Wochen verbrachte Herr P. in der Klinik. Sechs Wochen in einer Spezialklinik im Harz. Lockere Wochen für Olaf, der nichts weiter zu tun hatte als das Haus zu hüten, was er mehr als nachlässig tat.

Als sie Herrn P. im Rollstuhl zurück in sein Haus brachten, gingen Olafs behagliche Wochen abrupt zu Ende. Den ganzen Tag war er jetzt auf den Beinen, häufig auch in der Nacht. Nicht unerheblich war der Zeitaufwand für Besorgungen und Einkäufe, denn Herr P. war pedantisch und eigen. Er studierte die Prospekte und schickte Olaf von Geschäft zu Geschäft. Bei Edeka ging es um Putenbrustaufschnitt und körnigen, schlammfarbenen Senf, um bröckeligen Gorgonzola, luftgetrocknete Salami, spezielle Ingwerkekse, Bio-Bananen, die er wegen der Knochen täglich aß, und um kleine, in Plastikschalen abgepackte grüne Oliven. Zu Lidl wurde er wegen der Gurken im Glas entsandt, wegen der Eiscreme, der guten irischen Butter und wegen der billigen Aufbackbrötchen. Bei Netto kaufte er Energydrinks von Red Bull in Dosen, Miracel Whip Classic, immer günstig, obwohl er es nie verwendete, dick geschnittene Speckscheiben für die Eier, jede Woche ein Pfund Kaffee von Melitta, das Pfund zu 3,99 €. Bei Aldi Bergkäse, Ferrero Rocher im Vorratspack, Camembert-Creme, grobe Bratwürstchen, eingeschweißt in Plastik, Fischstäbchen, dann noch Nudeln, aber nur die im Angebot. Bei DM dann Halstabletten und Vitamin-C-Kapseln, Erkältungstee, Aloe-Vera-Spray für Herrn P.s schuppige Haut. Manchmal, wenn Herr P. die Prospekte durchsah, kam er auf seltsame Ideen. Einmal bestellte er einen Tischgrill, einen Grill- und Backautomaten mit Rotisseriefunktion, eine siebenteilige Multireibe mit fünf Einsätzen und Fingerschutz, einen WC-Sitz mit Absenkautomatik, und als Olaf ihm die Sachen zeigte, wollte er sie nicht mehr und Olaf musste alles wieder zurückbringen. Ein anderes Mal schickte er Olaf wegen einer Skiausrüstung in ein Sportgeschäft. Die Skiausrüstung war zwar deutlich reduziert, aber Herr P. hatte nie auf Skiern gestanden und ein Skiurlaub war nicht in Sicht. Die Skier räumte Olaf in den Keller, wo sie lange standen. Mit anderen Dingen ging es ähnlich. Etwa mit einem elektrischen 3-in-1-Kamin mit Flammeneffekt namens Mariella.

Auch nach dem Schlaganfall fühlte sich Herr P. als Wunderarzt mit speziellen Kräften. Selbst im Rollstuhl streckte er manchmal die Hände aus, bewegte die Finger und murmelte seltsame Sprüche. Täglich kamen Briefe von Patienten, Dankesbriefe und Briefe mit Anfragen. Herr P. setzte die Anzahl der Patienten auf höchstens vier pro Tag, was sich auf Olaf negativ auswirkte, waren doch deren Trinkgelder nicht unerheblich gewesen. Ganz versiegte der Geldfluss nicht, denn immer wieder klopften Leute an, fragten nach einer Audienz und drückten Olaf Geldscheine in die Hand. Manchmal gelang es Olaf, ein gutes Wort für die Bittsteller einzulegen und ihnen ein Gespräch, mitunter sogar eine Behandlung, zu ermöglichen.

Seit er im Rollstuhl saß, legte Herr P. seinen Patienten nur noch die Hand auf den Kopf, murmelte etwas und versank danach für eine Weile in Schweigen. Gerade in diesem Schweigen glaubten die Patienten Kräfte zu spüren, mit denen Herr P. in der Lage war, etwas freizusetzen. Nicht wenige verließen euphorisch das Haus, fühlten sich gestärkt, manche sogar geheilt.

Lange lebte Herr P. von seinem Ruf, Wunder zu vollbringen. Regelmäßig kamen Briefe mit Anfragen, Danksagungen und Glückwünschen, aber Herr P. sah sich immer weniger in der Lage, Patienten zu empfangen, was Löcher in Olafs Kasse riss. Herr P. wurde auch immer eigener, kaum etwas war ihm recht zu machen. Er schimpfte über diesen und jenen, eigentlich über alle, besonders über Olaf. Das Schimpfen prallte an Olaf ab, aber er fand es lästig und nervend, wenn Herr P. Termine vergaß, die Wochentage durcheinander brachte, wenn er ihn mit seinem Bruder verwechselte, sich nicht an seinen Namen erinnerte, ihn stattdessen Alex nannte. Es fiel Herrn P. auch immer schwerer, einem Gespräch zu folgen. Schnell verlor er den Faden, verwendete unpassende Wörter, wiederholte sich. Oftmals, wenn er Olaf zum Einkaufen schickte, wusste er nicht mehr, was er in Auftrag geben sollte. »Äh, das Zeug für die Füße, ehh, du weißt schon, was so nach, ach nach diesen Pflanzen riecht. Gibt's in diesem im Laden hinter dem, äh, ach, wo ehh, diese Kreuzung ist, eben dort, hinter dem, ach ich komm nicht drauf, aber du weißt schon.« Immerzu suchte er nach Wörtern, die ihm entschwanden wie die Haare auf dem Kopf. Einmal, mitten im Sommer, verlangte er nach seinen Winterstiefeln, die Olaf ihm anziehen musste, obwohl Herr P. nicht vorhatte, das Haus zu verlassen. Schlimm war, dass Herr P. anfing, Olaf zu misstrauen, ihm unterstellte, Geld und Schmuck gestohlen zu haben.

Als es damit losging, dass Herr P. Morgen und Abend verwechselte, sich nicht mehr anziehen lassen wollte, von sämtlichen Ritualen abließ und nicht mehr vom Leben verlangte, als auf einem Stuhl zu sitzen und gelegentlich etwas zu essen, erkannte Olaf W. seine Chance. Er begann nun selbst, sich um die Patienten zu kümmern. Den Heilsuchenden teilte er mit, dass Herr P. zwar geschwächt sei, aber hin und wieder Kranke empfinge, dass die Heilungschancen bei 95 % lägen, dass aufgrund der Mühe, die es Herrn P. koste, jemanden zu heilen, das Honorar im Voraus und in bar zu zahlen sei und sich nach dem Aufwand der Behandlung richte.

Die Zahl der Patienten stieg wieder. Da Herr P. nur noch wenig mitbekam, oftmals den ganzen Tag vor sich hindämmerte und nicht reagierte, wenn jemand das Zimmer betrat, war es für Olaf leicht, den Besuchern zu erklären, dass gerade in diesem Dämmerzustand die Kraft läge. Manchmal forderte er auch jemanden auf, Herrn P. zu berühren, dessen Hände zum Beispiel oder die Stirn, was die Leute mit Scheu und Ehrfurcht taten und was dazu führte, dass sie sich stark und beschwingt fühlten, wenn sie das Behandlungszimmer verließen.

Olaf war jetzt Herr des Hauses. Sämtliche Sachen, die ihm missfielen, warf er hinaus. Sachen, auf die Herr P. stets bestanden hatte: die Gurken aus dem Spreewald, das Haartonikum mit Rosmarin und Ginseng, die Skiausrüstung. Jetzt hatte er Platz für sich und bestimmte selbst, was gekauft und wann was gemacht wurde. Sein Einkommen stieg weit über das, was Herr P. verdient hatte. Längst hatte Olaf jemanden eingestellt, der ihm den Dreck wegputzte und für ihn Besorgungen machte. Dabei pochte er auf genaue Ausführung. Herr P. hingegen saß in seinem abgedunkelten Behandlungszimmer und nickte vor sich hin.

Als gegen Ende des Jahres der Patientenstrom derart in die Höhe ging, dass sich Schlangen vor der Tür bildeten, wurde es Olaf zu aufwendig, die Patienten einzeln hineinzubitten und jedes Mal Erklärungen abzugeben. Er teilte allen mit, dass ein Blick auf Herrn P. völlig ausreichend sei, um die Heilkräfte zu aktivieren, setzte Herrn P. in einen Glaskasten und verlangte Eintritt.

Alles im Kopf

Als Kind fiel Franz Kunzweiler dadurch auf, dass er auf Geräusche merkwürdig reagierte. Er hielt sich die Ohren zu, wenn eine Katze sich reckte, wenn der Wasserhahn tropfte, wenn jemand eine Buchseite umblätterte. Sein Gehör war mehr als erstaunlich. Er hörte die Wasserkräuselungen im Bach, wenn es auf dem Grund kratzte und Steine und Staub aufwirbelte, er hörte die Reibung in der Luft, wenn sich ein Vogel näherte, hörte das Fressen der Raupen und Regenwürmer. Ein Gegenstand, der unbeabsichtigt auf den Boden fiel, konnte die Ursache sein, dass seine Mutter Baldriantee kochen musste, so setzte ihm der Schall der Dinge zu. Manche Frequenzen, besonders die tiefen, gingen ihm durch Mark und Bein. So etwa sonntags, in der Kirche, wenn die satten und feierlichen Bässe der Orgel seinen Körper beben ließen. Gesang konnte er kaum aushalten. Hohe und klare Stimmen erzeugten bei ihm, je älter er wurde, sogar Schwindel.

Es gab Töne, die waren wie Schläge gegen seinen Kopf. Bohrend und dumpf war das Geräusch, das entstand, wenn Wasser sich mit Luft verband, wenn Wind über Steine strich.

Er behauptete, dass, je nachdem wer sprach, die Fensterscheiben zittern und die Lampen helle, feine Schreie ausstoßen würden. Ganz hoch und ganz schrill nahm er sie wahr und wunderte sich, dass keiner außer ihm so empfand. Die Töne, sagte er, gingen durch ihn hindurch, durch Haut und Knochen, was im Dorf alle nur mit Kopfschütteln aufnahmen.

Die Meinungen der Leute zu diesem Phänomen gingen auseinander. Manche glaubten, dem Franz fehle etwas, andere waren der Ansicht, er hätte von irgendetwas zuviel abbekommen.

Klassenkameraden stellten ihn auf die Probe und fanden heraus: Franz Kunzweiler hörte einen Ton schon, bevor er entstand, also schon mit dem Atmen, bevor jemand redete oder sonst ein Geräusch von sich gab.

Damit nicht genug. Franz konnte farbig hören. Zu allen Dingen, Worten, Zahlen und Gefühlen sah er Farben. So sah er beim Buchstaben A ein helles Blau, das bei lauter Aussprache grau wurde. Er empfand das Lachen seiner Mutter als ein goldglänzendes Braun, den Singsang des Küsters beim Singen der Psalmen als Gelb wie die Zitronenfalter, die Tritte von Schuhen auf dem Straßenpflaster als Scharlachrot. Wut war dunkelgrün. Die Bässe der Orgel in der Kirche waren moosgrün. Wenn der Vater redete, hörte sich das an wie Papier.

Die Mutter glaubte an ein seltenes Talent, meinte, dass es der Franz mit seinen Fähigkeiten weit bringen werde. Von ihrem knappen Lohn als Schneiderin kaufte sie eine gebrauchte Geige und zahlte ihm Musikstunden bei einem pensionierten Lehrer. Im Dorf verbreitete sie, dass ihr Sohn Musik studieren werde, in München oder Hamburg, an einer Schule für Genies und später ein berühmtes Orchester, so eines wie die Berliner Philharmoniker, dirigieren würde. Schön stellte sie sich den Franz vor, in einem schwarzen Anzug mit Fliege, sah ihn beim Heben und Senken des Taktstocks, mit einer eigenwilligen Haarsträhne im Gesicht.

Der Vater, ein Schuster, betrachtete die Sache gelassener. Dass er bloß normal bleiben solle, riet er seinem Sohn. Ein Studium der Musik schien ihm zu hoch, aber er war einverstanden, dass der Franz, wenn es unbedingt die Musik sein müsse, ein Organist schon werden könne. Dabei schwebte ihm vor, dass Franz vielleicht vom Kapellmeister des Trierer Doms unterrichtet und später im Dorf die Orgel spielen würde.

Für Franz hingegen waren es eher die Töne als die Musik, die ihn fesselten. Brav absolvierte er die Stunden, die die Mutter ihm bezahlte, übte mindestens eine Stunde täglich, pflegte seine Geige. Die Töne der Geige gefielen ihm, aber sie berührten ihn nicht. Eher lauschte er nach allem, was die Dinge ihm zuflüsterten.

Nach der Schule und wenn ihn sein Vater nicht in die Werkstatt abkommandierte, streifte er durch die Natur, wo für ihn alles, was raschelte, flog, knisterte und säuselte, von unfassbarer Bedeutung war: die Berge, die Bäume, die Bäche, überhaupt das Wasser.

Darauf war er nicht von allein gekommen.

Am Dorfrand lebte ein Schäfer, der von Frühjahr bis Herbst mit seiner Herde und einem zottigen schwarzen Hund über die Wiesen zog und in einem heruntergekommenen Wagen, besser gesagt, einem morschen Brettergestell auf Rädern, hauste. Sein Alter war nicht zu schätzen, denn das Gesicht war zugewachsen, nahezu verwittert, die Haare hatten lange keine Schere mehr gesehen und den Kleidern fehlte die Farbe.

Meist saß er auf einem Brett, das er an den Karren genagelt hatte, beobachtete seine Herde. Nebenbei flocht er Körbe, die er einem Bauern verkaufte, der sie zum Markt mitnahm.

Das Besondere aber war: Er machte Töne. Nicht nur, dass er auf zwei, auf vier oder ohne Finger pfeifen konnte, er schnitzte Holunderflöten, Weidenflöten, Stockflötchen und fertigte Walnussrasseln.

Hatte er Zeit, suchte er mit Franz geeignete Äste, zeigte ihm, wie er sie sauber sägte, wie er die Rinde um das Holz einschnitt, einen schmalen Ring abschälte und die Kerbe anbrachte, die den Ton erzeugen sollte. Franz durfte die Pfeifchen ausprobieren. Manchmal rauschte nur Atemluft durch, dann besserte der Schäfer nach.

Dies alles geschah ohne viele Worte und Franz verstand, dass man nicht viel reden muss, um etwas zu sagen. Der Schäfer wusste, ebenso wie Franz, dass sich das Rauschen in den Bäumen, je nach Baum und Blättern, im Frühjahr anders als im Herbst anhörte und auch das Aneinanderreiben von Steinen je nach Stein unterschiedliche Töne hervorbrachte. Die Lava vom Berg klang rauer als die Steine, die sie auf den Feldern fanden. Auch das Brechen von Ästen änderte den Klang je nach Holz, je nach Jahreszeit, je nach Wetter.

Oft saßen sie ganz still, fast bewegungslos. Da war so vieles um sie herum. Die Bäume mit ihren lispelnden, zittrigen Blättern, das Flügelschlagen von Vögeln und deren Keckern und Rufen, das heimliche Nagen einer Maus, ein brüllendes Kalb, ein vorbeifahrender Traktor, eine malmende Kuh und das fast schmerzhafte Geräusch, wenn sie mit der Zunge Gras abraufte. Schön waren Töne, die entstanden, wenn im Herbst Bucheckern auf das Dach des Karrens prasselten. Wie Trommelwirbel. Als ob ein Orchester einsetzen wollte.

Manchmal vibrierten Franz die Ohren. Hinzu kamen die Farben, die zu den Tönen gehörten. Rosa und Weiß, Blau und Gelb, Grün in allen Schattierungen. Auf dem Brett neben dem Schäfer dehnte sich die Zeit aus, manchmal aber stand die Welt mit einem Ton ganz still, um sich dann, wenn dieser Ton verglomm, wieder in Bewegung zu setzen.

Der Schäfer erzählte Franz von Tieren, die am Berg gelebt hatten, von Wisenten und Auerochsen, von Vulkanausbrüchen und gewaltigen Feuern und vom wilden Heer, das in den Raunächten den Himmel stürmte. Auch über sich drehende und tanzende Steine wusste er Bescheid. Dunkelblau, fast schwarz, empfand Franz die Stimme des Schäfers, der zu alledem Töne mit seinen Flöten machte. Wenn Franz die Augen schloss, steigerten sich die Frequenzen, es säuselte und kratzte stärker als sonst und manchmal, wenn zudem Krähen in den Bäumen lärmten oder Mäuse fiepten, vereinten sich sämtliche Geräusche zu sonderbaren Gesängen. Mit offenem Mund saß er, die Fingernägel tief in den Handballen gegraben. Noch lange, nachdem es wieder still geworden war, bewegte Franz die Töne und behielt all das in seinem Kopf.

Er beendete die Schule mit Auszeichnung und so, wie es sich seine Mutter gewünscht hatte, verließ er sein Dorf, um in München oder Wien, so genau wusste es später niemand mehr, ein Studium der Musik und der Komposition zu beginnen.

Im Dorf verlief sich seine Spur. Da er ohnehin blass und unscheinbar war, hätte man ihn vielleicht vergessen, wenn nicht seine Mutter bei jeder Gelegenheit von Fortschritten und Erfolgen ihres Sohnes ins Schwärmen gekommen wäre. Die Leute nahmen ihre Schwärmereien mit Achselzucken auf. Meint Wunder was, sagten sie, rollten die Augen und tippten sich mit dem Finger an die Stirn.

Franz absolvierte auch das Studium mit Auszeichnung, entwickelte Talent in der Kombination von Tönen. Er fand einen Mentor, der ihn unterstützte und ihm regelmäßig Auftragsarbeiten vorbeibrachte, und er begann Tonfolgen nach Vorgaben zu entwickeln und Stücke entsprechend den Wünschen zu ändern. Bald übte er sich in eigenen Kompositionen.

Er wurde in ein Kompositions-Seminar aufgenommen, wo er sich mit Formen- und Harmonielehre, Kontrapunktik und Orchestrierung befasste. Nebenbei arbeitete er in einer Kohlenhandlung.

Seinem Dorf war er fremd geworden. Er kam selten und wenn, dann nur, um die Mutter zu besuchen. Der Vater war frühzeitig gestorben, die Geschwister weggezogen. Im Dorf nannten sie ihn den Musikus. Wovon er lebte, konnten sich die Leute nicht zusammenreimen, weil er einen Arbeitgeber nicht nennen konnte. Verschroben fanden sie ihn, denn er trug merkwürdige Kleidung und verbrachte, kaum zuhause angekommen, mehr Zeit am Berg und auf den Wiesen als bei seiner Mutter. Er kam zuweilen in den Ernteferien und reiste jedes Mal ab, ohne sich zu verabschieden.

Es gab keinen Grund, jedenfalls konnte niemand einen benennen, aber irgendwann rissen die Besuche ab und jahrelang hörte man nichts vom Franz, bis sich, es soll Ende 1932 gewesen sein, Ungewöhnliches verbreitete.

Der Wirt, der das einzige Radio im Dorf besaß, hatte nach einer Operettenübertragung lange Ohren bekommen. Von Franz Kunzweiler war die Rede gewesen und der Wirt war fast in den Apparat gekrochen. »Habt ihr das gehört? Franz Kunzweiler! Im Radio! Also ist jetzt aus dem Franz wirklich was geworden«, schmetterte er durch die Wirtsstube und alle horchten auf. Dass er ganz sicher sei, den Namen Franz Kunzweiler gehört zu haben, dass es ein Konzert geben würde, am Samstagnachmittag um fünf, dass dieses Konzert im Radio zu hören sei und dass der Franz dieses Konzert komponiert habe. Dass alle kommen sollten, forderte er, ja, kommen müssten, sogar die Frauen, wo doch der berühmteste Sohn des Dorfes seinen Auftritt habe.

Sofort flog die Nachricht durch das Dorf. Franz' Mutter, grau und umständlich geworden, blühte auf, als sie davon erfuhr.

Der Wirt schaffte in den Tagen bis zum Samstag Stühle herbei, bestellte Bierfässer bei der Brauerei, trug seiner Frau auf, Waffeln, Streuselkuchen und Apfelpfannkuchen zu backen. Um die Männer wollte er sich selbst kümmern. Eingelegte Gurken, Soleier, dazu Wurst und Schinkenspeck sollte es geben.

Franz' Mutter zog am Samstag ihr Sonntagskleid an, legte die Haare in Wellen und kramte ihre Goldbrosche aus dem Schmuckkästchen.

Von allen Seiten wurde ihr Platz gemacht, als sie die Wirtschaft betrat. »Also der Franz, wer hätte das gedacht?«

»Aber wir haben's immer schon gewusst. Da steckt was drin in dem Jungen.«

»Stolz sein kannst auf deinen Franz. Also, dass wir den mal im Radio hören ...«

Jemand rückte ihr einen Stuhl zurecht. Ein Mädchen, das mit rotglühenden Wangen von Tisch zu Tisch eilte und Bestellungen auf einem Zettel notierte, brachte ihr ein Kännchen Kaffee. Den Kaffee und zwei Waffeln, die sie zur Feier des Tages dazu bestellte, bekam sie gratis.

Die Wirtschaft füllte sich. Sogar aus den Nachbardörfern kamen Leute. Der Wirt platzierte das Radio – es war ein Röhrengerät mit einem Lautsprecher – in der Mitte des Saales auf einem Tisch, den er mit Bierkisten erhöht hatte. Immer wieder sagte er, dass er nie gedacht hätte, einmal Musik von einem aus seinem Dorf im Radio zu hören. Dabei schnippte er mit den Fingern, drehte sich im Lachen um die eigene Achse, tat so, als ob er tanzen wollte.

Er hatte Grund zur Freude. So voll war seine Wirtschaft selten gewesen. Pausenlos wurden Gläser über die Theke gereicht, pausenlos wurde bestellt. Auch die Wirtin hatte alle Hände voll zu tun, fürchtete, Bier und Schnaps reichten nicht.

Bis kurz vor fünf kamen Leute. Was nicht reichte, waren die Stühle. Die Leute lehnten an den Wänden, saßen auf Fensterbänken, hockten auf den Fußbänkchen neben dem Ofen.

Auch der Schäfer kam. Noch grauer war er geworden, zerknittert wie seine Jacke, und er schien zu frieren, denn obwohl er in der Nähe des Ofens einen Platz fand, zog er weder Schal noch Jacke aus.

Der Bürgermeister saß gleich neben dem Röhrenempfänger, ein Logenplatz, wie er sagte und dass er sich freue, auf Heissassa und Hopssassa, ja, was für eine Ehre für das Dorf. Seine Frau, die hinter ihm saß, ließ verlauten, dass sie gerne das Schwalbenlied hören würde. Sofort wurde sie von ihrem Mann korrigiert: »Was jetzt kommt, sind alles Lieder vom Franz, von unserem Franz.«

Die Stimmung war gut. Köpfe reckten sich, als der Wirt den Regler der Antenne ausrichtete. Es pfiff und rauschte, dann, weit entfernt, eine Stimme, die durch hektisches Kurbeln am Sendeknopf immer deutlicher wurde. Eine männliche Stimme meldete, dass die nationalsozialistische Bewegung bei den Reichstagswahlen gut zwei Millionen Stimmen eingebüßt habe, was allerdings in Gemurmel und Geflüster unterging, weshalb sich der Bürgermeister gezwungen sah, mit der Faust auf den Tisch zu hauen: »Ruhe!« Dann endlich: Glockengeläut, zwei Fanfarenstöße und die Ankündigung: »Hier ist der deutsche Rundfunk. Meine Damen und Herren, Sie hören jetzt eine Reichssendung. Der Reichssender Berlin überträgt aus der Alten Oper in Frankfurt sechs Stücke für Orchester von Franz Kunzweiler.«

Die etwas zu laute Stimme teilte mit, dass die einzelnen Teile ein einheitliches Ganzes bilden würden, dass Franz Kunzweiler ein verwegener Neuerer der Töne sei, einer, der völlig anderes geschaffen habe, anders als alles, was bisher dagewesen sei. Dass man ihn schon jetzt zu den ganz Großen des 20. Jahrhunderts zählen müsse, was den Zuhörern die Pflicht auferlege, zuzuhören und dass auch das Orchester unter der Leitung von Hubert Anselm Biniot mehr als erfolgversprechend sei. Zum Schluss sagte er noch etwas vom Genius des Kunzweilerschen Neuerertums, aber der Satz ging unter, weil einem der Bauern das Bierglas aus der Hand rutschte und auf dem Boden zerplatzte, was natürlich für Unruhe sorgte und dem Bauern böse Blicke einbrachte. Bei Franz' Mutter, die längst nach einem Taschentuch getastet hatte, blieb das Wort ›Genius‹ trotzdem haften.

Der Wirt hob den Finger vor den Mund. Mit den ersten Tönen wurde es still in der Wirtschaft. Verunsichert stand das rotwangige Mädchen mit seinem niedlichen Gesichtchen und einem Tablett voller Bierkrüge an der Theke und sah von einem zum anderen.

Der Bürgermeister legte die Hand hinters Ohr. Jeder konnte spüren, wie der Dirigent den Taktstock hob. Ein langgezogener Ton sorgte dafür, dass alle noch aufmerksamer wurden. Man hörte Trommeln, dazwischen ein kurzes, helles Klingeln wie von einem Fahrrad. Eine laute Kinderstimme sang »A –a –a-a- a …« und bediente sich dabei der Tonleiter. Es folgte ein rhythmisiertes Gekecker, das an einen Hühnerstall erinnerte, dann setzte Schlagzeug ein, die Kinderstimme mischte sich darunter: »U-i, u-i, u-i …« Eine Frau trällerte: »Ges-tern.« Nur dieses eine Wort. Dann waren Bratschen zu hören, die plötzlich abgelöst wurden von einer Tonkette, die sich wie ein Kinderlied anhörten: »Maikäfer flieg, dein Vater ist im Krieg, deine Mutter ist im Pommerland, Pommerland ist abgebrannt …« Kaum dass eine anscheinend bekannte Melodie dabei war, wurde sie von Trommeln unterbrochen. Der Schäfer beugte sich vor und murmelte: »Das sind Regentropfen. Hört doch.« Niemand beachtete, was er sagte. Die schrägen Tonfolgen hielten an. Die Bauern fingen an, auf ihren Stühlen zu rutschen. Der Bürgermeister zuckte mit den Mundwinkeln. »Was ist das?« Ein Trommelfeuer der Dissonanzen sprühte, helle Tupfzeichen sprangen, etwas rieb aneinander, eine schrille Frauenstimme sang immer wieder nur das eine Wort: »Ges-tern.« Ein Bauer, der am Ofen saß, fragte in die Runde: »Is dat jetzt schon dat Konzert oder wie?« Die Leute sahen sich irritiert an. Aus dem Empfänger tönte inzwischen das Miauen von Katzen. »Also, dat ist nix für mich.« Ein alter Mann mit Pfeife wollte aufstehen. »Bleib sitzen«, ermahnte ihn der Wirt, »das ist eben ganz neue Musik.«

»Neu hin oder her«, sagte der Alte und wiederholte: »Dat is nix für mich. Dat hört sich an, wie Durcheinander in der Schublad. Wo bleibt denn da die Harmonie?«

Ein Tenor gesellte sich zu den Katzenstimmen. Die Frau mit der schrillen Stimme veränderte die Tonlage und rollte das R: »Ges-terrrrn.« Die Leute auf den Fußbänkchen standen fast geschlossen auf. Dem Wirt gelang es nicht, sie aufzuhalten. »Aber es ist noch gar nicht fertig …«

Langsam aber merklich leerte sich der Saal. Nur der Kreis um Franz' Mutter saß noch zusammen. »Der Franz ist mir so fremd geworden«, sagte sie, fuhr sich durch die Haare und nippte an der Kaffeetasse. Eine Weile hörte sie noch zu, aber die Musik blieb seltsam und bizarr. Irgendwann griff auch die Mutter nach der Tasche. »Jetzt ist der Franz also berühmt«, sagte der Wirt, indem er ihr die Hand drückte und Frau Kunzweiler nickte betreten. »Ja, jetzt ist er berühmt.«

Am Ende saß nur noch der Schäfer in der Ecke am Ofen. Fast sah es so aus, als sei er eingeschlafen. Dann aber stand er auf und setzte sich auf den Stuhl des Bürgermeisters, dicht neben das Röhrengerät, die Ohren am Lautsprecher. Angestrengt horchte er hinein, folgte den Tempowechseln, den Crescendi, den Pausen, den Staccati. Plötzlich, als ob er etwas entdeckt hätte, bewegten sich seine Hände und die Augen leuchteten: »Hört doch mal zu, hört doch!«, rief er in den leeren Saal und als sich der Wirt verwundert näherte, tippte er mit dem Zeigefinger auf das Radio: »Hört doch«, wiederholte er und der Wirt gab sich alle Mühe, aber die Musik kratzte, drehte sich im Kreis, ein Tier gab Laute, ein Vogel vielleicht und der Wirt konnte dem Schäfer beim besten Willen nicht folgen. »Das waren die Elstern«, sagte der Schäfer, »und das«, er hielt die Luft an und schloss die Augen, »das sind die Schmetterlinge. Ihr meint wohl, die hört man nicht. Aber der Franz konnte sie hören und das sind sie. Die

Schmetterlinge vom Berg. Und die Steine hör ich auch. Lava und Basalt. Und die Wisente, die es da mal gab. Der Franz hat all das die ganzen Jahre in seinem Kopf behalten«, sagte er, während gurgelige Töne aus dem Lautsprecher quollen, die sich wie Wasser anhörten. »Da sind die Quellen, unser Wasser. Ja, unser Wasser und jetzt die Kühe, hört doch, die Kühe … Und da – die Flöten!« Der Wirt atmete tief ein. Der Schäfer hielt lächelnd die Augen geschlossen und öffnete sie erst wieder, als Applaus aus der großen Halle in Frankfurt in die Wirtstube floss, was sich ein bisschen wie Regen anhörte. Eine Weile noch saß er da, sah auf den Röhrenempfänger und stützte den Kopf auf die Hände. »Der Franz hat alles im Kopf behalten«, sagte er, als er aufstand und dem Wirt eine Münze auf den Tisch warf. »Alles in seinem Kopf.«

Das mit Hilde

Es war nur eine Ahnung, etwas Dumpfes, das in unseren Köpfen spazieren ging. Eine Ahnung, dass irgendetwas nicht stimmte.

Ich weiß nicht mehr, wann Hilde in unsere Schule kam. Die Eltern waren Zugezogene. Sie sprachen Hochdeutsch und kleideten sich anders als die Leute im Dorf. Der Vater, groß, mit dunklen, lockigen Haaren, hatte ein Amt in unserer Kirche, erteilte Religionsunterricht, las Predigten vor, half die Kommunion auszuteilen und war nebenher als Sportlehrer eingesetzt.

Die Mutter war eine graue, unscheinbare Frau, etwas gedrückt, mit scheuem Blick und ihrem Mann schon von der Haltung her unterlegen. Sie wohnten mit fünf Kindern in einem kahlen Neubau auf einem Hügel, der durch einen Bach, eine Straße und eine Bahnlinie vom Dorf abgetrennt war.

Es gab nur wenige Häuser dort und zwei Straßen. Die eine führte steil hinauf, vorbei an einem Waldstück. Dahinter lag die Stadt. Die andere Straße verlief flacher und war eine Sackgasse. Im letzten Haus wohnte Hilde.

Wir Kinder waren selten dort. Auf dem Hügel gab es wenig, was uns reizte. Im Sinn geblieben sind mir Wogen schwarzer Schwalben, die lauter tschilpten als die im Dorf und tiefe Schleifen flogen, wenn wir uns mit unseren Fahrrädern näherten.

Auch bei Hilde war ich selten, aber ich weiß noch, dass sie einen Hund hatten, der in einen Zwinger gesperrt war und knurrte, wenn jemand sich herantraute. Die Räume waren irgendwie unfertig. Teppiche, Tapeten und Vorhänge fehlten. Im Spielzimmer der Mädchen stand ein Klavier. Es stand mitten im Raum, in dem die Kinder herumtollen und Wände bemalen durften. Mehr als die bemalten Wände beeindruckte mich das Klavier. Obwohl ich mich nicht erinnern kann, Hilde jemals spielen gehört zu haben, so bin ich doch nahezu sicher, dass alle Kinder Musikunterricht bekamen. Bücher gab es auch, und hinter dem Haus stand eine Tischtennisplatte, grün, mit einem Netz in der Mitte und hölzernen Schlägern mit rotem Plastikbelag.

Die Leute lebten abgeschieden. Anders als meine Eltern mieden sie die Feste im Dorf, den Karneval und das Schützenfest. Nur in die Kirche kamen sie, waren katholisch, so wie wir, aber strenger und nüchterner.

Hilde ging in meine Klasse, saß neben Ulli und trug gestrickte Hosen unter dem ewig gleichen Trägerkleid, was merkwürdig aussah. Ihre glatten, fast schwarzen Haare waren an den Kopf gebürstet und zum Zopf gebunden. Das Gesicht war blass und still, irgendwie auch die Hände. Auffällig waren die blauen Augen in Kombination mit den dunklen Haaren. Wenn ich mich nicht täusche, trug sie eine Brille. Einer ihrer Brüder, der älteste, hieß Michael und ging in die Klasse über uns. Michael ähnelte dem Vater. Er war genauso dominant. Tonangebend wusste er alles besser.

Ich kann nicht mehr sagen, ob es in den ersten Schuljahren war, dass ich das Haus am Hügel betreten hatte oder später, als wir zusammen aufs Gymnasium gingen, denn auch in den ersten Jahren des Gymnasiums sehe ich Hilde nur schwach und ohne Konturen.

Damals war ich mit Ulli befreundet und Hilde spielte keine Rolle. Wir hatten mit uns genug. Oft saßen wir nach der Schule auf einer Mauer, die dort stand, wo unsere Wege sich trennten, erzählten uns Geheimnisse, verglichen uns mit anderen, zerpflückten Gerüchte, die im Dorf herumgingen, entwarfen Pläne für die Zukunft. Auf keinen Fall wollten wir im Dorf bleiben. Stattdessen schwärmten wir von Italien, wo es uns hinzog, denn viel zu kalt war die Eifel. Während unsere Mütter das Mittagessen kochten und oft genug auf uns warteten, trödelten wir herum, träumten uns in die Luft, drehten Pirouetten mit Worten oder den Griff eines Kaugummiautomaten, der vor einem Lebensmittelladen an die Wand geschraubt war.

Als wir älter wurden, saßen wir nicht mehr auf der Mauer. Die Stadt war zu Fuß zu erreichen und es zog uns auf den Platz am Brunnen, wo wir belanglos schwätzend saßen und vorübergehende Leute musterten, bis es kalt und dunkel wurde. Fast jeden Tag drehten wir eine Runde durchs Wicküler, eine verräucherte Kneipe am Bahnhof. Je nachdem, wer gerade da war, blieben wir. Das kam oft vor, denn die halbe Schule verkehrte dort. Der Wirt war es gewohnt, dass wir nicht immer etwas bestellten, denn dafür fehlte das Geld. Er war es auch gewöhnt, dass wir uns Zigaretten drehten, die wie Joints aussahen und es manchmal auch waren.

Im Wicküler lernten wir eine Menge Leute kennen, schlossen Freundschaften. Irgendwann war auch Hilde dabei. Sie hörte eher zu als dass sie sprach. Sprach sie aber, so tat sie es ruhig und treffsicher und wir merkten, dass ihre Beschäftigung mit Büchern ernsthaft und intensiv war. Die Schule zermürbte sie, das Vokabellernen, das Pauken, wie sie es nannte. Vor allem aber regte sie sich über ihren Vater auf, der sie ständig zum Hüten der Geschwister heranzog. Dass sie sich kaum bewegen könne, sagte sie und erzählte uns, dass ihr Vater sie am einzigen freien Nachmittag zu Sportstunden verpflichtet hätte. Wir gaben Ratschläge, rieten ihr, sich durchzusetzen, boten an, die Kleinen einfach zu unseren Treffen mitzubringen, was Hilde nur mit hochgezogenen Augenbrauen und einem Seufzen kommentierte.

Damals begann unsere Freundschaft mit Hilde, die sich um ein Vielfaches verstärkte, als Hilde sich verliebte und das, was um uns geschah, uns herausforderte.

Etwas, das wir als Protest verstanden, überzog das Land. Die Stimmung war aufgeheizt. Häuser wurden durchsucht und Autos durchwühlt. In jedem öffentlichen Gebäude, auf der Post, vor der Sparkasse, überall klebten Fahndungsplakate. Die Namen der Gesuchten klangen nach Revolution: Baader, Meinhof, Raspe, Ensslin. Unsere Eltern waren sich einig. Dass die Sicherheit des Landes in Gefahr sei.

Wir hingegen hatten Verständnis für den Hass der Roten Fraktion auf die Nazis und den Dreck und den Filz in unserer Gesellschaft, auf den Kapitalismus und auf die Politik der USA. Dieses Verständnis nährte sich aus allem, was uns klein machte und Widerstand weckte: Ungerechtigkeiten, Verbote und Vorschriften, die wir nicht verstanden und überflüssig fanden. Wir hörten, dass Gudrun Ensslin die Tochter eines schwäbischen Pfarrers war und fanden Parallelen zu Hilde. Wir lasen den Spiegel, diskutierten, ob Gewalt das richtige Mittel für Veränderungen sei oder ob wir uns eher zu den Pazifisten zählen sollten. Es gefiel uns, dass die Gruppe so wütend war, so klug, so politisch, so frei, so anders.

In dieser Zeit also verliebte sich Hilde in Helmut. Die beiden passten zueinander, ähnelten sich in ihrer sanften Art. Helmut hatte lange blonde Locken, die Hilde inspirierten, ebenfalls die Haare offen zu tragen. Mit Helmut konnte man bestens über die Weltlage diskutieren. Er wollte später etwas Soziales studieren, worin wir ihn bestärkten, denn er war einfühlsam und klug und konnte es gut mit Kindern.

Ich weiß nicht mehr, wo die beiden sich trafen, aber ich ahne, dass es geheime Treffen waren, die irgendwann durch Hildes petzenden Bruder herauskamen und zur Folge hatten, dass Hilde über jeden Schritt, den sie tat, Rechenschaft ablegen musste. Natürlich traf sie sich weiterhin mit Helmut. Die Sache gewann an Tragik und Hildes Liebe wuchs.

Dann kam das Wochenende, an dem Hildes Eltern mit Michael verreisten. Sie erzählte es beiläufig, auf dem Schulhof, und sofort begannen wir Pläne für den Abend zu schmieden, kamen aber zu keinem Ergebnis, da sich Hilde nicht von Zuhause fort wagte.

Es war ein Winterabend, fast mild. Ein Schneepflug hatte die Straße geräumt und den Schnee bis dicht an die Häuser geschoben. Wahrscheinlich überrumpelten wir Hilde, als wir in der Dunkelheit mit der gesamten Clique bei ihr auftauchten, denn wir waren mindestens acht. Sie stand da, strich sich das Haar mit den Händen zurecht und fuhr sich mit dem Finger unter den Augen entlang, als sie Helmut erblickte. Ich sehe die beiden noch vor mir, wie sie sich umarmten und küssten. Wir hatten Bierflaschen dabei, Tabak und Schallplatten, vielleicht auch eine Flasche Persiko. Das Zeug war modern damals.

Hilde war unsicher, ließ uns aber herein. Wir stellten fest, dass sie nicht allein war, sondern drei der kleineren Geschwister uns neugierig beäugten, zutraulich wurden, uns schließlich umringten und Spielzeug heranschleppten. Natürlich wollten wir sie ins Bett schicken, was sich als schwierig erwies. Helmut schnappte sich ein Buch, verzog sich mit den Kindern auf eine Couch. Bald begannen die Kleinen ihre Augen zu reiben und verschwanden ohne Widerworte.

Wir saßen auf dem Boden vor dem Klavier, hätten gerne Räucherstäbchen abbrennen lassen, aber Hilde wehrte sich. Stattdessen zündeten wir Kerzen an, legten Platten auf, hörten Bob Dylan, die Stones, auch Genesis, tanzten Klammerblues zu ›Je t'aime‹, knutschten herum, redeten über die DDR und über einen Sprengstoffanschlag auf ein militärisches Tanklager in Gießen, mutmaßten, dass es ein amerikanisches gewesen war und dass es die Amis in Bitburg sicher auch bald treffen würde. Gerne hätten wir geraucht, aber sobald jemand Tabak auspackte, hob Hilde abwehrend die Hände.

Wir liefen auf Wolken, als wir das Haus in der Nacht verließen. Jemand kam auf die Idee, die Bierflaschen im Schnee verschwinden zu lassen, was natürlich dumm war, denn als Hildes Eltern anderentags auftauchten, plapperten nicht nur die Kleinen seltsames Zeug, auch die Flaschen wurden zu Verrätern.

Der Vater tobte, warf Hilde vor, seine Abwesenheit ausgenutzt zu haben und verhängte Hausarrest. Hilde durfte nicht mehr zu Schulveranstaltungen, geschweige denn zu Hantas mobiler Disko, die alle zwei Wochen in einem der Dörfer für Stimmung sorgte.

Sie saß zu Hause bei den Kleinen. Zur Schule wurde sie gebracht und abgeholt. Der Vater kannte den Stundenplan. Wenn er keine Zeit hatte, kam Michael. Nur in den Pausen hatten wir Hilde für uns. Dann tauchte auch Helmut manchmal auf, um sie zu sehen. Aber das war selten, denn Helmut musste arbeiten. Wir reichten Briefe weiter. Von Helmut an Hilde, von Hilde an Helmut. Manchmal heulte Hilde, aber nur wegen Helmut. Was den Vater betraf, so verhielt sie sich seltsam. Sie verteidigte ihn, fand Gründe für sein Tun, glaubte, dass er es gut meine und sie schützen wolle. Wir konnten es nicht fassen.

Es wurde Frühjahr. Hildes Arrest dauerte an. Der Ginster blühte, der Hügel war voller Flecken von rosafarbenem Klee und gelbem Löwenzahn. Die Luft wurde mild und warm. Hilde wurde dünner und blasser. Wir versorgten sie mit Büchern und Schallplatten, in denen wir Briefe von Helmut versteckten.

Unsere Wut auf Hildes Eltern wuchs. Ich bat meinen Vater etwas zu tun. Mein Vater wollte nichts hören. »Da mischen wir uns nicht ein«, sagte er, und dabei blieb es.

Vielleicht hatten wir das Wort Befreiung den Forderungen der RAF abgelauscht, vielleicht waren wir selbst darauf gekommen. Denn Befreiung nannten wir es. Wir wollten Hilde befreien, besser gesagt, wir mussten es tun.

Wir rüsteten uns, blätterten in der Mao-Bibel, drehten die Knöpfe unserer Stereoanlagen bis zum Anschlag: »Everywhere I hear the sound of marching, charging feet boy, cause summer's here and the time is right for fighting in the street, boy …«

Der Dienstagnachmittag schien uns geeignet, denn da hatten wir keine Schule.

Es war ein heißer Tag. Der Hügel war wie leer gefegt. Nur ein Mann jätete in einem Garten Unkraut zwischen jungen Pflanzen. Er sah nicht auf, als wir vorbeigingen. Auch an den Fenstern bewegte sich nichts, was im Nachhinein gut war, denn ich hatte mir mit einer Paketschnur eine Pappe um den Hals gehängt: »Ich bin für RAF!« Die Pappe stärkte.

Hildes Zimmer lag im Parterre, direkt neben dem Eingang. Wir fürchteten den Hund. Dennoch – an dieses Fenster wollten wir klopfen und Hilde herauszerren. Schnell musste es gehen, der Vater war zu Hause. Sein VW Bus parkte im Hof.

Wir hatten keine Idee, was danach geschehen sollte. Vage hatten wir über ein Versteck gesprochen, einen Schuppen, in den wir sie bringen wollten.

Je näher wir dem Haus kamen, desto kürzer wurden die Schritte. Wir sahen uns nicht an. Ich ging mit geballten Fäusten, hatte Hildes Zimmerfenster vor Augen und stellte mir vor, wie glücklich sie bald sein würde.

Wir kamen nicht bis zur Tür. Hildes Vater stand plötzlich im Weg, baute sich vor uns auf, drohte damit, den rasend gewordenen Hund aus dem Zwinger zu lassen, machte Anstalten, uns zu packen. Der Hügel schwankte, auch das Haus, wir rannten, rannten, rannten, Hundegebell im

Rücken. Die Pappe flog hoch und schlug mir gegen ein Auge. Ich riss sie mir vom Hals und warf sie auf den Weg.

Wir erwarteten Schlimmstes, malten uns aus, wie Hildes Vater unsere Eltern aufsuchen würde, fürchteten, in ein Heim gesteckt zu werden. Aber nichts passierte. Tagelang schlichen wir herum. Hilde sagte nichts, verhielt sich wie immer, bis wir herausfanden, dass sie von alldem gar nichts mitbekommen hatte.

Wir waren enttäuscht, weil wir versagt hatten, schwiegen über das, was passiert war.

Es war im Juni, als Hilde aus heiterem Himmel die Sache mit Helmut beendete. Sie hatte ihm einen letzten Brief geschrieben und Helmut war untröstlich.

Dann waren wir dran.

Nur einen Tag später erklärte sie uns, dass sie fortziehen würden, Richtung Köln. Dass sie das Haus verkaufen würden, dass der Vater eine neue Stelle gefunden hätte, dass alles dort besser sei und anders, dass sie sich freue, von uns wegzukommen, denn wir seien schuld an ihrem Schicksal. Wir waren wie vor den Kopf gestoßen, bewarfen sie mit Fragen, versuchten, uns zu verteidigen. Hilde wiederholte, was sie schon gesagt hatte. Dabei hatte ihr Gesicht einen unbewegten Ausdruck, wie im Schlaf. Sie sagte noch, dass es für alle besser sei, auch für uns, ließ uns zurück mit fragenden Gesichtern und Gewissensbissen.

Damals glaubten wir tatsächlich, dass alles unsere Schuld war.

Zu einem Abschied kam es nicht. Hilde verschwand von einem Tag auf den anderen. Zuerst waren wir wütend. Dann fehlte sie uns. Vor allem Ulli litt. Wir suchten nach Erklärungen, fahndeten nach Hildes Adresse. Auch die Schule fanden wir heraus. Zuerst schrieben wir ihr Briefe. Einmal nur kam eine Antwort. Dass niemand mehr schreiben soll, stand auf dem Papier, darunter Hildes typisches, schnörkeliges H, das uns vertraut war.

Wir beschlossen, Hilde in ihrer Schule aufzusuchen, hingen über Straßenkarten, schätzten die Strecke auf 80 km und zählten unser Geld. Eine Bahnkarte war zu teuer. Wir beschlossen zu trampen.

Den Eltern erzählte ich etwas von einer Schulveranstaltung, die bis zum Abend dauern würde. In meinem Fall war das einfach. Bei Ulli gestaltete sich die Sache schwieriger, aber schließlich standen wir am verabredeten Tag an der Straße und hielten die Daumen hoch. Alles lief glatt. Schon vor der großen Pause waren wir dort, suchten das Gymnasium, fragten uns durch die Gänge, fanden Hildes Klasse, standen davor, als die Glocke losging, die Tür aufgerissen wurde und Schüler herausdrängten. Ich zupfte an den Fingernägeln. Es waren nur Sekunden. Wir sahen sie sofort. Sie stand da und packte etwas in eine Mappe. Ulli jubelte. »Hilde!« Hilde hob den Kopf, erschrak, taumelte zurück, und dann geschah Unfassbares: Sie verkroch sich unter einer Schulbank und schrie: »Haut ab! Lasst mich! Haut doch ab!« Wir erstarrten. Mit Einigem hatten wir gerechnet, damit nicht. Andere Schüler wurden aufmerksam, glotzten uns an. Wir gingen auf Hilde zu. »Aber Hilde!« Hilde hatte alle Farbe verloren. »Lasst mich! Verschwindet!« Sie kam unter der Bank hervor, raffte eilig ein paar Sachen vom Tisch und rannte an uns vorbei aus der Klasse. Als sie so unvermutet wegrannte und ich sie von hinten sah, konnte ich, an was auch immer, erkennen, dass sie weinte.

Wir wollten hinterher, aber ein Lehrer versperrte uns den Weg, fragte, was wir in der Schule zu suchen hätten und was wir von Hilde wollten. »Nichts! Nichts!« Wir faselten herum, drängten weiter, der Mann ließ uns gehen, aber der Moment war lang genug gewesen, dass wir Hilde im Getümmel der

Pause aus den Augen verloren. Wir sahen auf den Toiletten nach, in der Bücherei, suchten die Flure ab. Nichts.

An diesem Tag sahen wir Hilde zum letzten Mal.

Enttäuscht saßen wir am Bahnhof. Die Sonne knallte. Wir hatten Durst. Das Geld reichte nicht für Getränke. Plötzlich stand Michael vor uns. Seine Augen waren zu Schlitzen verengt und sprühten Hass. »Was wollt ihr hier? Lasst Hilde in Ruhe! Sie will nichts von euch, ist froh, dass sie von euch weg ist! Ihr seid schuld!« Wir sprangen auf, rannten. Michael blieb uns auf den Fersen. Er hatte einen Fotoapparat umgehängt und versuchte, Fotos von uns zu machen. Wir rannten in Richtung Stadt.

Irgendwann lehnte ich japsend an einer Wand, die Lungen stachen, das Herz raste. Ich hatte Ulli verloren. Aus Angst vor Michael flüchtete ich in einen Blumenladen. Eine Frau, die Sträuße band, sah, dass etwas nicht stimmte, beruhigte mich und gab mir zu trinken.

Der Nachmittag verlor schon an Farbe, als ich Ulli auf dem Bahnhof wiederfand. Wir waren beide wie erschlagen. Hilde hatte uns doppelt verraten, denn sie musste Michael von unserem Auftauchen erzählt haben. Von einer Telefonzelle aus riefen wir Ullis Freund an, Ralf, der ein Auto hatte und sofort bereit war, uns zu holen. Er fuhr einen grünen R4 und erst als er in Bahnhofsnähe um die Ecke bog und auf uns zusteuerte, konnten wir wieder atmen.

Wir nannten ihn unseren Retter, auch Jahre später. Er brachte uns nach Hause. Niemand fragte, wo wir gewesen waren. Auch das Schulschwänzen hatte keine Konsequenzen.

Nur das, was passiert war, schmerzte.

Viele Jahre später, ich lebte längst nicht mehr im Dorf und hatte aufgehört, nach einer Antwort zu suchen, ließen mich hingeworfene Worte eines Bekannten aufhorchen. Er war wie ich zum Schützenfest in unser Dorf gekommen, und wir standen an der mit bunten Lampions geschmückten Theke der Bitburger Brauerei. Gestützt auf den Tresen, eine Zigarette in der Hand, redete er von früher. Ich hatte wenig Lust über alte Zeiten zu reden, bremste ihn aber nicht, als er plötzlich von Hildes Vater anfing, von dessen Sportgruppe und der Vorliebe für junge Mädchen. Dabei konnte er ein Grinsen nicht verhehlen. Ich weiß noch, dass ich den Kopf schüttelte. »Ach, lass doch.« Er aber kam in Fahrt, erzählte, was ich nicht wusste. Dass nämlich Hildes Vater damals in Verruf geraten sei wegen eines Mädchens. Angefasst habe er es, ja, viel mehr noch. Hals über Kopf seien sie dann weggezogen, als die Sache drohte, ans Licht zu kommen. Dass niemand gewagt hätte, etwas zu sagen, fügte er hinzu, denn immerhin seien es doch angesehene Leute gewesen.

Er sah, wie ich zusammenzuckte. Die Worte stachen. Ich sah Hilde vor mir: so blass, so dünn. Meine Gedanken sprangen.

Spät am Abend rief ich Ulli an, zu der ich über die Jahre Kontakt gehalten hatte. Was ich berichtete, war der letzte Mosaikstein einer Geschichte, die immer noch kein Ende hatte. Wir zögerten mit unseren Worten. Was wir dachten, war schwer auszusprechen. Nein, Hilde doch nicht. Bestimmt nicht. Nein, das hätten wir doch gemerkt. Hilde doch nicht.

Eine Dreingabe

Alles begann mit diesem kleinen, trockenen, lästigen Husten. Lange hatte er sich nichts daraus gemacht, schon der sommerlichen Temperaturen wegen. Dann aber wurde die Husterei lauter, länger, blecherner, störte die Lesestunden am Nachmittag und die Ruhe der Nacht.

Eine Hausangestellte brühte ihm Tee aus Eibischwurzel und kochte Bouillon, riet einen Schal aus Seide zu tragen, was er dankend befolgte und sogar nachts im Bett beibehielt.

Mehrfach begutachtete er mit einem Spiegel den Rachen, auch draußen bei hellem Licht, fand aber nichts Bedenkliches, weder gerötete Stellen noch eine belegte Zunge.

Trotzdem war das Husten da, wurde quälender, bisweilen schmerzhaft. Nacht für Nacht wurde er von Anfällen geschüttelt, bis zum Würgen gedieh das Husten; morgens befand er sich schlapp und elend.

Eigentlich war er immer kränklich gewesen. Als Junge litt er unter permanenten Ohrenschmerzen, weswegen ihm das Kindermädchen ständig mit Wachs getränkte Wollflusen in die Ohren stopfte, was dazu führte, dass er nicht verstand, was die Leute sagten. Auf Fragen gab er deshalb seltsame Antworten und handelte sich den Ruf ein, nicht alle beisammen zu haben. Neben den Ohren schmerzten ihm die Zähne sowie das Kiefergelenk. Das kam vom nächtlichen Zähneknirschen, das die Kaumuskeln verspannte, was Qualen in Schultern und Nacken nach sich zog.

Als er älter wurde, neigte er zu heftigen Fieberschüben, zu Durchfall und Leibschmerzen, die ihn erschöpften und oft für Wochen ans Bett fesselten.

Jahrelang hielt man seine Malaisen für ein Missverhältnis von Blut, Schleim, Schwarzer und Gelber Galle, was mit Hilfe von Abführ- und Brechmitteln wieder in ein Gleichgewicht gebracht werden müsse und verabreichte Pastillen und Tropfen von Rhabarber und Mariendistel, Blutwurz und Wacholder, legte ihm kühle Tücher auf Brust und Stirn und zündete, wenn alles nichts half, Kerzen an.

Von Kind an hatte die Mutter ihn geschont, Mühsames und Lästiges von ihm abgehalten. Sie fand Entschuldigungen für alles, was ihm nicht geriet und hatte früh aufgegeben, daran zu glauben, dass er seine Studien irgendwann beenden und eine Frau finden würde.

Vielleicht war es die Mutter, die ihn so weich und anfällig gemacht hatte, vielleicht waren es die Träumereien und die Furcht, die er vor allem und jedem empfand, der er die Schuld gab an diesem ständigen Zögern und Nichtwissen und dieser geradezu nervenden Unentschlossenheit. Ungern verließ er sein Zimmer. Schon gar nicht im Winter. Im Frühjahr saß er manchmal unter den Fliederbäumchen im Garten und las. Nur selten, wenn die Gedanken abschweiften, fragte er sich, ob er nun dies oder das oder überhaupt nichts tun solle.

Nie kam er zu einem Ergebnis. Auch jetzt nicht, in der Sache mit dem Husten. Obwohl bereits jenseits der 40, entschied nicht er, sondern die Mutter, dass die Sache dringlich und ein Arzt zu holen sei, unverzüglich.

Über den Arzt – grau vom Rauchen und ohne Haare – wusste er nicht viel, außer, dass er die Schriften von Agrippa und Paracelsus studiert hatte und sich mit allerhand Experimenten befasste. Die hastigen Bewegungen und der zuckende Mund des Doktors irritierten ihn. Trotzdem befolgte er alle Maßregeln, schluckte Pastillen, aß den Brei aus Rettichwurzeln und Wacholder, den die Köchin allabendlich zusammenrührte, zählte morgens, mittags und abends Tropfen einer braunen, bitter schmeckenden Flüssigkeit auf einen Löffel.

Die Tropfen dämpften zwar das plötzliche Husten, abstellen konnten sie es nicht.

Ein zweiter Arzt kam, befühlte den Puls, entnahm Blut, besah sich Hals und Zunge, beklopfte und behorchte die Lungen, forderte ihn auf, tief einzuatmen, zu hüsteln, dann wieder auszuatmen und die Luft anzuhalten. Der Arzt untersuchte gründlich, ordentlich, gewissenhaft. Er empfahl ihm Bettruhe und täglich zwei Pfeifen mit spanischem Tabak zu rauchen. Das Rauchen gefiel ihm und er behielt es bei. Am Husten änderte es nichts.

Ein dritter Arzt ließ ihn in ein Taschentuch spucken, prüfte den Auswurf mit einem Stäbchen und einer Lupe, diagnostizierte eine ernsthafte Störung, sprach von Körpergiften, erklärte, dass es einer Luftveränderung bedürfe und verordnete eine Kur.

Die Wochen im Schwarzwald brachten kurzzeitige Besserung. Als er nach Hause zurückkehrte – durchsucht und durchkurt und versorgt mit allen möglichen Pillen und Arzneien – meldete sich der Husten zurück, heftiger als vorher. Er verdoppelte die Pillendosis und fühlte sich dennoch immer schwächer werdend.

Es war Mai, als er anfing, Blut zu spucken. Ein junger Arzt, der für eine neue Methode der Lungenheilung ausgezeichnet worden war und eigens aus Wien angereist kam, untersuchte den schwarzen Auswurf, der ihm bei Hustenattacken aus dem Mund quoll, verzog angestrengt das Gesicht, wollte sich aber zunächst nicht festlegen.

Als er mit der Sprache herausrückte, fiel die Mutter in Ohnmacht. Die Lungen seien zerfressen, die Luftröhre verstopft. Vier Monate, eher weniger, würden ihm bleiben.

Er begann zu rechnen: Vier Monate, das wären hundertzwanzig Tage, beinah dreitausend Stunden, fast zweihunderttausend Minuten und Millionen von Sekunden. Die Zahlen beruhigten. Überhaupt war er gefasst. Irgendwie machte es ihm sogar Freude, alle, selbst die Hausangestellten, so betroffen zu sehen. Was ihn selbst betraf, so waren ihm Leben oder Sterben gleichgültig.

Die Mutter ließ Karten legen, bestellte neue Ärzte ins Haus, die alle etwas sagten, meinten, vermuteten. Das Getue störte ihn; gerne hätte er sich aus allem herausgenommen. Die unzähligen Blutentnahmen schwächten, die Therapien bekamen ihm nicht.

Ein Astrologe versuchte die verwirrten Linien seiner rechten Hand zu deuten, prophezeite, dass er sich an einem Ort mit mildem Klima verlieben und deshalb gesunden werde. Die Mutter setzte alles daran, einen Ort mit guter Luft zu finden. Als ihr Schloss Malberg in der Eifel einfiel, wo einer ihrer Brüder lebte, waren die Koffer so gut wie gepackt. Über die vorhergesagte Liebschaft schüttelte sie den Kopf.

Früher hatten sie manchmal auf Schloss Malberg die Sommer verbracht. Er erinnerte sich an einen massigen Bau, auf einer langgestreckten Landzunge eines Talkessels an der Schleife des Flusses Kyll gelegen. Das Klima dort war mild zu nennen, ausgenommen im Winter. Ein Onkel bewohnte das Schloss mit zwei Töchtern. Er war, nachdem sein Vater vor anrückenden Revolutionstruppen geflohen war, in Malberg geblieben, um den Familienbesitz zu verwalten. Der Onkel und die Cousinen lebten karg und kamen dank der Hilfe mitleidiger Verwandter mühselig über die Runden.

Brieflich sicherten sie zu, dem Kranken für ein gewisses Entgelt das Kabinett des Gastappartements zu überlassen und für eine gute Verpflegung zu sorgen. Vom Besten, was es in Eifelwäldern und Bächen gäbe, war die Rede. Die Mutter, die ohnehin schon Unsummen für die Gesundheit ihres Sohnes ausgegeben hatte, zahlte dem Onkel gerne und viel.

Der Abschied an einem Junimorgen war unerträglich. Die Mutter wäre am liebsten mitgereist. Hundert Ratschläge goss sie über ihm aus und auch seine alte Gouvernante hätte ihn beinahe nicht fortgelassen. Als er in aller Frühe das Haus verließ, lag alles diesig und schwer, aber bald schon löste sich der Dunst auf und ließ Sonne durch. Er reiste mit drei Koffern und einem Jungen, der ihm das Gepäck schleppte, in einer Postchaise bis nach Bitburg, von dort nach Kyllburg und kam gegen Abend in Malberg an.

In der Dämmerung schien das Schloss mächtiger, als er es in Erinnerung gehabt hatte. Der Junge keuchte mit den Koffern voran in Richtung eines Torbogens, von dem aus ein ansteigender Weg zu einem weiteren Tor führte, das den Blick auf einen fast quadratischen Schlosshof freigab, der von einer Kapelle, alten Gemäuern und einer Balustrade umsäumt wurde.

Der Empfang war verhalten. Der Onkel wollte ihm die Hand nicht geben, aus Angst vor Ansteckung. Auch seinen inzwischen ältlichen Töchtern riet er zur Vorsicht. Er zeigte ihm das Kabinett, wenig freundlich, aber komfortabel ausgestattet. Der hohe Raum mit dem doppelköpfigen Adler an der Decke lag im neueren Teil des Schlosses und grenzte an eine Bibliothek, deren Bestände ihn, wie er hoffte, ablenken würden.

Gegen Abend wies ihm der Onkel einen Diener zu, der ihn zum Aborterker begleitete und ihm anschließend die Köchin vorstellte, die sich nickend und ergeben seine Extrawünsche zu merken versuchte.

In der Nacht schlief er traumlos. Die Hustenanfälle schienen ihm, der dicken Wände wegen, leiser als sonst. Beim Frühstück am Morgen ließ sich nur der Diener sehen. Er war alt und grau, sah aus wie aus Holz, brachte Tee und kalten, gebackenen Fisch.

Dass sie ihn allein lassen würden, ahnte er, aber es störte ihn nicht.

Die erste Woche verbrachte er im Kabinett, durchstöberte die Bibliothek, hustete und las, stopfte die Pfeife mit spanischem Tabak, inhalierte den süßlichen Rauch. Er ließ sich die Mahlzeiten aufs Zimmer bringen und schon gegen Ende der Woche kam es ihm vor, als ob die Welt ihn vergessen hätte.

Es folgten Tage, an denen es ihn nach draußen zog und er unter Arkaden und Bogengängen flanierte. Dann und wann begegneten ihm die Cousinen, kicherten und gingen ihm aus dem Weg.

Er erkundete das Uhrtürmchen, in dessen Innerem sich ein Schacht für die Gewichte einer Uhr befanden, die Kapelle mit den Statuen, die er als Allegorie der Jahreszeiten verstand. Er schlenderte über Flure, betrachtete das hölzerne und steinerne Frucht- und Blumenwerk an Kaminen und Türen, fuhr mit dem Finger über Akanthusranken und Fruchtgirlanden, besah sich die Täfelungen mit Intarsien aus wertvollen Hölzern, die Portraits der Adelsfamilien, die Gobelins mit den Jagdszenen.

Sonnige Nachmittage verbrachte er zwischen Steinfiguren auf der Terrasse, saß unter den überdachten Pavillons und las. Wenn seine Gesundheit es erlaubte, folgte er einer breiten Treppe, die in einen von einer Brüstungsmauer eingefassten runden Garten führte, in dessen Mitte ein Springbrunnen silbernen Glanz versprühte und steinäugige Figuren ihm nachblickten. Es gab noch einen Garten, umgeben von einem eisernen Staketenzaun, ein Erholungsgarten voller Rosen, der zum Lustwandeln einlud. Auch Gemüse und Heilpflanzen wurden hier gezogen, deren Betrachtung ihm ein wenig Abwechslung brachte. Hin und wieder sah er den Gärtner mit einer Hacke oder einem Spaten.

In den Gärten beruhigte ihn der Gedanke, zu wissen, wo er sein Leben lassen würde. Das Schloss gefiel ihm und er hielt es für einen würdigen Ort zum Sterben. Außerhalb der Schlossmauern hielt er sich nie auf. Weder die bewaldeten Hänge noch das Dorf lockten ihn. Er empfand auch keine Lust, an der träge fließenden, grün schimmernden Kyll zu spazieren.

Selbst die täglichen Briefe der Mutter störten ihn. Sie schrieb mit gequälter, besorgter Handschrift. Er schrieb Belangloses zurück. Dass alles besser geworden sei, dass es ihm beinahe gut gehe. Über die Krankheit schrieb er sonst nichts, auch nicht von den Schmerzen, die zugenommen hatten, vom Ringen um Luft, von der Angst zu ersticken. Er lobte das Essen und die Ruhe, aber weder das Wildbret aus Eifeler Wäldern, fein zubereitet und gewürzt, noch die frische Luft brachten Erleichterung.

Jeden Tag zählte er die noch verbleibende Zeit, zählte wieder und wieder, horchte in sich hinein, dachte bei jedem Anfall, dass es sein letzter sei, fühlte sich sterbend, wünschte den Tag herbei, der alles beenden würde. An die Liebe, die ihm laut Prophezeiung begegnen sollte, glaubte er längst nicht mehr. Der Gedanke daran gefiel ihm zwar, aber er hatte keine Vorstellung, weil er nie verliebt gewesen war. Seine Willenskraft war schwach, er hatte kein Ziel, nichts, das ihn antrieb.

Als sich seine restliche Lebenszeit auf zwei Monate reduzierte und die Hustenattacken unerträglich wurden, kam ein Arzt aus Metz und verabreichte ihm eine Spritze, die einen derart heftigen Anfall von Atemnot auslöste, dass alles im Schloss in Aufruhr geriet. Grauenhaft waren dieses erstickte, zerrissene Luftholen, das Röcheln und Keuchen, das pfeifende Geräusch, das entstand, wenn er mit verkrampften Händen und aufgerissenem Mund versuchte, Luft in die Lungen zu saugen. Der Arzt hielt – ein Tuch vor dem Mund – Abstand. Der Diener gab vor, etwas holen zu müssen und verschwand. Die Cousinen äugten durch den Türspalt und amüsierten sich. Er hörte, wie sie ihn nachäfften und ihn den Toten nannten. Er wollte sich wehren, aufstehen, ihnen sagen, dass er noch lebe, aber ein neuer Hustenanfall warf ihn aufs Bett zurück, wo er sich ein Kissen vor den Mund presste, bis sein Kopf rot wurde, dann blau, und er das Bewusstsein verlor.

Von da an blieb er fast ständig im Bett, ließ sich Bücher bringen, aß nicht, trank bitteren Tee aus einer schwarz gebrannten Kanne. Auf Anraten des Arztes hatte er für ein paar Tage mit dem Rauchen aufgehört, aber jetzt, wo er sah, dass sich dieser Verzicht nicht mehr lohnen würde, genoss er dieses letzte Vergnügen, das Saugen am Mundstück, den wabernden Qualm, der manchmal so dicht wurde, dass er durch die Türritzen nach draußen drückte.

Die Anfälle kamen in immer kürzeren Abständen. Der Arzt brachte ihm eine Pflegerin, die von nun an Tag und Nacht in der Nähe des Kabinetts bleiben sollte. Sie war jung und blond und zuerst hoffte er, dass sie Teil der Prophezeiung sei. Sie aber sah ihn nicht einmal an, blieb launisch und ungeduldig und verließ das Zimmer, sobald er nur hüstelte.

Immerhin brachte sie ihm Laudanum, laut Arzt ein letzter Versuch, eigentlich sinnlos.

Das Laudanum betäubte nur scheinbar, auch die Ruhe durch das Mittel war nur scheinbar. Immerhin linderte es die Anfälle und bald fürchtete er, ohne die Tropfen zu ersticken. Zwar kämpfte er nicht um sein Leben, aber er hielt es für sinnlos und lächerlich zu leiden, verlangte mehr und mehr von den Tropfen und geriet mit der Pflegerin in einen heftigen Disput, als sie ihm nach tagelanger großzügiger Dosierung das Laudanum nur noch nach Vorschrift geben wollte. Ein wenig staunte er über die Willenskraft, die er für das Mittel entwickelt hatte und fühlte Stolz. Danach lag er wieder schlapp und elend, befahl der Schwester, niemanden hereinzulassen, schrie, dass er keinen ertragen könne und endlich sterben wolle.

Der Arzt kam trotzdem, fragte mit auffallender Ungeniertheit, ob er den Tod schon gesehen habe, falls nicht, dass er ihn bald sehen oder hören werde, und gut daran täte, sich darauf vorzubereiten. Er schüttelte den Kopf auf die Bitte nach einer weiteren Flasche Laudanum und wollte sich entfernen, als der Kranke aufsprang, würgend und röchelnd seine Tropfen verlangte, sofort und in doppelter Menge. Die Stimme, rau und belegt, überraschte in der Lautstärke. Der Arzt ließ sich nicht erweichen, erklärte, dass das die üblichen Anzeichen des nahen Endes seien, schärfte allen ein, dass die Ansteckungsgefahr erheblich sei und das Zimmer, wenn überhaupt, nur kurz betreten werden dürfe und der Patient zur Sicherheit aller eingeschlossen gehöre.

Von da an hüllte ihn tiefes Schweigen ein; aus seiner Reglosigkeit wurde Stumpfheit. Er schrieb der Mutter, dass es noch 16 Tage seien bis zum Schluss, bat sie um Laudanum.

Nachts lag er zitternd auf dem Bett, rauchte, starrte auf die flackernde Kerze, hörte Schritte in den Kammern über ihm, dachte, dass es der Tod sei, der oben warte und die Sense schärfe. Er versank in einem Albtraum, in dem Schritte lauter wurden und näherkamen, spürte einen Griff an der Kehle, röchelte und prustete, wachte schweißgenässt in immer neuen Hustenattacken auf, fühlte sich weniger werdend, wünschte sich unter die Erde und überlegte, auf welche Weise dem Tod nachzuhelfen wäre, wie ein Strick zu beschaffen und eine Schlinge zu knüpfen wären.

Am Morgen saß er gelehnt ans Kopfende des Bettes, horchte auf seinen rasselnden Atem und tastete nach dem Puls. Manchmal blieb er bis mittags in dieser Pose, starrte an die

Decke, belauschte die Schritte, die lauter und fordernder wurden.

15 Tage und Nächte verbrachte er so.

Mit dem letzten Tag des Monats September befiel ihn ein Anfall, bei dem die Augen hervorquollen und sein Körper sich blau färbte. Obwohl das Zimmer überheizt war, schlugen seine Zähne aufeinander, eiskalte Lawinen überliefen ihn. Die Schritte über ihm dröhnten, der Adler an der Decke fuhr die Krallen aus. Er hielt sich die Ohren zu, rief nach dem Arzt, nach der Pflegerin, nach der Mutter, aber niemand kam. Plötzlich hatte er das starke Bedürfnis nach Luft, schaffte es bis zum Fenster, riss die Vorhänge auseinander, sah, dass Nacht war. Ein kalter muffiger Geruch nach Erde und Stein kroch ihm entgegen. Er schrak zurück, wankte zur Tür, sie war abgeschlossen. Er trommelte mit den Fäusten gegen die Bretter, schrie nach dem Onkel, zerrte am Griff. Eine würgende Beklemmung füllte ihm den Mund mit einem Geschmack nach Fäulnis und zum ersten Mal dachte er, dass sein Leben etwas wert war und dieser Gedanke schien ihm plötzlich so unendlich kostbar, so vertraut und süß, sein Leben, das er fast nicht mehr hatte, und plötzlich verstand er, dass er es nur einmal verlieren könne, empfand den klaren und festen Drang, es zu retten und spürte, wie, einer Flüssigkeit ähnlich, Kraft in Arme und Hände floss.

Am Morgen atmete er noch. Das Atmen war heller als sonst und leichter. Jemand hatte die Tür aufgeschlossen. Er sah, wie die Cousinen erwartungsvoll ins Zimmer linsten, hörte, wie sie flüsterten. Wieder nannten sie ihn den Toten.

Das erste, was ihm einfiel, war, dass er die angekündigte Zeit um einen Tag überlebt hatte, was ihn mit einer gewissen Schadenfreude erfüllte. Er erlebte einen weiteren Tag, dann eine Woche. Der Arzt wunderte sich, schüttelte den Kopf über ihn und sagte, dass alles, was er jetzt noch an Zeit bekäme, eine Dreingabe sei. Über die Dreingabe dachte er lange und intensiv nach. Über den leiser werdenden Husten wunderte er sich. Oft stand er und horchte in seine Lungen, klopfte sich auf der Brust herum, hüstelte, aber das Hüsteln hörte sich weich, fast zärtlich an.

Als er sich um vier Wochen überlebt hatte, ließ er Brot und Fleisch kommen, sogar Wein, schrieb an seine Mutter, dass er noch lebe, dass sein Leben eine Dreingabe sei, die er jetzt nutzen werde. Dann schrieb er endgültige und seltsame Worte, die sie ihm niemals zugetraut hätte.

Mit dem ersten Schnee verließ er Malberg. Er beschloss, in Richtung Süden zu ziehen.

Almuth denkt

Almuth Fleig, 1973

Almuth Fleig versteht die Welt nicht mehr. Jahrelang ist sie als Erzieherin angestellt und immer hat man ihre Arbeit gelobt. Morgens ist sie die Erste und abends die Letzte. Tag für Tag kümmert sie sich und sorgt für Ordnung. Unentwegt erklärt sie nicht nur den Kindern, was zu tun und zu lassen ist. Unermüdlich sieht sie darauf, dass die Regeln befolgt werden. Die Regeln sind das Wichtigste. Wie soll denn das sonst laufen in so einem Kinderheim? Und jetzt ist sie von einer der Helferinnen angeschwärzt worden, weil sie ein Kind geschlagen hat. Zu einem Gespräch mit der neuen Heimleitung ist sie bestellt. Hat diese Heimleiterin nichts anderes zu tun?

Ja, natürlich. Selbstverständlich hat sie das Kind geschlagen. Ja, mit einem Kleiderbügel. Ja, vorgestern. Was soll daran falsch gewesen sein? Und was, bitte schön, hätte sie auch tun sollen? Immerhin hat das Kind das Bett genässt und obendrein die halbe Nacht nach der Mutter geschrien. Unerträglich war das. Da hat sie es aus dem Bett gezerrt, zwei, drei Klapse mit dem Bügel auf dem Po verabreicht, und, wie üblich, auf dem Flur Strafstehen lassen.

Wie üblich?

Ja, wie üblich.

Wie lange?

Daran kann sie sich nicht mehr erinnern.

Barfuß?

Ja, barfuß. Woher die Platzwunde an der Stirn kommen soll? Woher soll sie das denn wissen? Sie kann nur sagen, dass das Strafstehen umgehend gewirkt hat, war doch das Kind sofort ruhig und ausgeglichen; keinen Mucks hat es mehr gemacht. Und dafür soll sie sich jetzt rechtfertigen?

Nicht lange her, und sie hätte ein Lob bekommen für ihr Durchgreifen und die Konsequenz, die heutzutage bedauerlicherweise und viel zu oft auf der Strecke bleibt. Nein, sie braucht sich für nichts zu entschuldigen. Sie hat alles so gemacht, wie sie es gelernt hat. Und wie sie es gelernt hat, ist es gut und richtig.

Dass die Zeiten sich geändert hätten, sagt die Heimleiterin, Gott sei Dank. Dabei sieht sie Almuth vielsagend an. Das mit den veränderten Zeiten braucht Almuth niemand zu sagen. In den letzten Jahren fühlt sich alles so abseitig an, so fremd, dass sie sich kaum noch zurechtfindet. Alles ist verweichlicht. Viel zu nachsichtig geht man mit Kindern um. Viel zu viel wird ihnen erlaubt. Was für ein Gedöns man um sie macht. Neuerdings dürften sie herumschreien, herumtoben, einen halbvollen Teller mit Essen stehenlassen. Sogar nächtliche Toilettengänge sind gestattet worden. Völlig falsch, so Almuth. Zucht und Ordnung müssen schließlich sein. Kinder mögen es sogar, wenn sie in die Reihe gestellt werden. Wo kommt man auch hin, wenn man sie gewähren lässt? Unmöglich, in so einem Heim, mit all den verzogenen Kindern, wenn jedes tun kann, wonach ihm gerade ist. Nein, Almuth hat von Anfang an darauf gesehen, dass die Regeln eingehalten werden, und dazu gehört es nun mal den Teller leer zu essen, ob es schmeckt oder nicht, in der Nacht still zu sein, nicht jedes Mal auf die Toilette zu gehen, wenn man das Gefühl hat, zu müssen. Das hat mit Disziplin zu tun, sagt Almuth, mit sonst nichts.

Überhaupt findet Almuth die Fragen der Heimleiterin merkwürdig. Seit wann braucht man einen Grund, wenn man ein Kind züchtigt? Das Kind ist aufsässig gewesen, hat keine Ruhe gegeben. Da lag es auf der Hand. Nicht der Rede wert und schon gar kein Grund für diese Fragerei.

Die Heimleiterin scheint nicht zu verstehen, insistiert. Ob sich Almuth vorstellen kann, dem Kind geschadet zu haben.

Wie bitte? Geschadet? Geholfen hatte sie dem Kind, es in die Schranken gewiesen, eine Lektion erteilt. Und warum wird die Heimleiterin jetzt politisch?

Ob Almuth früher in der Partei gewesen ist? Das geht zu weit. Das geht nun wirklich niemanden etwas an. Nein, dazu wird sie nichts sagen. Und zu diesen Sticheleien auch nicht. Wie Almuth es mit dem Deutschen Gruß gehalten hat? Ja, wie wohl? Auf was will die Heimleiterin hinaus? Früher hat Almuth den Kindern beigebracht, wie der Arm zu recken war. Bei ihr hätte sich keines getraut, den Arm hängenzulassen und in der Gegend herumzuschauen. Sie hat die Kinder auch angehalten, den Führer zu lieben. Denn wenn man vom Krieg absah, hat der Führer das Land vorangebracht, das muss selbst die neue Heimleitung zugeben. Es war nicht alles nur schlecht, wie es heute hingestellt wird. Früher hing an jeder Baustelle ein Schild: Dass wir hier arbeiten, verdanken wir dem Führer. Den Leuten ist es gut gegangen, viele konnten aufsteigen. Auch sie, Almuth, verdankte damals ihre Arbeit dem Führer, der so viele Kinder aus den zerbombten Städten aufs Land hatte bringen lassen, um ihnen dort eine Schule zu ermöglichen und eine ordentliche Erziehung dazu. Da war sie eingesetzt worden, damals in einem Kinderheim im Harz. Almuth hört noch die Trillerpfeifen.

Nein, Judenkinder waren nicht aufgenommen worden. Natürlich nicht. Was für eine Frage. Überhaupt, was sollte die Frage nach den Juden? Die durften doch auch sonst nirgendwo rein. Vor Restaurants, Hotels oder Schwimmbädern waren Hinweise angebracht: Juden ist der Eintritt verboten, stand da. Selbstverständlich war Judenkindern auch die Aufnahme in die Heime verwehrt gewesen. Als ob die Heimleiterin nie davon gehört hätte. So lange ist das doch nicht her. Und was bitte soll daran falsch gewesen sein? Arische und nichtarische Kinder mussten doch getrennt werden. Wo denkt diese Frau bloß hin?

Dass das Judenbild damals fürchterlich falsch gewesen sei, sagt die Heimleiterin. Gott sei Dank seien diese Zeiten vorbei. Almuth denkt an das Lehrbuch, das sie in der Schule durchgenommen haben, das Buch, in dem Juden abgebildet waren mit ihren Riesennasen, mit hervorstehenden Triefaugen und Hängemäulern. Ja weiß denn die Heimleiterin gar nichts? Jahrelang ist Almuth morgens am Stürmerkasten* vorbeigegangen und jedes Mal hat sie die Überschriften gelesen. Sie war also informiert. Über die Juden stand immer das Gleiche drin, weswegen Almuth auch nicht mehr bei ihnen einkaufen wollte. Sie wusste, was mit Rassenschande gemeint war. Und überhaupt: Damals hatten die Zeitungen noch berichtet, wenn es Gewalttätigkeiten gegen das Deutschtum gab, wenn jüdische Rattenfänger Amerika unterwanderten, wenn sie arische Frauen anfassten, Kinder schändeten oder für Terror sorgten. Ja, um Himmels willen, hat diese junge Frau, die hinter diesem großen Schreibtisch vor ihr sitzt und sie verhört, von alldem nie etwas gehört? Oder will sie nichts gehört haben?

Die Heimleiterin beugt sich vor und indem sie sich eine Haarsträhne hinters Ohr streicht, hebt sie die Stimme und sagt, dass es keinesfalls so weitergehen kann und sie eine Verwarnung aussprechen wird, schriftlich, für die Personalakte, und dass bei Wiederholung die Kündigung drohe. Auf ihrer Stirn zeigen sich plötzlich zwei senkrechte Falten der Entschlossenheit. Sie sagt noch mehr. Almuths Erziehungsmethoden seien veraltet, nicht mehr angebracht, passten nicht mehr in die Zeit.

Almuth versteht nicht. Ihre Erziehungsmethoden sollen veraltet sein? Ob die Neue wirklich glaubt, mit ihrer laschen Pädagogik weiterzukommen? Ob sie wirklich glaubt, dass man Kinder gewähren lassen könne? Almuth kann nur den

---

* Stürmerkasten: Öffentlicher Schaukasten, in dem »Der Stürmer«, eine antisemitische Wochenzeitung von Julius Streicher, ausgehängt wurde.

Kopf schütteln. Und überhaupt. Wie kann man ihr nach all den Jahren mit Kündigung drohen? Sie war stets korrekt, ehrlich und pünktlich. Und wo, bitteschön, soll sie in ihrem Alter noch eine Stelle finden?

Ob sie Kinder eigentlich mag, will die Heimleiterin wissen. Almuth verzieht den Mund. Was soll sie denn zu so einer Frage sagen? Man muss Kinder nicht mögen, man muss sie erziehen. Weil sie einem sonst auf der Nase herumtanzen. Nein, nein, von Mögen ist nie die Rede gewesen. Wenn auch manchmal brave Kinder dabei waren. Aber darum geht es ja gar nicht. Wesentlich ist, dass sie sich nie hat erweichen lassen von diesen niedlichen Gesichtchen und all den Tränen. Zu gut weiß sie, wie verschlagen und aufsässig Kinder sein können. Die unzähligen Lügen, die sie sich im Lauf der Jahre anhören musste. Stets durchschaut hat sie das alles. Dass die neue Leiterin keine Ahnung von Kindern hat, sieht man schon an den Fotos, die neuerdings, mit Stecknadeln befestigt, an der Wand hinter ihrem Schreibtisch hängen: spielende Kinder im Sandkasten, lachende Mädchen mit Springseilen, ein Mädchen mit einem Blumenkranz um den Kopf. Gänseblümchen sind es. Almuth fragt sich, wie es diese Frau wohl zu einer Leitungsposition gebracht hat.

Dann kommt das Gespräch noch auf den ehemaligen Leiter Herrn Botthagen und auf den Verdacht, der damals im Raum gestanden hat. Dass sich Herr Botthagen nämlich vergriffen haben soll, mehrfach, an zwei Jungen. Nein, davon hat Almuth nichts mitbekommen, aber wenn Herr Botthagen die Jungen irgendwie herangenommen hat, wird das schon seine Gründe gehabt haben.

Almuth schwitzt. Gerne hätte sie den oberen Blusenknopf geöffnet. Ein richtiges Verhör ist das. Natürlich hat sie auf alles eine Antwort und lässt sich nichts gefallen. Aber der Ton ist eisig und als die junge Frau wieder mit Konsequenzen anfängt, wäre Almuth fast explodiert. Das soll nun der

Dank sein für die aufreibende Arbeit all die Jahre? Sie protestiert: Was sind schon ein paar Klapse und ein bisschen Strafstehen? So was hat noch nie jemandem geschadet. Im Gegenteil. Gestärkt hat sie das Kind. Fürs ganze Leben. Was ist denn das Leben anderes als Kampf? Und sowieso wird das Kind alles längst vergessen haben.

Die Heimleiterin atmet hörbar. Dann fällt der letzte Satz. Dass Almuth offensichtlich überfordert sei und sich ab sofort von den Kindern fernzuhalten hätte. Sekundenlang steht dieser Satz im Raum, bevor er sich auf Almuth hinabsenkt. Almuth spürt den Puls bis in die Schläfen. Was sich diese eingebildete Person erlaubt! Zwei Wochen erst sitzt sie auf diesem Stuhl vor ihrem unaufgeräumten Schreibtisch und glaubt, das Personal herumschubsen zu dürfen. Almuth hingegen ist über 30 Jahre dabei. 30 Jahre Erfahrung mit Kindern. Davon kann sich die Neue eine Scheibe abschneiden. Es liegt nicht lange zurück, da hat Herr Botthagen Almuth ein Lob ausgesprochen und einen Blumenstrauß überreicht. Gelbe Nelken. Für die Arbeit an Volk und Vaterland. Aber Herr Botthagen ist nicht mehr da. Und sie soll plötzlich nicht mehr mit Kindern arbeiten dürfen? Von einem auf den anderen Tag? Einfach so?

Almuth, Herbst 1943

An einem Freitagvormittag im März wurde Almuth Fleig auf der Straße von einer fremden Frau angesprochen. Die Frau war nicht jung, auch nicht alt, und hatte eine besondere Art Worte und Buchstaben zu formen, was an einer Narbe lag, die von der Unterlippe zum Kinn verlief und ihr Gesicht keinesfalls entstellte, sondern ihm etwas Unnahbares, Fremdes, aber gleichzeitig Anziehendes verlieh. Dass jedem Menschen Chancen gegeben würden und dass es eine Pflicht sei, nach diesen Chancen zu greifen, sagte sie, indem sie Almuth ein Faltblatt hinhielt, von einer dankbaren Aufgabe sprach, für die junge Frauen wie geschaffen seien, eine Arbeit mit Kindern, ja, es gäbe keine größere Erfüllung. Natürlich würde sie ordentlich angelernt und anständig bezahlt, innerhalb kürzester Zeit sei eine Position fürs Leben erreichbar. Almuths Sorge, sich mit Kindern nicht besonders auszukennen, ignorierte die Frau, indem sie lächelte, ihr ein Vorstellungsgespräch vorschlug, Ort und Zeit festzurrte und sich per Handschlag verabschiedete. »Melde dich bei Dr. Baldur. Lebenslauf und Gesundheitszeugnis nicht vergessen. Ach ja, und ein Foto. Und denk an deinen BDM*-Ausweis.«

Almuth war 16, das Schulzeugnis mittelmäßig. Bisher waren auf Bewerbungen nur Absagen gekommen. Ein Jahr hatte sie in einer Schneiderei ausgeholfen, aber dann war es dort zu einem Brand gekommen, woraufhin der Laden geschlossen wurde. Der Vater hatte ihr zu einer Ausbildung in der Pflege geraten und so hatte sie einen Erste-Hilfe-Lehrgang gemacht und ein paar Wochen in einem Sanitätsdienst gearbeitet. Das konnte auch in der Arbeit mit Kindern nichts schaden. Eine Arbeit mit Kindern würde ihr vielleicht gefallen. Sie sah sich in einer Runde von Buben und Mädchen ein Lied anstimmen, in Büchern blättern, beim Vorlesen von Märchen, beim Hüpfen über aufgemalte Kreidekästchen, sah in lachende kleine Gesichter, fühlte, wie patschige Hände nach ihr griffen.

Den Eltern war es recht, vielleicht einen Versuch wert, meinte der Vater, der gerne zum Gespräch mitgekommen wäre, denn in diesen Zeiten, man wisse ja nie. Sie wehrte sich, lehnte ab. »Das schaffe ich allein.«

Das Haus, in dem sie sich vorstellte, lag in der Nähe des Flusses und war ein schlichter Bau mit einer einfachen Putz-

---

* BDM Bund deutscher Mädel, der weibliche Zug der Hitlerjugend (HJ)

fassade und einem Eingang, über dem ein Kastenerker aus Fachwerk angebracht war. Wie viele andere Häuser auch, war es von Bomben getroffen worden. Auf dem Dach fehlten Ziegel und das Mauerwerk der Fassade bröckelte. Statt einer Haustür gab es ein Loch, darunter eine Leiter, die sie hochklettern musste. In einem Flur, neben einem Treppenaufgang, der in den ersten Stock führte, lag, auf die Seite gekippt, ein Schrank mit Garderobe. Vom gusseisernen Handlauf der Treppe fehlten Teile und die filigranen Stäbe mit den floralen Verzierungen hatten kaum noch Halt. Im ersten Stock betrat Almuth einen gewölbeartigen Raum mit hohen Decken und verdunkelten Fenstern. Jemand hatte Schutt und Dreck in einer Ecke des Raumes zusammengefegt und liegen lassen. Leitungen ragten aus Wänden und von der Decke. Eine Frau mit Hochsteckfrisur kam ihr entgegen. Sie schien über Almuths Erscheinen informiert zu sein, denn mit den Worten, dass sie zu früh sei, führte sie Almuth in einen weiteren Raum und nahm ihr die Bewerbungsunterlagen ab. »Das wird erstmal geprüft.«

Im Warteraum, es war ein Abstellraum ohne Fenster, standen zwei Stühle und auf einem niedrigen Tisch, dem ein Brett als Platte diente, lag eine abgegriffene Zeitschrift. Almuth setzte sich, betrachtete den Kupferstich einer Jagdszene, der wie ein Fremdkörper schief an der Wand gegenüber hing. Eine Meute Jagdhunde stürzte sich auf einen Hirsch. Zwei Fasane lagen ihnen zu Füßen, auch ein Hase. Vom Flur her klapperte eine Schreibmaschine. Auf der Straße hupte ein Auto, zweimal, dreimal. Ein Mann rief etwas. Zum vierten Mal überprüfte Almuth die Fingernägel, die Schuhe, die Strümpfe mit der Naht, richtete das Abzeichen der Jungmädel am Revers ihrer Jacke. Tadellos. Die Minuten zogen sich. Almuth war nervös, als die Frau mit der Hochsteckfrisur im Türrahmen erschien und ihr zunickte. »Kommen Sie.«

In einem mit Pappe abgedunkelten Raum, in dem es nach Papier und Staub roch, saß ein älterer Mann hinter einem Schreibtisch. Das grünliche Licht einer Schreibtischlampe machte sein Gesicht blass und ließ die Adern um seine Augen hervortreten. Die Augen schienen grau zu sein und für Almuth sah es so aus, als ob er schon jahrelang so unbewegt sitze und wie aus einem Schlaf auftauche, denn nur sehr langsam hob er den Kopf, um Almuth durch eine ungeputzte Brille zu mustern. Ein paar Sekunden reichten. »Setzen Sie sich«, sagte er. Dabei zog er den Mund ein wenig hoch, aber nicht hoch genug für ein Lächeln, denn die Oberlippe hob sich nur einen winzigen Millimeter und diese kleine Regung in seinem Gesicht verschwand, so schnell wie sie gekommen war. Während er in den Unterlagen blätterte, fing er an zu reden, entwickelte dabei eine erstaunliche Energie, wollte wissen, was sie bewogen hätte, sich zu bewerben. Sie erzählte von der Frau, die sie angesprochen hatte, von der abgebrannten Schneiderei, vom Erste-Hilfe-Lehrgang und dass sie sich eine Arbeit mit Kindern gut vorstellen könnte. Er lehnte sich zurück, schob ihre Unterlagen zusammen und klopfte sie auf dem Schreibtisch gerade. »Ist Ihnen bewusst, wie wichtig die richtige Erziehung unserer Kinder ist?«, begann er. »Unsere Kinder sind die Zukunft und deshalb müssen wir ein Auge auf sie haben. Das darf nicht zufällig und nicht nur von Elternhaus und Schule geprägt sein. Unsere Kinder gehören dem Staat, dem Führer und dem Krieg.« Sie nickte, signalisierte Einverständnis zu allem, was er sagte. »Jungs müssen anders erzogen werden als Mädchen, das von vornherein. Dementsprechend ist auch das Spielmaterial angepasst. So eine Jugenderzieherin, ja, wir sprechen hier vom Beruf einer Erzieherin, muss sich zunächst mit diesen geschlechterspezifischen Dingen befassen. Sie muss Sachkenntnis besitzen und genau wissen, wie und was in kindlicher Form an das Kind herangebracht werden kann, um sein Interesse zu wecken und es in die künftigen Anforderungen hineinwachsen zu lassen. Immerhin werden die Jungs einmal deutsche Soldaten werden, die Mädchen deutsche Mütter. Natürlich nur arische Kinder, oder gehören Sie etwa zu den denjenigen, die meinen, dass jüdische Kinder erziehbar sind?« Er sah sie streng an und Almuth schüttelte den Kopf. »Es ist auch Pflicht der Erzieherinnen, sich zu den Kursen der KLV zu melden. Wissen Sie, was KLV bedeutet?« Almuth zögerte, davon hatte sie nie gehört, aber noch bevor sie dem Mann ihre Unkenntnis eingestehen musste, erklärte er: »KLV, da sind wir beim Thema und bei Ihren Aufgaben. Es geht um die Kinderlandverschickungen. Der Führer hat angeordnet, dass 6- bis 14-jährige, aus den Gebieten, in denen es immer wieder Luftalarm gibt, beispielsweise aus dem Ruhrgebiet, herausgenommen und verschickt werden. Die Kleineren bringen wir in Gastfamilien unter, die Größeren in sogenannten Lagern. Natürlich nur einwandfreie Kinder. Nach Geschlechtern getrennt. Juden, geistig und körperlich Behinderte, Bettnässer und Asoziale, auch Verhaltensauffällige sind selbstverständlich ausgeschlossen. Wir wollen einen gesunden Volkskörper aufbauen.« Dann machte er eine Pause, lehnte sich zurück und schloss für einen Moment die Augen. Sofort richtete er sich wieder auf und sagte, ohne dass Almuth gefragt hatte: »Es handelt sich nicht um Evakuierungen, wie manche Leute verbreiten. Es geht darum, Kinder wegen der Luftangriffe aus den Städten zu holen und aufs Land zu bringen. Dorthin, wo sie sicher sind. Es geht aber auch darum, den Eltern eine Sorge für ihre Kinder abzunehmen. Der Führer kann sich nämlich vorstellen, wie unangenehm es für Eltern sein muss, die Kinder nachts bei Bombenalarm und Kälte aus dem Bett zu zerren und in entfernte, nicht einmal geheizte Luftschutzräume zu bringen. Sie sehen, Fräulein Fleig, das ist wieder mal ein leuchtendes Beispiel sozialer

Fürsorge der Partei. Gerade für die arme Bevölkerung. Wir ermöglichen den Kindern Schulunterricht. Sie werden Freizeit haben, Sport treiben und sich erholen. Wir machen das schul- oder klassenweise. Die Lehrer kommen mit, zumindest da, wo es geht, so dass der Unterricht weitergehen kann. Natürlich alles freiwillig. Auf dem Land haben wir Jugendherbergen, Schullandheime und so weiter. Wir sind auch berechtigt, Quartiere zu beschlagnahmen. Eine wichtige Sache also, für die einiges an Personal gebraucht wird.« Er machte eine Pause und sah sie prüfend an. »Sie können dabei sein, Fräulein Fleig, eine große Arbeit übernehmen. Für Führer und Vaterland. Sie sind ja im BDM, politisch zuverlässig wie mir scheint, zudem körperlich gesund.« Almuth nickte. Er stand auf, umrundete den Schreibtisch und streckte ihr seine Hand entgegen. »Jetzt wissen Sie mal, was der Führer für die Kinder tut. Die Heime sind besser als jedes Zuhause. Auch für Sie. Natürlich werden Sie nicht bei Ihren Eltern bleiben können. Aber es gibt Vorteile. Sie bekommen einen ordentlichen Lohn, sogar Dienstkleidung. Überlegen Sie sich die Sache bis morgen und sprechen Sie mit Ihren Eltern.« Die Türklinke in der Hand erläuterte er noch die Verdienstmöglichkeiten, wies auf die nächsten Kurse hin und zählte Orte auf, an denen sie eingesetzt werden könnte. Orte, deren Namen sie nie gehört hatte.

Wie jung sie damals war. Die Mutter hatte sie nach dem Gespräch in den Arm genommen. Feierlich war ihre Stimme gewesen, als sie sagte, dass ihr, Almuth, eine große Aufgabe bevorstehe, sie nun beinahe erwachsen sei und dass der Führer, dem sie jetzt voll und ganz gehören würde, ihren Weg schon leiten werde. Der Vater, ein Geiger am Stadttheater, lachte. »Erzähl doch dem Kind nicht solchen Unsinn. Du bist unser Kind und gehörst keineswegs dem Führer.« Ständig gab es Streit wegen des Führers. Die Mutter musste den Vater immerzu bremsen. »Vorsicht Karl. So was kannst du doch nicht sagen. Und vor allem nicht so laut. Die Lehrer fragen, was zuhause geredet wird. Damit bringst du uns alle in Schwierigkeiten.«

»Was wir hier reden, bleibt in diesen Wänden. Oder, Almuth?« Almuth wich dem Vater aus, wenn er so etwas fragte. Es war doch wichtig, dass man sich austauschte, auch über das, was zu Hause geredet wurde. Wenn die Lehrerin fragte, musste sie doch die Wahrheit sagen. Oder etwa nicht? Manchmal wusste sie nicht, was sie denken und was sie sagen sollte. Eigentlich hielt sie mehr zur Mutter. Der Vater behinderte Dinge, die sie tun wollte, hatte oft merkwürdige Gedanken. Er ermunterte sie zum Lesen, brachte ihr einmal sogar ein verbotenes Buch mit, Emil und die Detektive. Unwissend hatte sie das Buch mit in die Schule genommen und natürlich hatte der Lehrer den Vater darauf angesprochen. Knapp an einer Verwarnung war der Vater damals vorbeigekommen. Zum Geburtstag hatte er ihr eine Flöte geschenkt, sprach von Musikunterricht und davon, wie wunderbar es sei, selbst musizieren zu können. Sie wollte nicht musizieren. Von einer Reise hatte er ihr einen Malkasten mitgebracht, Wasserfarben waren es, mit denen sie rein gar nichts anfangen konnte. Da war die Mutter ganz anders. Von ihr hatte sie das Talent zum Backen geerbt, auch die Lust am Sticken. Sie hatte Almuth das gute Lesebuch gekauft, das auch in der Schulbibliothek stand. Fast alles konnte man darin nachschlagen. Woran man Juden erkennt und ob es anständige Juden gibt. Oder wie Juden ihre Tiere quälen. Oder wie der Arbeiter Hartmann Nationalsozialist wurde.

Die Mutter war es auch, die sie ermuntert hatte, dem BDM beizutreten. Knapp zehn war sie damals. Wie gerne trug sie Halstuch und Knoten und überhaupt die Uniform. Im Sommer war das ein marineblauer Rock mit blauem Gürtel, einer weißen Bluse und einem schwarzen Halstuch mit Lederknoten. Im Winter gab es zu allem eine braune Weste mit Abzeichen auf dem linken Oberarm und gefütterte Stiefel.

Der BDM war ihr Glück gewesen. In ihrer Mädelschaft wurde gestrickt und gekocht, für berufstätige Mütter eingekauft, es wurden Kinder gehütet, Sportwettkämpfe ausgetragen und Kleidersammlungen organisiert. Nützliche Dinge also. Sogar das Morsen hatte man ihr beigebracht. Einmal durfte sie in einem Krankenhaus aushelfen.

Das Höchste aber waren die Feierstunden, die Kundgebungen und die Ausflüge ins Bergische. Die Mutter schenkte ihr eine gerahmte Fotografie Baldur von Schirachs, dem Reichsjugendführer. Die Mutter tat das, was gut und richtig war, bloß der Vater musste ihr immer widersprechen.

Einmal hatte er Almuth, weil sie über Halsweh klagte und blass aussah, verboten, zu einer Übung der Mädelschar zu gehen und eine Entschuldigung geschrieben.

Gleich am nächsten Tag stand Hildegard, Führerin der Mädelschar, an der Tür. Die Mutter öffnete und Almuth hörte, wie Hildegard nach dem Vater fragte. Die Mutter wehrte ab. Das ginge nicht, der Vater sei beschäftigt. Da wurde Hildegards Stimme lauter. »Es wäre mir sehr lieb, wenn Ihr Mann einen Augenblick zu sprechen wäre.« Almuths Zimmer lag im ersten Stock. Vom Flur aus, durch die Verzierungen eines geschmiedeten Treppengeländers, sah sie Hildegard in der Tür stehen, in Uniform, mit der grünen Führerschnur um den Hals. Almuth beugte sich über das Geländer und rief der Mutter zu: »So hol ihn doch.« Aber da kam der Vater auch schon aus dem Wohnzimmer. Hildegard grüßte zackig, der Vater grüßte zurück, aber lasch und nachlässig und streckte auch nicht ordentlich die Hand. »Was gibt's?«, wollte er wissen. Hildegard hob den Kopf und schob das Kinn vor. »Almuth hat gestern an der Übung nicht teilgenommen.«

»Ja, ich weiß«, antwortete der Vater, »sie war erkältet. Ich habe ihr eine Entschuldigung mitgegeben.« Almuth befürchtete Ärger, stürzte die Treppe hinunter und sagte: »Ich war gar nicht richtig erkältet. Ich hätte eigentlich gehen können.« Sie sah, wie der Vater zusammenzuckte, sie ungläubig ansah. »Aber ich hielt es für besser …« Hildegard ließ ihn nicht ausreden, hob die Stimme. »Das ist es ja. Almuth war nämlich gestern in der Schule und heute auch. Sie war also nicht krank. Sie hätte kommen müssen und es ist meine Pflicht, ihr Fernbleiben zu melden.« Der Blick des Vaters zeigte gleichzeitig Schmerz und Verwunderung. Er wollte zurück ins Wohnzimmer, aber Hildegard rief ihm hinterher: »Dann werde ich Sie also melden.« Der Vater blieb stehen, drehte sich um. Seine Bewegungen verrieten Unsicherheit. »Ach nein, Hildegard«, bat Almuth, »melde es nicht. Es wird nicht wieder vorkommen. Vater, sag ihr, dass es nicht mehr vorkommen wird.« Der Vater zögerte. Die Mutter flüsterte: »Bitte Karl, sag, dass es gut ist, dass du Almuth nur schonen wolltest. Los, sag's schon.« In diesem Moment sah der Vater so einsam aus. Sein Gesicht war ganz still. Im Umdrehen sagte er: »Ich hab's verstanden. Nein, es wird nicht mehr vorkommen.«

»Gut«, sagte Hildegard, hinterließ einen zackigen Gruß und ging.

Den ganzen Abend sprach der Vater nicht mehr.

Auch jetzt, wo es um die neue Stelle ging, stand er nicht neben ihr. Er war der Ansicht, dass der Führer mit den Kinderlandverschickungen bloß die Familien auseinanderreißen wollte, um die Kinder in seinem Sinn zu erziehen, was er besonders schlimm fand, da die Familien ohnehin schon kaputt seien, weil doch die Väter eingezogen waren.

Anders hingegen die Mutter. Dass sie mutig sein soll, ihre Bestimmung schon finden und der Führer alles lenken werde. Almuth dachte wie die Mutter. Lange schon empfand sie ihr Dasein als mittelmäßig und unbedeutend. Lange schon wartete sie, dass ihr Leben endlich losgehen würde. Sie war bereit. Nein, sie wollte nicht länger nur die Tochter eines unbedeutenden Geigers bleiben, sondern aus der anonymen Masse herausstechen, die große deutsche Idee mitdenken, die das Land nach oben führen, vielleicht sogar die ganze Welt verändern würde.

Regelmäßig blieb sie am Stürmerkasten stehen und las die Aushänge. Regelmäßig waren Artikel abgedruckt, die über die Weltverschwörung der Juden berichteten. Persönlich hatte sie nichts gegen Juden, kannte ja auch keinen, aber je mehr sie darüber las, desto klarer wurde einiges. Zum Beispiel, was im Land alles schieflief. Sie verstand Zusammenhänge, die ihr vorher gar nicht aufgefallen waren.

Der Vater schüttelte den Kopf, glaubte nicht, was Almuth über Juden sagte. Im Gegenteil. Er nahm die Juden in Schutz, fand die Hetze unerträglich. Er wollte Almuth auch nicht gehen lassen. Es sei Krieg, die Zeiten unsicher. Almuth argumentierte mit Aufstiegsmöglichkeiten, mit der Pflicht gegenüber Vaterland und Führer.

Um den Vater zu überzeugen, zog die Mutter Erkundungen ein, und nachdem sie erfahren hatte, dass es für Almuth ordentliche und seriöse Aussichten gäbe, der Reichsjugendführer selbst die Sache in der Hand hätte und alles von der Reichsdienststelle in Berlin organisiert werden würde, gab der Vater nach. Allerdings erst, nachdem Almuth ihm gedroht hatte, allen zu erzählen, dass er nicht mehr an den Endsieg glaube. Das war nur ein paar Tage, bevor er zurück an die Front musste. Heimatfront, sagte er, was vertraut klang, fast heimelig. Almuth war froh, dass er eingezogen wurde. An der Front konnte er nämlich beweisen, was ihm Reich und Führer wert waren.

Almuth, Ende 1943

Es war November, als die Mutter sie zum Bahnhof begleitete. Almuth hatte einen neuen Mantel bekommen, grün, mit schwarzen Knöpfen. Eine Tante hatte den Mantel genäht und eine passende Mütze versprochen, die aber nicht mehr fertig geworden war. Der Bahnhof war überfüllt und hektisch. Soldaten, Funktionäre, BDM-Helferinnen, Frauen mit Kindern, dazwischen Militärzüge, Verwundetentransporte, geschlossene Waggons, vielleicht mit Juden, wie die Mutter mutmaßte. Frauen standen auf den Bahnsteigen, verteilten dampfende Suppe an die Soldaten, holten Alte und Kinder aus den Zügen und setzten sie in den nächsten, gaben Auskünfte, zeigten, in welcher Richtung die Luftschutzkeller lagen.

Der Mutter fiel es schwer, Almuth ziehen zu lassen. Der Vater war irgendwo im Osten; Post war bisher nicht gekommen. Immerzu ermahnte sie Almuth, gut auf sich aufzupassen, sich in Acht zu nehmen. Als der Zug anfuhr, hatte sie Tränen in den Augen. Almuth sah sie noch lange winken.

Die Fahrt zog sich. Immer wieder hielt der Zug an und nicht einmal der Schaffner konnte sagen, wann es weiterging. Einmal hieß es wegen Bombenalarm, ein anderes Mal blieb der Zug ohne ersichtlichen Grund auf freiem Feld stehen. Drei Stunden dauerte es, bis es weiterging. Dann war es Abend, und der Zug musste ohne Lichter weiterfahren.

Die Gegend, in der sie ankam, war schroff und abweisend. Rundum Berge. Ein Fluss schlängelte sich entlang der Bahnlinie. Novemberwolken hingen bläulich. Nieselregen hatte eingesetzt. Es war kälter als zu Hause und Almuth war froh um den Mantel. Die wenigen Häuser sahen marode und verlassen aus. Sie waren klein und quadratisch, mit spitzen Dächern. Aber Hauptsache weg aus der Stadt, hatte im Zug jemand gesagt und auf die Bombenangriffe verwiesen.

Das Lager, es handelte sich um eine ehemalige Heil- und Pflegeanstalt, deren frühere Insassen in eine andere Anstalt verlegt worden waren, lag eine gute Stunde von Jena entfernt. Eine der Lagerführerinnen zeigte ihr das Haus, die Waschräume und Duschen, schließlich ihr Zimmer, das sie mit zwei anderen BDM-Mädchen teilte. Ein großes Plakat hing an der Wand über ihrem Bett. Zwei wandernde Kinder vor dem Hintergrund hoher Berge waren abgebildet, darunter der Satz: Kinder aufs Land!

Almuth wurde für Kontrollen eingesetzt. Alles, was nicht ordnungsgemäß war, notierte sie auf einem Protokollbogen. Jeden Abend machte sie Meldung. Sie besichtigte Spinde, inspizierte Betten, wobei sie besonders darauf achtete, ob das Bett ordentlich gemacht, die Bettwäsche nicht verschmutzt oder gar nass war, ob die Kissen korrekt lagen, die Schuhe geputzt, die Handtücher am richtigen Haken hingen und nichts herumlag. Außerdem half sie in der Küche, teilte Helfer ein für die Essensausgabe und überwachte diejenigen, die nach dem Essen sitzen bleiben mussten, weil sie den Teller nicht leer gegessen oder beim Essen geschwätzt hatten.

Schon die Einarbeitungskurse waren gut und nützlich. Fortschrittlich, was sie dort alles lernen konnte. Wie der Führer für die Kinder sorgte.

Von Anfang an wusste Almuth, auf was es bei Kindern ankam: Disziplin und Gehorsam. Von Anfang an konnten die Kinder ihr nichts vormachen. Zu oft versuchten sie mit Tränen und Jammergesichtern Milde zu erreichen, aber nein, sie ließ sich nichts bieten von diesen Plagegeistern und Störenfrieden. Wehe, sie wollten den guten Dörrfisch nicht essen oder ließen den Flammeri aus Gries und Kartoffelstärke stehen.

Meist kamen ganze Klassen. Alle mit Sonderzügen. Almuth gefiel, wie alles organisiert war. Jeder wusste genau, wann was zu tun war und wer was zu tun hatte.

Der Tagesablauf war straff durchgeplant. In aller Frühe ging es los: Raus aus den Betten! Antreten im Waschsaal! Flaggenhissen und Aufstellen zum Appell!

Nach dem Appell zurück. Bettenmachen! Spind aufräumen! Schuhe putzen!

Wie alle pariert hatten. Diese Kinder hatten noch Gehorchen gelernt.

Dann erst gab es Frühstück. Nach dem Frühstück ging es weiter mit Kontrollen im Schlafsaal. Bis zu 15 Mädchen schliefen in einem Raum, da musste alles geregelt sein. Und wenn jemand glaubte, sich in Almuths Anwesenheit etwas erlauben zu können, dann griff sie ein, zögerte nicht, Schläge zu verteilen, nötigenfalls mit dem Kleiderbügel. Sie war die Herrin der Schlafsäle und entschied, wer, wie und womit bestraft wurde: Essensentzug, Strafstehen auf dem Flur, Arrest und Dunkelarrest, körperliche Züchtigung. Almuth mochte es, wenn die Kinder sich vor ihr duckten, das Gesicht mit den Händen schützen wollten, wenn Tränen flossen. Sie mochte diese angsterfüllten, bangen Augen, die unterwürfigen Blicke und wie sich die Körper bogen, wenn sie zuschlug. Jeder Schlag war ein Schlag der Befreiung. Jeder Schlag machte sie größer und gab ihr ein gutes Gefühl. Endlich gehörte sie zu etwas, das größer war als sie selbst. Endlich hatte sie sich aus der Durchschnittlichkeit erhoben.

Was sie tat, war gut und richtig. Natürlich gab es Erzieherinnen, die einiges durchgehen ließen. Die sich nicht wehren konnten. Die immer nachgaben. Zu denen gehörte sie nie. Wenn man erst damit anfing, war das das Ende.

Nach den Kontrollen war Schule angesagt. Alles verlief geregelt. Unpünktlichkeit wurde bestraft. Beim Mittagessen durfte nicht gesprochen werden, was einigen schwerfiel. Oft genug musste Almuth eingreifen, Teller wegnehmen und schwatzhafte Kinder ins Loch stecken. Das Loch war ein klammer und muffiger Kellerraum ohne Fenster. Bis zu zwei Tage konnte es dauern, bis Almuth wieder aufschloss. Wie lange die Kinder einsitzen mussten, durfte sie selbst entscheiden. Die, die sie nicht mochte, konnten lange warten.

Die Nachmittage waren ebenso durchgeplant wie die Vormittage: Sport und Training für die Jungen, Handarbeiten und Kochen für die Mädchen, für alle Wanderungen und das Singen deutscher Lieder. Während dieser Zeit hatte Almuth die Aufgabe, die Post an die Kinder durchzusehen. Viele der Eltern konnten es nicht sein lassen, regelmäßig Briefe zu schreiben. Meine liebe Anni, stand dann da, und: Ich vermisse dich und kann es nicht erwarten, dich bald wieder in den Armen zu halten. Wie rührselig und sentimental das war. Manchmal zerriss Almuth die Briefe. Meist waren es die Mütter, die schrieben. Aber mit ihren süßlichen Sätzen machten sie das Heimweh nur größer. Almuth entschied, welche Post verteilt wurde und welche nicht. Geschenke zog sie meist ein, besonders die, die zu Geburtstagen kamen. Verweichlicht würden die Kinder durch so was.

Genauso akribisch musste Almuth aufpassen, dass nichts Unsinniges auf den Karten stand, die die Kinder an die Eltern schrieben. Etwa, dass sie Heimweh hätten, nach Hause wollten oder dass es nicht schön sei im Heim. Ärgerlich war es, wenn die Kinder die schönen Karten versauten mit Sätzen wie: Bitte, liebe Mutter, lieber Vater, holt mich ab! Da setzte es Ohrfeigen. Die Karten waren schließlich teuer.

Dann Abendbrot mit gemeinsamem Singen. Gegen Acht war Zapfenstreich. Ruhe in den Schlafsälen. Keine Toilettengänge mehr. Almuth wachte im Flur, dass niemand die Nachtruhe störte.

Wenn die Mutter sie hätte sehen können. Wie stark und stolz sie geworden war. Sie schrieb begeisterte Briefe nach Hause, aber zurück wünschte sie sich nie. Auch Heimweh hatte sie nicht. Nicht einmal an Weihnachten, obwohl der Winter im Heim wenig behaglich war. Dunkel und klamm war es, es fehlte Holz zum Heizen. Die Strümpfe kratzten, die Bettdecke war morgens vom Atem angefroren. Aber Almuth wurde gebraucht und das machte ein gutes Gefühl. Am Heiligabend hatte sie mit zwei Helferinnen den Weihnachtsbaum geschmückt. Jemand erzählte, dass der Weihnachtsbaum ein Ableger der germanischen Weltesche sei und damit ein Symbol der deutschen Weihnacht. Eine der Leiterinnen vom BDM sagte Jultanne statt Weihnachtsbaum. Und dass Frau Holle die Geschenke bringe. Es gab zwar wenig Weihnachtsbaumschmuck, ein paar Kerzen, aber Äpfel und Nüsse, Laubsägemotive mit Märchenfiguren und Tieren, dazu Kugeln mit dem Hakenkreuz. Unvergesslich dann die Sonnwendfeier am Abend. Eine klare Winternacht ohne Schnee war es gewesen, als sie auf den Hausberg stiegen, wo sie unter dem Sternenhimmel ein Lied anstimmten: »Hohe Nacht der klaren Sterne, die wie helle Brücken steh'n, über uns in weiter Ferne, drüber unsre Herzen geh'n …« Der Himmel spannte sich hoch und groß mit einem Geflimmer von Sternen. So feierlich war es, dass sie schlucken musste. »Hohe Nacht der klaren Sterne …« Jemand sprach über das oberste Gesetz des Reiches: »Der Einzelne ist nichts, das Volk ist alles.«

Eigentlich hätten sie ein Feuer anzünden wollen, aber das war wegen der feindlichen Flieger unmöglich. Auch die Dörfer waren wegen der Verdunklung nicht zu erkennen. Almuths Blick verlor sich in den Sternen. Eine Lehrerin der oberen Klassen hatte Namen für das, was über ihnen funkelte und flackerte: Venus und Jupiter, Pegasus, das komplette Siebengestirn, die Plejaden im Stier und Sirius, der hellste Fixstern.

Für Almuth war es eine gute Zeit, trotz des Krieges und der miesen Versorgung. Das Fett war rationiert, Brot gab es auf Karte. Eier, Mehl und Fleisch waren Raritäten. Außerdem rückte der Krieg näher. Aber der Führer war da und schenkte Sicherheit. Almuth war darüber beruhigt und dankbar. Auch für ihn wollte sie die Zeit auf sich nehmen bis zum Sieg. Es fiel ihr nicht schwer. Wie für sie gemacht waren das Lagerleben, die Liederabende, die Filmvorführungen und Theatergruppen. Wie gut war es, wenn die Kinder abends müde nach Hause kamen und ihnen Füße und Rücken wehtaten vom Marschieren, wenn Schuhe und Haare staubverklebt waren, die Hände blau von der Kälte, die Augen aber leuchteten. Sie sieht sie noch vor sich mit den kleinen Stiefeln und den braunen Hemden. Diesen Kindern hatten sie beigebracht, die Zähne zusammenzubeißen, auch wenn sie nachher schläfrig waren und erschöpft. Der Reichsjugendführer würde es ihr danken. Einen seiner Sätze hatte sich Almuth ins Heft geschrieben: »Der Ausnahmezustand des Krieges hat uns die Kriegstauglichkeit und den Wert unserer erzieherischen Gesetze bestätigt. Die deutsche Jugend zeigt sich des Schicksalskampfes der Nation würdig.«

Almuth, 1945

Anderthalb Jahre hatte sie bald hinter sich. Dann kam der Tag, der alles änderte.

Es hieß, der Krieg sei zu Ende, der Führer tot. Das, obwohl sie Tage vorher noch vom Endsieg gesprochen hatten. Alles ging so schnell. Das KLV-Lager wurde aufgelöst, überhastet und kopflos. Eine geordnete Rückführung war nicht mehr möglich, weil Transportmittel fehlten. Kampfhandlungen behinderten die Heimfahrt der Schüler, weshalb sich manche auf eigene Faust zu ihren Eltern durchschlugen.

Überall hingen weiße Fahnen. Auf den Straßen war das Chaos ausgebrochen.

Über eine Woche brauchte Almuth für die Fahrt nach Hause und fand nichts mehr so, wie sie es verlassen hatte. Überall Schuttberge. Überall Not. Über allem der üble Geruch nach Brand. Plünderer, Flüchtlinge, Zerlumpte, Obdachlose hausten in Kellern und Erdlöchern. Die Straße, in der sie gewohnt hatte, war kaum noch zu erkennen. Das Elternhaus stand nicht mehr. Nach tagelanger Suche und dank eines ehemaligen Nachbarn fand Almuth die Mutter in einer provisorischen Unterkunft am Stadtrand. Eng war es dort. Es zog. Es gab kein Brot, keine Milch, kein Gemüse. Nur Tauschgeschäfte florierten, aber was hatten sie schon zu tauschen? Satt wurden sie nie. Almuth fühlte sich schlecht. Sie war erschöpft, ständig nagte der Hunger. Die Nachricht vom Tod des Vaters, der in den letzten Kriegstagen in Russland gefallen war, berührte sie kaum.

Von der Zeit im Heim blieben nur Erinnerungen auf wenigen Fotos, die sie nie in ein Album klebte: Almuth in HJ-Uniform mit anderen Lagerführerinnen, Almuth in der Küche des Lagers am Herd stehend, Almuth mit einer Gruppe von Mädchen bei einer Wanderung zum Fuchsturm.

Almuth, nach dem Krieg

Die Arbeit als Haushaltshelferin in einer Unternehmerfamilie mit sechs Kindern, in der Almuth unterkam, war alles andere als aufbauend. Die Kinder waren ungezogen, verwöhnt und frech, aber mit den Kindern hatte sie Gott-sei-Dank nichts zu tun. Der Lohn war mehr als schlecht, und obwohl Geld vorhanden war, wurde sie oft genug nur in Naturalien bezahlt. Ein paar Jahre hielt sie durch.

Schließlich kam die Nachricht, dass die Heime wieder aufgebaut wurden. Sie nannten sich neuerdings Verschickungsheime. Almuth war sofort bereit, bewarb sich und hielt bereits nach einer Woche einen positiven Bescheid in der Hand. Bei

Herrn Botthagen hatte sie sich damals vorgestellt. Mit ihm war sie sich vom ersten Moment an einig gewesen, was die Kindererziehung betraf. Schnell hatte er erkannt, dass sie eine fähige Erzieherin war, die durchgreifen konnte und nie zögerte, wenn es ums Bestrafen ging.

Die Kinder, die zur Kur ins Heim kamen, waren entweder zu dick oder zu dünn. Manche hatten Hautausschläge, andere Lungenleiden. Die Krankenkassen zahlten die Aufenthalte und wollten Ergebnisse sehen. Für die dünnen Kinder musste das Essen fett sein, Grießbreisuppe mit Speck, fette Würste, für die anderen gab es Magerkost. Wöchentlich mussten die Kinder auf die Waage. Almuth führte Buch. Wenn Kinder nicht zunahmen oder, je nachdem, nicht abnahmen, half sie nach und orderte doppelte, wenn nicht dreifache Rationen für die Dünnen, und Hungerkost für die Dicken, auch wenn sie sich wehrten. Zu essen war, was auf den Tisch kam. Musste jemand erbrechen, was oft vorkam, so passte Almuth auf, dass das Erbrochene nicht weggewischt, sondern wieder gegessen wurde. Unerträglich war es, wenn Essen verschwendet wurde, sie musste nur an den Hunger denken, den sie hatte, als der Krieg zu Ende war.

Die Regeln waren hart, aber gerecht. Elternbesuch war nicht erlaubt. Nachts durfte niemand zur Toilette. Wer ins Bett machte, musste Strafstehen. Hin und wieder sperrte Almuth Kinder ein. Sie mochte es, wenn sie bestrafen durfte. Sie tat es für Reich und Vaterland, auch wenn der Führer längst tot war und das Land ein anderes geworden war. Botthagen dachte so wie sie. Manchmal unterhielten sie sich, sehnten die alten Zeiten zurück. Damals hatten sie noch alleine entscheiden dürfen, wie mit den Kindern zu verfahren war. Zwanzig Jahre hatte sie mit Herrn Botthagen gearbeitet. Tausende von Kindern hatte sie in die richtige Spur gewiesen. Gute Jahre waren das. Sinnvolle Jahre.

Zuerst war Herr Botthagen dran gewesen. Irgendjemand hatte angefangen, schlecht über ihn zu reden. Das Getuschel wurde laut und irgendwann hieß es, dass man sich von Herrn Botthagen getrennt habe. Er war dann auch von einem auf den anderen Tag verschwunden. Nicht einmal eine Verabschiedung gab es. Die Nachrede war übel. Nur Tage später saß dann die neue Leiterin an seinem Schreibtisch und Almuth geriet ins Kreuzfeuer. Eine der Helferinnen, mit der sie es besonders gut gemeint hatte, war ihr in den Rücken gefallen. Eigentlich hätte Almuth es ahnen können, war doch diese Göre von Anfang an aufmüpfig gewesen, hatte sich geweigert, eine Bettnässerin unter die kalte Dusche zu stellen und einem der Mädchen erlaubt, nachts auf die Toilette zu gehen. Natürlich hatte Almuth sich die Helferin vorgeknöpft. Die aber hatte nichts anderes zu tun gehabt, als sie bei der neuen Leiterin anzuschwärzen, mit dem Effekt, dass man Almuth den Umgang mit Kindern verbot und weil sie sich nicht daran hielt, ihr schließlich die Stelle kündigte. Almuth hatte sich gewehrt, Rat bei einem Anwalt gesucht, denn über 30 Berufsjahre und dann so was. Der Einspruch war allerdings zwecklos gewesen. Der Anwalt riet, die Abfindung zu nehmen und legte ihr nahe, zu gehen.

Und dann war sie arbeitslos. Annähernd 50 war sie damals. Wenn sie an all die Jahre dachte, in denen sie sich für fremde Kinder abgeplagt hatte, kroch Wut in ihr hoch. All ihre Zeit hatte sie investiert, auf ein Privatleben verzichtet. Wie viel Disziplin und Härte hatte sie sich abgerungen. Selbst in Situationen höchster psychischer Belastung, war sie vollkommen pflichtbewusst geblieben, hatte sich engagiert für das Land, sich stark gemacht für die Heranwachsenden. Sie wollte denjenigen sehen, der ihr das nachmachen würde.

Almuth, 1987

Seit Jahren ist sie ohne Arbeit. Die wenigen Stellen, die der Jobvermittler im Angebot hat, sind ein Hohn. Als Mitarbeiterin in einer Bibliothek könnte sie gehen, als Verkäuferin in einer Bäckerei, als Sachbearbeiterin in einer Hausverwaltung. Was sich dieser Jobvermittler so denkt.

Almuths Leben wird eintönig.

Morgens sitzt sie lange beim Kaffee, sieht aus dem Fenster und regt sich auf über das, was draußen passiert. Hinter der Scheibe sitzt sie und trommelt gegen das Glas, wenn der Nachbar die Klappe der großen Mülleimer nicht richtig schließt, wenn das Kind der Türken mit dem Dreirad im Hof herumfährt und immer wieder an der Wand vorbeischrammt, was deutliche Spuren hinterlässt. Wenn die Frau, die unter ihr wohnt, mit dem Auto auf dem Gehweg parkt, notiert sie die Uhrzeit und ruft auf dem Ordnungsamt an. Im Haus ist sie die einzige, die für Ordnung sorgt. Sie weist die Kinder zurecht, die mit ihren verdreckten Gummistiefeln durch das Treppenhaus rennen, klingelt bei Nachbarn, die die Kehrwoche nicht einhalten. Auch bei denen, die zu laut sind. Ständig ist einer zu laut. Besonders die Türken aus dem dritten Stock können keine Ruhe halten. Sie schreibt Zettel, die sie mit Tesafilm neben die Eingangstür hängt und jeder kann jetzt lesen: Die Eingangstür ist nachts zu verschließen. Die Mittagsruhe ist einzuhalten. Das Rauchen vor der Haustür ist verboten. Im Flur wird nicht gesprochen. Unverschämt, wenn die Nachbarn sich nicht daran halten, denn wer außer ihr, setzt sich derart für die Ordnung im Haus ein? Wer außer ihr macht sich diese Mühe? Mit wasserfestem Stift beschriftet sie eine Holztafel, die sie vor der Haustür, neben den Briefkästen, an die Wand nagelt: Betteln und Hausieren bei Strafe verboten!

Obwohl ihr die Nachbarn und auch das Haus oft zuwider sind, so verlässt sie doch tagelang die Wohnung nicht. Die Straßen sind ihr zu voll und zu laut, die Läden auch. Gelegentlich fährt sie mit dem Bus zum Grab der Mutter. Sie hasst diese Fahrten. Die Leute im Bus rücken ihr zu nah, weshalb sie eingequetscht sitzen muss, Schulter an Schulter mit jemandem, dessen Geruch sie stört. Kommt sie zum Grab, ist sie enttäuscht über das, was sie sieht. Sie entfernt das Unkraut und geht wieder.

Selten, und nur wenn Dringlichkeiten sie dazu nötigen, fährt sie in die Stadt. Es gefällt ihr nicht mehr, durch die Läden zu streifen, sich treiben zu lassen, hier und da etwas anzuprobieren. In den Läden wird sie nicht mehr bedient, wie sie es gewohnt war. Die Bedienungen nehmen sich keine Zeit mehr, beraten schlecht und sind unfreundlich, um nicht zu sagen arrogant. Manchmal stehen sie zusammen und schwätzen, ohne Notiz von den Kunden zu nehmen. Einmal ist sie gar nicht bedient worden. Da hat sie den Laden verlassen und die Tür derart ins Schloss geworfen, dass das Schaufenster gezittert hat.

Es fällt ihr schwer, einkaufen zu gehen. Es dauert, bis sie die Tasche parat und Geldbeutel, Brille und Schlüssel beisammen hat, die richtigen Schuhe ausgewählt hat, die richtige Jacke, denn sie misstraut jedem Wetter. Ist sie draußen, beeilt sie sich mit den Besorgungen, um sich das Elend auf den Straßen nicht ansehen zu müssen. Bettelnde Obdachlose hängen herum, pöbeln Leute an, halten ihr Pappbecher entgegen: »Haste mal 'ne Mark?« Das hätte es früher nicht gegeben. Musikanten verbreiten ihre Katzenmusik über der gesamten Fußgängerzone. Wo bleibt denn da die Polizei?

Zuhause sitzt sie dann wieder am Tisch vor dem Fenster, hört Radio, trinkt einen Likör, gelegentlich strickt sie. Was sie in der Zeitung liest, empört sie. Unfassbar, dass in London das Bild eines holländischen Malers, der zudem verrückt im Kopf war, für 72,5 Millionen D-Mark versteigert wurde. Hässlich findet sie das Bild. Die abgebildeten Sonnenblumen hätte sogar sie hinbekommen. Sie regt sich auf, weil der neue Personalausweis demnächst nur noch eine Plastikkarte sein soll, die von Computern ausgelesen werden kann. Unmöglich findet sie es, dass Ronald Reagan den österreichischen Bundespräsidenten Waldheim als Privatmann nicht mehr in die USA lassen will, wegen seiner Kriegsvergangenheit. Dass es Abrüstungsverhandlungen zwischen Russen und Amerikanern gibt, kann sie nicht fassen. Um Himmels willen, man muss doch etwas gegen die Russen in der Hand haben! Sie empört sich, dass der Papst zwei Opfer des NS-Regimes selig gesprochen hat. Und über den Satz, dass der Islam eine Religion der Toleranz sei. Auch darüber, dass es immer mehr berufstätige Frauen gibt. Frauen sollen ihre Rollen als Hausfrauen und Mütter wahrnehmen, besonders in diesen Zeiten, wo alles nur noch bergab geht. Dass es so viele Zuwanderer gibt, von Gott weiß woher. Also, sie würde ihre Kinder nicht in eine Schule geben, in der sie neben diesen Fremden sitzen müssten. Almuth ist sich sicher: Die Welt rutscht in Richtung Abgrund. Gerne hätte sie mit Herrn Botthagen über solche Dinge gesprochen, auch mit einer Freundin, aber eine Freundin hat sie nicht, eigentlich nie gehabt. Einmal ist sie nah dran, einen Hund anzuschaffen. Aber Hunde stinken und sie muss mehrmals täglich nach draußen gehen. Außerdem ist der Unterhalt teuer und also lässt sie es.

Mit den Menschen um sich herum hat sie fast nichts mehr zu schaffen. Selten redet sie mit jemandem. Gelegentlich mit der Nachbarin, aber da geht es meist nur um das Wetter und den Schmutz im Treppenhaus. Sie will auch mit niemandem reden, eigentlich verachtet sie die Menschen und würde ihnen am liebsten den Rücken kehren. Alle sind so ignorant geworden, zudem lasch und so verweichlicht. Schon wie sie mit ihren Kindern reden, wie sie sie verpäppeln und verhätscheln. Almuth beobachtet das vom Küchenfenster aus oft genug. Manchmal kann sie nicht hinsehen, wenn die jungen Mütter mit ihren Kindern am Sandkasten hocken und sie mit Keksen füttern.

Am wohlsten fühlt sich Almuth, wenn sie allein ist.

In der Nacht zu jenem Donnerstag, als es geschieht, drehen die Türken wieder ihre Hottentottenmusik bis zum Anschlag auf. Almuth klopft mehrfach heftig mit dem Besenstiel gegen die Decke, so fest, dass sogar Putz abbröckelt. Es nützt nichts, aber im Nachthemd will sie nicht nach oben gehen, um zu klingeln. Sie beruhigt sich mit Likör, wie so oft, wenn sie nicht schlafen kann.

Am Morgen sitzt sie verkatert und schlecht gelaunt am Küchentisch. Eigentlich will sie das Haus nicht verlassen, aber die Miete ist überfällig und sie muss zur Bank. Sie hätte wissen können, dass die Busfahrer streiken. Es hat in der Zeitung gestanden, fällt ihr aber erst wieder ein, nachdem sie eine halbe Stunde vergebens an der Haltestelle wartet. Zu Fuß macht sie sich auf den Weg in die Stadt und flucht auf die Busfahrer, von denen sie ohnehin nichts hält. Immer sind sie unpünktlich und unfreundlich dazu.

In einer Apotheke fragt Almuth nach einem Mittel gegen Magenschmerzen. Drei Schachteln liegen vor ihr auf der Verkaufstheke. Erklärungen gibt es dazu und Ratschläge. Schwierig, sich zu entscheiden. Es dauert. Almuth wählt das billigste Medikament, woraufhin die Apothekerin seufzt und die Augen nach oben rollt. »Wie Sie meinen.« Almuth wird sofort laut. Unverschämtheit, schreit sie, lässt die Magentabletten liegen und geht. Draußen ärgert sie sich, dass sie nicht noch mehr gesagt hat. So was hätte sie sich mal erlauben sollen, früher.

Im Drogeriemarkt, wo sie Shampoo und Fensterklar kauft, hat sich an der Theke eine Schlange gebildet. »Zweite Kasse!«, schreit jemand, aber die einzige Kassiererin hebt nur hilflos die Arme. In der Schlange vor Almuth wartet eine Mutter mit einem Kind. Das Kind trippelt mit den Füßen. »Kann ich was Süßes?« Dabei zeigt es auf süße Sachen in einem Regal vor der Kasse. Die Mutter bückt sich nach ihrem Kind, streicht ihm eine Haarsträhne aus dem Gesicht und lächelt. »Du hast doch heute schon was Süßes bekommen.« Das Kind greift ein Schokoladenei in orange-weißer Folie. »Mutti, guck mal: Kinderüberraschung!« Die Mutter reagiert nicht. Das Kind quengelt. »Ich will aber!« Die Mutter wühlt in der Geldbörse. »Lass«, sagt sie, »wir haben noch Kekse zu Hause.« Das Kind fängt an, mit den Daumen auf dem Ei herumzudrücken. Als es die Folie abziehen will, stößt Almuth der Kleinen den Einkaufswagen in die Fersen. So eine Göre, denkt sie. Das Kind dreht sich erschrocken um, zeigt auf Almuth, wobei ihr das Ei aus der Hand fällt, und schreit: »Die Frau hat mich geschubst!« Die Mutter hat das mit dem Einkaufswagen nicht mitbekommen, dreht sich ebenfalls nach Almuth um. Das Kind heult, bettelt mit tränenerstickter Stimme. »Jetzt ist das Ei kaputt. Ich will ein anderes!« Die Mutter murmelt Trostworte. Das Kind verstärkt den Heulton. »Na gut, aber nur diesmal«, gibt die Mutter nach, holt ein neues Ei aus dem Regal und legt das zerdrückte zurück. Almuth holt tief Luft. Unglaublich, was sie sehen muss. »Das haben Sie jetzt davon«, zischt die Frau, die sich hinter Almuth eingereiht hat. »So ist das eben heute. Die kriegen einfach alles.« Almuths Herz rast. Ihren Puls spürt sie bis in die Schläfen. Der Atem geht schnell. Sie will raus aus dem Laden. Das Warten strengt an.

Draußen lehnt sie sich japsend an eine Wand und ringt nach Luft. »Ist Ihnen nicht gut? Sie sind so blass«, fragt jemand, aber Almuth wehrt ab. »Lassen Sie. Geht schon.« Auf dem Heimweg lässt das Herzrasen etwas nach, aber beim Luftholen ist es so, als ob ihr jemand den Hals zudrückt. Sie setzt sich auf eine Bank in der Nähe eines Parks. Bierflaschen und Müll liegen herum, Jugendliche diskutieren lautstark und lassen ihre Mofas aufheulen. Ein Betrunkener pöbelt Leute an, fragt nach Geld. Almuth ist froh, dass er sie nicht anspricht. Eine junge Frau mit Kinderwagen biegt um die Ecke. Sie geht langsam. Immer wieder dreht sie sich nach einem Jungen um, der ihr folgt, hier und dort stehen bleibt, sich nach einem Käfer bückt, dann nach einem Stein. »Komm, Lukas«, ruft die Mutter und sieht dem Jungen zu, wie er sich auf den Boden hockt und den Stein betrachtet. »Komm schon. Bitte. Wir müssen nach Hause«, wiederholt sie. Der Junge lässt sich nicht stören. Die Mutter wartet einen Moment, schaukelt den Wagen. »Komm jetzt endlich, Lukas.« Lukas scheint nichts zu hören. Gedankenversunken sitzt er da und bohrt mit dem Stein Löcher in die Erde. »Luuukas!« Die Mutter geht ein paar Schritte. »Wenn du nicht mitgehst, bleibst du eben da«, sagt sie und schiebt den Wagen noch ein Stück vor. Der Junge hat jetzt einen neuen Stein gefunden und bohrt neue Löcher. »Luuuuukas!« Almuth spürt, wie der Puls wieder steigt. Da kann sie plötzlich nicht mehr an sich halten. Sie steht auf, geht mit energischen Schritten auf das Kind zu, reißt es an den Haaren nach oben und schlägt ihm links und rechts ins Gesicht. Das Ganze geht schnell, nur ein paar Sekunden. Die Mutter lässt den Griff des Kinderwagens los, wirft entsetzt die Arme nach oben und rennt los: »Was tun sie da?« Almuth schlägt nochmal zu. Die Mutter stürzt heran, greift nach dem Jungen und drückt ihn fest an sich. »Was fällt Ihnen ein?«, schluchzt sie und sieht völlig aufgelöst aus. Passanten bleiben stehen. Ein Mann geht auf Almuth los, fasst sie am Arm: »Was soll das? Was ist bloß in Sie gefahren?« Almuth schüttelt seine Hand ab und steht ganz gerade: »Ich bin Erzieherin und weiß, wie man das machen muss! Man kann doch nicht ständig bitten und bitten.« Der Junge zittert, vergräbt das Gesicht im Kleid der Mutter.

Später, zu Hause, weiß Almuth nicht mehr, wo die beiden Polizisten herkamen. Sie weiß nur noch, dass sie auf einem Polizeirevier verhört wurde und dass von einer Anzeige die Rede war. Den Polizisten hat sie erklärt, dass die Frau froh sein soll, dass sie ihr geholfen hat. So was wird der Junge nie mehr machen. Eine Lektion hat sie ihm erteilt, die er nie vergessen wird. Eine Lektion fürs Leben.

Germany

I

Er hatte alle gefragt. Alle mit weißer Haut, Turnschuhen und Brillen im Gesicht. Alle, die danach aussahen, als kämen sie aus Germany. Sogar Frauen. »Kannst du mich mitnehmen?« Aber die Leute hatten immer nur gelächelt, ihm manchmal über den Kopf gestrichen und für fünf Centimes einen Beutel Wasser abgekauft. »Aber wie stellst du dir das denn vor?« Immer waren Fragen und Antworten ähnlich. Wie oft war er den Leuten hinterher gerannt. »Warte, wie heißt du? Bitte, kann ich für dich arbeiten? Wann fliegst du nach Hause? Kannst du mich mitnehmen?« Madou sprach schnell, in jedem Satz das Flackern einer Hoffnung. Eigentlich hätten die Leute erkennen müssen, dass es sich lohnen würde, ihn mitzunehmen. Es war ihm anzusehen, dass er ein schneller und wendiger Fußballspieler war. Hart in der Defensive, zäh und ausdauernd, sicher am Ball. Aber er spielte auch stark nach vorne, passte präzise und dribbelte wie ein Profi. Er kannte sich aus in Deutschland, wusste alles über Fußballvereine und Spieler, denn der Vater seines Freundes lebte in Hamburg, weswegen sich dessen Familie einen Fernseher leisten konnte, der den ganzen Tag lief.

»Bitte, wann fliegst du wieder nach Germany? Wenn du mich mitnimmst, könntest du mein Manager sein. Du könntest mir einen Vertrag besorgen bei Bayern München oder Borussia Dortmund.« Immer, wenn er so fragte, erntete er Lächeln, gelegentlich auch ein paar Francs. »Ich wäre sogar einverstanden, wenn ich erstmal in der zweiten Liga spielen könnte. Dann seht ihr, was ich kann.« Aber dann kam immer wieder dieser Satz. Dass es nicht so einfach sei, ihn mitzunehmen, alles in allem unmöglich. Madou verstand nicht. »Wieso? Du kommst doch aus Germany. Dann kannst du mich doch wohl mitnehmen?« Einmal hatte ihn jemand nach seinem Namen gefragt, wollte auch wissen, ob er eine Schule besucht hätte. Da hatte Madou aufgedreht und nicht nur seine Qualitäten als Fußballspieler angepriesen, sondern auch sämtliche Dienste angeboten, sogar die seiner Freunde, war dem Mann bis ans Hotel gefolgt, ein Luxushotel mit einem Pagen vor einem vollautomatischen Eingangsportal. Aber auch an diesem Portal war Madou schließlich mit warmen Worten stehen gelassen worden. »Versuch's woanders, Junge! Irgendwann wirst du schon Glück haben.«

Madous Mutter war bekannt für ihre Maisfladen, die sie nachts buk und morgens, wenn sie noch warm waren und dufteten, in Kartons packte und ins Lager schleppte. Das Lager war ein Umschlagplatz für Waren aller Art, hauptsächlich Lebensmittel. Mit den Maisfladen verdiente die Mutter etwas Geld, weswegen sie sich die Hütte leisten konnten und Madou nicht, wie andere, irgendwo draußen schlafen musste. Die Hütte war aus Wellblech, Pappe und Holzlatten gebaut. Wenn Regen fiel, versank die Behausung im Schlamm. Zwar gab es weder Strom noch Wasser, auch keine Toilette, sonst aber alles Notwendige und zu essen hatten sie auch. Madou verdiente hinzu, indem er Wassersäckchen an Touristen verkaufte. Sein Bruder gehörte zu einer Truppe von Jungs, die Autofahrern bei Rot etwas vorjonglierten. Die Mutter hasste es, wenn sie jonglieren gingen, denn dabei war ihre kleine Schwester überfahren worden. Mit ihren vier Jahren war sie bei Rot einfach losgerannt, und weil sie die Ampelschaltung nicht kannte, von einem Mercedes erfasst worden. Der Fahrer hatte nicht einmal angehalten.

Wenn sich Madou mit seinen Freunden verglich, konnte er sich nicht beschweren. Sein Freund Salif suchte täglich die Müllhalde nach Essen und Verwertbarem ab und wenn er damit nicht genug Geld verdiente, musste er fürchten, zu

Hause mit Schlägen malträtiert zu werden. Seine Haare stanken permanent nach Mülldämpfen, selbst wenn er im Bach gebadet hatte. Ein anderer Freund, Makan, verdiente sein Geld als Autoscheibenwischer; wieder ein anderer als Schuhputzer. Zur Schule gingen sie alle nicht. Sie machten Geschäfte, wie sie es nannten, und spielten, wenn ihnen Zeit blieb, Fußball auf einem schlammigen Platz in der Nähe der Müllhalde, wo sie zwischen Glasscherben und Hundekot gegen einen Ball traten, den sie aus Zeitungspapier und Plastikresten zusammengeschmolzen hatten. Das Training war hart, die Erde rot, die Tore hatten keine Netze. Sie übten Passspiel zwischen Hindernissen und Autowracks, sprinteten und rannten, beherrschten den Ball mit dem Fuß, dem Oberschenkel und dem Kopf. Hinter den Mauern lärmte der Verkehr.

»Ich bin ein sehr guter Spieler«, sagte Madou, »warum? Ganz einfach: Ich mache keine Fehler.« Madou spielte im Mittelfeld. Jeden Morgen, wenn er sich das T-Shirt vom Körper streifte, Wasser aus der Regentonne schöpfte und sich wusch, sagte er sich: »Wenn ich gut bin, warum sollte ich es dann nicht nach Germany schaffen? Ich habe Talent. Jeder sagt das. Ich brauche bloß richtige Schuhe.«

Die Idee mit Germany kam von Joseph. »In Germany ist es leicht, Fußballprofi zu werden. Dort haben auch alle Fußballschuhe, sogar Kinder«, sagte er. Joseph musste es wissen. Seit Jahren arbeitete sein Vater in Deutschland und schickte Geld, weswegen Joseph mit seiner Mutter und vier Geschwistern in eine Hütte abseits des Friedhofs ziehen konnte. Aber seinen Platz in einer Grabstätte zwischen Zypressen und dem Labyrinth aus Kolumbarien und Mausoleen gab er trotzdem nicht auf. Er hatte das Grab selbst aufgehämmert und sich Platz geschaffen im Reich der Toten. Sein Versteck schützte ihn vor patrouillierenden Polizisten und schlechtem Wetter. Außerdem befand sich seine Fahrradersatzteilsammlung hinter der Grabplatte: ein Fahrradreifen, ein Lenkrad mit Klingel, ein verbogener Gepäckträger und massenhaft Schrauben und Muttern. Irgendwann würde Joseph daraus ein Fahrrad bauen. Bis es soweit war, arbeitete er auf dem Friedhof, schrubbte Gräber, wechselte Blumen aus, reinigte Vasen. Hatte er Zeit, saß er manchmal mit Madou auf den Grabplatten, wo sie sich ausmalten, richtige, echte Fußballprofis zu sein.

Von Joseph wusste Madou, dass er mit einem Flugzeug reisen müsse. Andere Wege nach Deutschland, per Schiff oder mit dem Zug, schieden aus. Das mit dem Flugzeug sei einfach und trotzdem nichts für Feiglinge. Man müsse einfach nur ankommen. Er kenne welche, die in Deutschland lebten wie die Könige. »Sie geben dir sofort Geld, wenn du kommst. Auch eine Wohnung. Meistens mit Swimming-Pool. Und wenn du alt genug bist, bekommst du ein Auto.« Joseph versprach noch mehr. Was er sagte, war durchdacht. »Du musst unter dem Stacheldraht an der Landebahn durch, dann bis zu den großen Maschinen rennen, dabei auf den Buchstaben auf beiden Seiten des Hecks achten. Manchmal ist der Buchstabe auch auf den Tragflächen zu lesen. Die deutschen Flugzeuge haben ein D am Heck. Nimm nur die mit dem D. D wie Deutschland. Weißt du, wie ein D aussieht?« Dabei hatte er mit dem Stock ein großes D in den sandigen Boden geritzt. Madou hatte es nachgemalt, mehrfach. Das D war sein Zeichen. »Und dann kriechst du in den Schacht des Fahrwerks.« Auch die Stelle, wo er in den Schacht gelangen konnte, hatte Joseph auf den Boden gezeichnet. Joseph wusste einfach alles. Auch, dass im Fahrwerkschacht Gefahren lauerten, dass man beim Einfahren des Fahrwerks erdrückt werden könnte. Er demonstrierte das Einfahren mit Armen, Ellenbogen und lauten Zischgeräuschen. »Da musst du aufpassen.« Ebenso gefährlich sei die Kälte, die ganz oben in der

Luft herrsche. »Du brauchst unbedingt eine warme Jacke. Ich bringe dir die von Moussa mit.«

II

Längst war Madou entschlossen zu gehen. »Besser heute als morgen«, sagte er zu Joseph, der ihm tatsächlich eine warme Jacke mitbrachte. Es war eine Jeansjacke mit einem weißen Wollbesatz am Kragen. Eine Mütze hatte Madou selbst. Auch ein Tuch, für alle Fälle. Seiner Mutter gegenüber verlor er ein paar Andeutungen, aber sie lachte nur. »Germany! Wer dir das bloß in den Kopf gesetzt hat.« Er beschloss, dass es besser sei, sich nicht von ihr zu verabschieden. Auch nicht von den Geschwistern. Er fürchtete, dass sie versuchen würden, ihn aufzuhalten. Dabei war es gut und richtig zu gehen. Bald schon würde er Geld schicken. Bald schon würde die Mutter in die Hände klatschen und lachen.

Drei Maisfladen wickelte er in ein Zeitungspapier. Die Reise dauere nämlich mindestens den ganzen Tag, wenn nicht noch mehr, wusste Joseph, dem Madou auftrug, die Mutter zu beruhigen. »Sag ihr, dass ich in Germany bin. Und dass ich ein Fußballprofi werde.« Joseph war der einzige, von dem er sich verabschiedete. »Mach's gut. Und komm bald nach«, sagte er, knuffte seinen Freund in die Seite und lachte so breit, dass man sein komplettes Gebiss sah.

Den Flughafen erreichte er zu Fuß. Ein Marsch von knapp vier Stunden. In der Nähe des Flughafens legte er sich ins Gras, aß einen der Fladen und sah in die Wolken. Hin und wieder stiegen Flugzeuge auf, ließen die Luft vibrieren, andere sanken, fuhren die Fahrwerke aus, auch die Klappen an der Flügeloberseite, und bremsten auf der langen Landebahn, was Staub aufwirbelte. Madou wartete, dachte an Jérôme Boateng, stellte sich vor, an der Seite von Mario

Götze und Philipp Lahm zu trainieren, hörte den Jubel und die Rufe der Fans.

Als sich die Dunkelheit herabsenkte, schlüpfte er durch den Zaun, rannte in Richtung der großen Flugzeuge. Schnell musste er sein. Schnell entscheiden. Ein weißes Flugzeug mit schwarzer Schrift stand abseits. Ein D konnte Madou nicht finden, wohl aber meinte er die deutschen Farben Schwarz und Rot zu erkennen. Die Fahrwerksklappe befand sich genau da, wo Joseph gesagt hatte. Er sah sich um. Da war niemand. Nur ein Hund streunte am Zaun entlang. Zwei, drei geschickte Züge. Es war leicht, in den Schacht zu steigen. Innen war es eng, selbst für Madou. Er wartete in gekrümmter Haltung, mit angezogenen Beinen. Gerne hätte er noch einen Fladen gegessen, aber er konnte sich kaum drehen, und dachte sich, dass man ein Opfer schon bringen müsse, wenn man Großes erreichen wolle. Er wartete lange.

Endlich, mitten in der Nacht, wurde es unruhig. Er hörte Stimmen, die sich näherten und wieder fortgingen, hörte Fahrzeuggeräusche, ein lautes Rumpeln, dann ein Quietschen, ein Rätschen, hörte Ansagen in einer Sprache, die er nicht verstand. Das Rumpeln ließ nicht nach. Er glaubte es unter sich zu haben. Ein fürchterliches Dröhnen und Summen setzte ein. Wieder dauerte es, und endlich bewegte sich das Flugzeug, zuerst langsam und rückwärts, dann drehte es und rollte in Richtung Startbahn. Madous Puls raste. Durch die Öffnung des Fahrwerks konnte er Lichter erkennen. Sie flogen heran, zuckende Blitze, die in den Augen schmerzten. Das Flugzeug beschleunigte, es rumpelte. Wind blies ihm ins Gesicht. Luft, so viel Luft. Wenn er nur weiter nach hinten hätte kriechen können. Der Lärm war höllisch. Madou hielt sich die Ohren zu. Selbst ins Dröhnen und Rauschen hinein glaubte er seinen Herzschlag zu hören. Er suchte nach einem Halt in der Klappe, aber da war nichts, bloß ein Vorsprung, gegen den er seine Füße drückte. Angst floss bis in jede Faser. Angst pochte in seinen Schläfen. Was, wenn er hinausgeschleudert würde? Was, wenn das Flugzeug sich nach der Seite drehte? Was, wenn es explodierte? Als sich die Maschine in die Luft hob, presste er die Hände zu Fäusten, biss die Lippen aufeinander und schloss die Augen. Dann riss er sie wieder auf, denn irgendetwas geschah im Schacht. Er sah, dass die Klappe zuzog, sich mehr und mehr zusammenschob. Eng, grässlich eng wurde es. Was, wenn er zerquetscht würde? Raus, raus, er wollte raus …

Die Klappe rastete ein. Wie in einem Kokon kauerte er. Das Flugzeug stieg und stieg. Es wurde kälter, die Luft veränderte sich, machte das Atmen schwer und drückte auf die Ohren. Durch den Spalt sah er nichts mehr. Die Lichter waren verschwunden, jetzt war alles schwarz und seine Ohren voller Dröhnen. Die Kälte kam von allen Seiten, vor allem von unten, kroch in seine Kleidung, verbiss sich in Händen und Zehen. Dass es so eisig werden würde, hatte Joseph nicht gesagt. Kurz stellte er sich vor, was wohl unter ihm wäre. Seine Stadt, die Hütte der Mutter, die Müllhalde, der Friedhof, wo Joseph vielleicht auf der Grabplatte lag, die Hände hinter dem Kopf verschränkt und in den Nachthimmel sah. Ob Joseph das Flugzeug hörte, das über seinen Kopf hinwegdonnerte?

Das Flugzeug schien jetzt in der Luft zu stehen. Madous Finger tasteten nach dem Tuch. Mit Mühe gelang es ihm, damit Brust und Hals zu schützen. Das Tuch half nur wenig. Er drückte die Füße fester gegen den Vorsprung an der Klappe. Dröhnen. Dunkelheit. Kälte. Kurze Atemzüge in der dünner werdenden Luft. Er presste die Hände auf die Ohren, innen stach und bohrte etwas und drohte zu platzen. Sein Körper verkrampfte sich. Sein Atem ging schnappend und schnell. Es fühlte sich so an, als ob er rannte, schneller und schneller, und die Luft wie durch einen Strohhalm ziehen musste, der kaum etwas durchließ. Immer weniger Luft.

Die Zunge wurde taub, ein Geschmack nach Blut füllte den Mund. Ein bohrender Kopfschmerz setzte ein. Durchhalten, durchhalten, sagte er sich, hatte aber Mühe, einen klaren Gedanken zu fassen. Es war ihm, als ob alles wegschwamm, sein Körper wurde ganz leicht, ihn schwindelte, minutenlang versank er in einem Dämmer und als er sich wieder spürte, meinte er, dass es wärmer geworden sei, so warm, dass er zu ersticken glaubte. Er fühlte Schweiß im Nacken und auf der Stirn, auch auf den Handflächen, riss sich das Tuch vom Hals und versuchte seine Jacke auszuziehen. Aber er konnte sich kaum bewegen, zu eng war der Kokon und schon diese kleine Anstrengung brachte ihn zum Keuchen. Verzweifelt trat er gegen die Klappe: »Ääähhh, ääähhh …« Dann schloss er wieder die Augen, spürte ein Kribbeln in der Magengegend, meinte, er müsse sich übergeben. Wie lange würde er das aushalten müssen? Er wollte raus. Raus! Raus! Kurz war da ein Licht, seine Beine zitterten, die Zähne schlugen aufeinander. Er röchelte, rief nach seiner Mutter, aber es kam kein Ton. Bevor der Schwindel wieder einsetzte, dachte er noch, dass sie ihn sowieso nicht hören konnte. Wieder flammte ein Licht auf, der Schwindel wurde stärker, er würgte, und dann war es wieder kalt, so furchtbar kalt, der Schal war weg, die Füße spürte er nicht mehr, auch seinen Körper nicht. Er versuchte die Hände zu bewegen, aber sie bewegten sich nicht. Die Finger waren steif, wie bei einem Toten. Da schien es ihm, als läge er in Josephs Grabversteck neben den Fahrradteilen, tief eingebettet in diesem steinernen Hohlraum, mit blaugefrorener Haut und lila Lippen. »Halt durch, Madou«, sagte Joseph, der endlich gekommen war und jetzt neben ihm kauerte und seine Hände behauchte. »Du hast es bald geschafft. Nicht mehr lange. Dann bist du in Deutschland. Stell dir vor, Bayern München. Fußballschuhe von Adidas. Fünf Sterne auf dem Trikot. Deine Mutter wird stolz auf dich sein.« Es tat so gut, Joseph bei sich zu haben. Mit Joseph war auch das Licht gekommen. Der Sternenhimmel breitete seine Unendlichkeit aus. Eine Mondsichel schaukelte am Horizont. Das Licht der Sterne war so stark, dass es das gesamte Versteck ausleuchtete, scharfe, weiße Strahlen. Madou hechelte, schnappte nach Luft. Er würgte, schluckte und krampfte, seine halbgeschlossenen Lider flatterten. Dass sein Gesicht blau war, ahnte er nicht, aber er spürte Josephs regelmäßigen Atem hinter seinem Rücken und dessen geknickte Arme, wie Flügel, die sich an die Seiten seines Oberkörpers schmiegten und ihn hielten. »Schlaf ein bisschen, Madou«, sagte Joseph, »schlaf ruhig ein und ruh dich aus. Denk dran, in Germany warten sie schon auf dich.«

Mutter, erzähl mir von Vater.

für Hermine

1945

Mutter, erzähl mir von Vater.
Da gibt's nichts zu erzählen.
Mutter, bitte. Sag doch. Was ist mit meinem Vater?
Das weißt du doch. Im Krieg ist er geblieben.
Und wo?
Wer soll das wissen?
Mutter, seh ich ihm ähnlich?
Ich kann nichts finden.
Aber wie hat er ausgesehen?
Ach, das ist alles viel zu lange her.

1950

Mutter, erzähl mir von Vater.
Dass du nicht aufhören kannst.
Ich will's doch nur wissen.
Da gibt's nichts zu wissen.
Mutter, warum sagst du mir nicht wenigstens seinen Namen?
Weil's meine Sache ist und keinen was angeht.
Ich würde ihn so gerne mal sehen. Hast du kein Foto?
Nein, hab ich nicht.
Vielleicht lebt er ja noch.
Der lebt nicht mehr. Und deine Fragerei ändert da auch nichts.

1955

Mutter, erzähl mir von Vater.
Du fragst und fragst.
Alle haben einen Vater. Nur ich nicht.
Sei ruhig. Du hast einen Stiefvater.
Das ist aber nicht mein richtiger Vater.
Sei froh, dass du wenigstens den hast.
Aber ich würde so gerne wissen, wo *mein* Vater ist.
Das wird dir keiner sagen können.
Der Vater von Anna war auch im Krieg. Jetzt ist er wieder da.
Deiner kommt nicht mehr. Und Schluss.

1960

Mutter, erzählt mir von Vater.
Da gibt's nichts zu erzählen.
Aber Mutter, bald heirate ich und es wäre so schön, wenn er dabei sein könnte.
Du bist nicht die einzige Braut ohne Vater.
Mutter, denkst du noch manchmal an ihn?
Wenn du nicht ständig fragen würdest, hätt ich ihn schon längst vergessen.

1970

Mutter, erzähl mir von Vater.
Dass du nicht aufhörst.
Jetzt hab ich drei Kinder und immer denk ich, ob sie wohl was von meinem Vater haben.
Ich seh nichts.
Aber Mutter, irgendwas müssen sie doch von ihm haben.

Haben sie aber nicht.
Und ich? Was hab ich vom Vater?
Wenn mir was auffällt, sag ich's dir.

1980

Mutter, erzähl mir von Vater.
Dass das nicht aufhört.
Ich denk eben an ihn. Immer wieder.
Lass das sein. Es führt zu nichts.
Aber ich wüsst so gern …
Hör endlich auf mit deiner ewigen Fragerei. Siehst du nicht, wie alt und krank ich bin?

1990

Tante, erzähl mir von Vater. Jetzt, wo Mutter tot ist, muss ich so oft an ihn denken.
Dazu kann ich dir nichts sagen.
Aber Tante, weißt du denn nichts über meinen Vater?
Deine Mutter hat nie über ihn gesprochen. Ihr Mund war wie ein Strich, wenn man sie gefragt hat.
Dir hat sie auch nichts gesagt?
Ach woher denn? Geschämt hat sie sich, weil sie ein lediges Kind hatte. Eine Schande war das. Froh hat sie sein können, dass dein Stiefvater sie noch gewollt hat.

2005

Tante, ich weiß jetzt, wer mein Vater war.
Woher willst du das wissen?
Ist doch egal. Alle haben's gewusst. Nur ich nicht.
Ich hab deiner Mutter versprochen, nicht drüber zu reden.
Also hast du's auch gewusst?
Hab's mir denken können.
Ist es wahr, dass ich meinen Vater gekannt habe?
Das könnt' schon sein.
Warum hat mir keiner was gesagt?
In solche Sachen mischt man sich nicht ein.
Dann hab ich meinen Vater also gekannt und nicht gewusst, dass er …
Herrje, was soll ich dir bloß sagen? Sind doch beide längst tot.
Am Grab der Mutter war's. Da hat er mich der, der mein Vater war, angesprochen und nach meinen Kindern gefragt. Warum hat Mutter mir nichts gesagt?
Weil's nichts zu sagen gab. Ich weiß bloß, dass er verheiratet war, damals schon an die vierzig, sie nicht mal 19 und Magd auf seinem Hof. Als sie schwanger war, hat er sie fortgeschickt. Vielen ist es damals so gegangen. Was also hätt sie dir über deinen Vater erzählen sollen?

Hundeelend

I

Über ein Jahr ist Paul jetzt da. Knast nennen es die, die hier wohnen. Internat sagen die Leute, die draußen leben. Sie haben keine Ahnung.

Ein Jahr ist lang. Eine Zeit, die Paul nicht überblicken kann. Alles ist anders und fremd. Er muss sich einfügen, haben sie gesagt, aber das Einfügen ist schwer. Verloren fühlt er sich. Vollkommen verloren. Als ob er neben sich selbst hergeht, sich beim Schlafen, Sprechen und Essen zusieht, all das aber nichts mit ihm zu tun hat. Als ob er nicht mehr er selbst ist. Alles ist anders als zu Hause. Es riecht anders, schmeckt anders. Er vermisst die Mutter, den Vater, die Geschwister. Abgeschnitten von Zuhause haben sie ihn. Alle vierzehn Tage nur dürfen die Eltern kommen. Sie wissen nicht, wie es ist, in so einem Knast zu sein. Sagen, dass es gut für ihn sei. Dass, wenn er alles gut macht, etwas aus ihm werden würde.

Aber es ist nicht gut. Die, die das Sagen haben, sehen grau aus in ihren speckigen Anzügen. Ständig beobachten sie ihn, mäkeln an ihm herum, geben Befehle. Nie ist ihnen zu trauen. Sie verteilen Ohrfeigen für nichts und wieder nichts. Manchmal nur, wenn er in die falsche Richtung guckt oder flüstert oder beim Lesen die Buchseiten zu laut umblättert. Oder wenn er während der Studierstunden auf dem Flur pfeift. Sie lassen sich ständig Fragen und Befehle einfallen:

Warum kommst du so spät?

Trödel nicht so rum!

Sind die Hausaufgaben fertig?

Hast du die Mathearbeit zurück? Los, zeig mal her!

Jetzt aber Dampf! Abmarsch zum Küchendienst!

Hast du das kaputt gekriegt? Lüg nicht! Wer soll das denn sonst gewesen sein?

Ein Verdacht reicht schon. Dann gibt es Schläge auf die Finger, Kopfnüsse oder Backenzangen. Oder Ohrfeigen, abwechselnd mal von rechts, mal von links. Scheibenwischer nennt der Direktor das. Je nachdem verteilt er auch Pferdeküsse. Das sind heftige Kniestöße an die Oberschenkel oder ans Gesäß, die blaue Flecken zur Folge haben und tagelang schmerzen können.

Nicht nur deswegen sind die Nächte schlimm. Sie sind auch schlimm wegen der Träume und wegen des Heimwehs und weil die Angst riesig werden kann, wenn die Lichter gelöscht sind und alles mucksmäuschenstill sein muss. Wenn die Angst kommt, deckt Paul sich auf, lässt Kälte an seinen Körper. Einmal hatte er das Bedürfnis, den Kopf gegen die Metallstangen seines Bettes zu schlagen, aber Erich hat gesagt, wenn er das nochmal tut, kann er was erleben. Erich liegt im Bett nebenan und ist nicht gerne gestört. Ganz eigen ist er, wenn es um seinen Schlaf geht. Da kennt Erich kein Pardon. Paul darf nicht schnaufen, sich nicht so oft im Bett drehen, nicht heulen oder schniefen und nicht an den Fingernägeln kauen. Selbst das hört Erich. Er hat feine Ohren.

Erich hat das Sagen im Schlafraum. Wenn ihm etwas nicht passt, rächt er sich. Das geschieht meist auf dem Schulweg. So kann es sein, dass Erich einem den Arm verdreht, einen auf die Knie zwingt und so weit nach unten biegt, bis man nicht mehr japsen kann. Zweimal ist Paul das schon passiert. Um Erlösung hat er betteln müssen. Aber Erich hat ihm trotzdem noch gezeigt, was Brennnesseln sind, Pauls Arm gepackt, die Ärmel hochgeschoben und mit beiden Händen die Haut in beide Richtungen gedreht. Noch Stunden später hat es gebrannt. Erich ist stark. Alle haben Angst vor ihm. Besonders Andreas. Erst gestern hat Erich ihn in den Schwitzkasten genommen und mit den Fingerknöcheln fest über den Schädel gerieben. Andreas ist danach einfach umgefallen und alle haben gedacht, er wäre tot. Aber er war dann doch nicht tot.

Auch wegen Erich liegt Paul oft wach, starrt an die Decke, hört den Atemzügen der drei anderen zu, mit denen er das Zimmer teilt. Jeder hat seine eigene Art zu atmen. Einige atmen schwer, stöhnen und manchmal brummt einer was. Die Neuen heulen sich in den Schlaf. Das hört aber irgendwann auf, weil es sinnlos ist. Eines darf man gar nicht: Wer beim Flüstern erwischt wird, muss auf dem Flur Strafstehen. Das kann Stunden dauern. Stunden barfuß auf dem kalten Steinboden.

Paul flüstert nicht. Er liegt nur da. Aufstehen ist verboten. Die Schlafräume, wenn er sie einmal betreten hat, darf er bis zum Wecken am Morgen nicht mehr verlassen. Höchstens für Toilettengänge und die sind bei den patrouillierenden Aufsichten zu erbitten.

Mit etwas Glück lassen die Aufseher zum Einschlafen Schallplatten über den Hauslautsprecher laufen. Mozarts kleine Nachtmusik oder Kästners Fliegendes Klassenzimmer. Besonders das Fliegende Klassenzimmer gefällt Paul. Um fünf Internatler geht es, die so wie er, Heimweh haben, sich verlassen fühlen, ungerecht behandelt werden und untereinander Gemeinheiten austauschen. Manche Kapitel kennt er bald auswendig: »*Ihr sollt hart im Nehmen werden, wie die Boxer das nennen. Ihr sollt lernen, Schläge einzustecken und zu verdauen. Sonst seid ihr bei der ersten Ohrfeige, die euch das Leben versetzt, groggy. Denn das Leben hat eine verteufelt große Handschuhnummer …!*«

Es ist gut, die anderen atmen zu hören. Dann weiß er, dass noch jemand da ist. Aber die anderen sind keine Freunde, sie sind einfach nur da und helfen ihm nicht. Wenn er daran denkt, wird eine Flut bitterer Gedanken zu einer Welle, die alle anderen Gedanken überschwemmt. Dann ist es so, als ob sich ein leerer Raum um ihn herum bildet. Der Raum ist weiß, von unten steigt Wasser. Er spürt, wie das Wasser seine Knie erreicht, die Hüften, die Brust, ihm dann am Hals steht. Er hat keine Wahl, er muss das Wasser schlucken, es schmeckt wie seine Tränen und zieht ihn hinab in eine Tiefe ohne Boden, in der es kalt ist und Finsternis in ihn eindringt.

Am Tag verschwimmt er mit den anderen. Er macht alles so, wie sie es machen. Bloß nicht auffallen. Sonst passiert was. Entweder die Jungs machen was mit ihm oder die beiden Aufseher.

Am schlimmsten ist Zeus. Er nennt sich selbst so, nach dem obersten der griechischen Götter. Eigentlich heißt er Barend und ist Oberpräfekt. Der Name Zeus passt nicht zu ihm, denn er ist glatzköpfig und glattrasiert. Zeus kann die Launen wechseln wie ein Chamäleon die Farben. Von aufbrausend bis zärtlich ist alles dabei. Wenn er zur Hausaufgabenzeit im Studiersaal zwischen den Reihen mit dem Stock auf dem Rücken auf und ab geht, hier und da jemandem über die Schulter sieht, atmen alle ganz flach. Seinen Stock, es ist eine Haselnussrute, benutzt er bei kleinsten Fehlern. Er lauert darauf, dass jemand zu laut hustet oder dass etwas herunterfällt. Das ist sein Moment. Dann rauscht die Rute, zerreißt die Luft, die die Schmerzschreie bis hinaus in den Garten trägt. Geht die Rute kaputt, muss derjenige, auf dem sie zerbrochen ist, hinausgehen und eine neue schneiden. Auf dem Gelände wachsen genügend. Die Ruten werden sofort eingeweiht. »Los! Über den Tisch! Bück dich! Und Hände hinter den Rücken!« Dann holt Zeus aus. Auf Erich hat er schon drei Ruten kaputtgeschlagen. Erich verzieht dabei keine Miene, sondern beißt die Zähne zusammen, was Zeus nur noch mehr in Rage bringt. Erst wenn ihm der Arm weh tut, hört Zeus auf. Aber bis dahin sind Erichs Nacken und die Arme mit Flecken übersät und das Blut, das ihm aus der Nase spritzt, hat den Boden versaut. Manchmal will Zeus, dass sich einer der Jungen auf seinen Schoß setzt. Das mag er.

Abends sucht er sich einen aus und ruft ihn zu sich in seine Dienstwohnung im ersten Stock. Derjenige, den es erwischt hat, ist dann eine Weile weg und stumm wie ein Fisch, wenn er zurückkommt. Erich war auch schon bei Zeus. Einmal ist er die ganze Nacht nicht zurück in sein Bett gekommen und anderentags in der Schule fast eingeschlafen.

Der andere Aufseher heißt Buhl. Er ist der Direktor des Hauses und sitzt morgens mit Zeus an einem Tisch im Nebenzimmer des Speisesaals und isst Brote mit Leberwurst und Salami. Erich will sogar Frühstückseier auf diesem Tisch gesehen haben. Und Obst. Buhl ist immer in Eile. Von einer Fußballmannschaft spricht er, von einer Internatsband, die er gründen will. Aber er verspricht viel, hält nichts. In der Hauptsache organisiert er das Essen und sorgt dafür, dass Morgengebete, Mittagsgebete, Tischgebete und Nachtgebete eingehalten werden. Buhl ist schnell in Rage zu bringen, und kann genauso zuschlagen wie Zeus. Allerdings schlägt er nur die Schwächlinge. Bei den anderen ist er vorsichtig, außer wenn er jemanden beim Rauchen erwischt. Dann kennt er sich nicht mehr, meint Helmut, einer der Primaner, der sich bei Buhl einiges erlauben kann. Helmut trainiert täglich seine Muskeln. Er hat einen athletischen Körper, den alle bewundern, trägt Schlaghosen und über seinem Bett hängt ein Foto von Raquel Welch. Er hat es aus der Bravo. Raquel Welch lehnt in einem Bikini an einem Fischerboot am Meer. So eine Frau hat Paul noch nie gesehen. Helmut wahrscheinlich schon. Er kann jede kriegen, so wie er aussieht. Das meint jedenfalls Erich.

Paul denkt in Tagen. Wenn der Montag vorbei ist, hofft er auf den Dienstag. Am schlimmsten sind die Wochenenden und die Geburtstage, denn hier, im Internat, werden keine Geburtstage gefeiert. Niemand gratuliert. Er vermisst den Kuchen mit den Kerzen, den die Mutter früher für ihn gebacken hat. Ausgeblasen hat er die Kerzen und sich etwas gewünscht. Er vermisst vor allem die Mutter. Alle 14 Tage darf er sie sehen. Sonntags zwischen 14 und 16 Uhr. Aber oft vergeht der Besuchssonntag ohne Besuch. Das liegt daran, dass die Mutter krank ist und nicht reisen kann. Die Sonntage sind dann fad und die Langeweile zieht ihre Schneckenspuren. Bloß in den Ferien fährt er nach Hause, obwohl die Mutter sich kaum mit ihm befassen kann, da sie ständig Schmerzen hat. Es ist schlimm, dabei zuzusehen, wie sie immer mehr zusammenschrumpft. Wenn sie nur nicht so krank wäre, könnte er ihr von sich erzählen und sicher würde sie ihn wieder nach Hause holen.

Aber der Vater fährt ihn jedes Mal wieder zurück ins Internat und schon der Weg wird zur Qual. Wie gerne würde er den Vater bitten umzudrehen, doch der Vater dreht nicht um, sondern lenkt das Auto genau dorthin, wo er nicht hin will. Irgendwann kommt die Straße in Sicht, dann dieses Haus und das, was dann passiert, ist unausweichlich.

Wenn er nichts damit zu tun hätte, könnte er das Haus vielleicht schön finden. Es liegt über einem Tal, das ein Fluss gegraben hat, an einem Hügel, unterhalb hoch aufsteigender Felsen. Ein steiler Weg kriecht von der Stadt hinauf bis zu einem Eisentor. Von da geht es dann entlang eines von Blumenrabatten eingefassten Weges eine breite Treppe hinauf bis zu einem Eingang, der rechts und links von zwei Rundtürmen flankiert wird. Unter der Woche kommt niemand hier herauf, nur an Sonntagen sind es eine Handvoll Leute, die den Gottesdienst in der Kapelle besuchen, die zum Internat gehört.

Vom Fenster des Schlafsaals aus kann Paul die Straßen unten im Ort erkennen, die Häuser, wie sie aneinander lehnen, die Gleise und den Bahnhof mit den schwarzen Loks, die Brücke über dem Fluss, eine Burgruine weiter hinten.

Schon in aller Frühe und auch noch spät am Abend kann es sein, dass Leute in ihren Gärten graben. Unten im Ort sprudelt eine Quelle aus der Erde. Fast immer sind Kinder in der Nähe der Quelle, füllen Eimer und Flaschen. Paul stellt sich vor, wie die Kinder mit den Wasserflaschen nach Hause gehen, wie ihre Mütter ihnen über den Kopf streicheln, wie sie zusammen lachen, Pfannkuchen essen und glücklich sind.

Hier oben ist niemand glücklich. Alles ist kalt und kahl. In fast allen Räumen hängen Kruzifixe über den Türen. Die Einrichtung ist zweckmäßig. Abgestoßenes Mobiliar, wenig Schönes, kaum Bilder. Zum Gebäude gehört ein Park mit einem dürftigen Baumbestand, darunter ein paar Obstbäume, eine Wippe, eine Reckstange, gefertigt aus Wasserleitungsrohren, ein Fußballfeld mit schwarzem Schlackenbelag. Außerdem ein kleiner Teich ohne Fische. Die Grenzen des Parks sind zugleich die Grenzen zur Welt. Die Welt muss draußen bleiben und wird abgeschirmt durch blickdichte Tujahecken, die mit rostigem Maschendraht verwachsen sind. Dennoch ist der Garten schön, besonders im Frühjahr. Wenn es unten in der Stadt noch kalt ist, blühen hier die ersten Krokusse und die große Magnolie am Eingang protzt mit dicken Knospen. Hinter dem Haus sieht es anders aus. Das Gelände ist umzäunt, die Fenster der unteren Etage sind vergittert. Arresträume befinden sich dahinter. Eines davon wird Klavierzimmer genannt, weil dort ein Klavier steht. Die anderen Räume sind Studierräume, in denen das Silentium höchstes Gebot ist. Für jede Jahrgangsstufe gibt es einen Aufenthaltsraum mit zusammengewürfelten Stühlen und Tischen, meist unvollständigen Spielesammlungen und Bücherecken. Die Großen haben zusätzlich einen Billardtisch, den Helmuts Vater spendiert hat. Im Aufenthaltsraum der Jüngeren steht ein Tischfußball, der ständig belagert ist. Die wenigen Regale der mageren Bibliothek sind beschriftet mit: Jugendbücher, Klassiker, Schulbücher, Lateinbücher.

Die Jugendbücher hat Paul bald durch: Tom Sawyer, Robinson, die Schatzinsel, Karl May, Lederstrumpf und noch ein paar andere, ganz gute, sind dabei. So wie Black Beauty, aber das ist eher was für Mädchen. Wenn Paul eines dieser Bücher aufschlägt, fangen die Dinge darin an sich zu bewegen, zu sprechen, zu laufen. Dann versinken das Haus und die Angst, in seinem Kopf geht ein Vorhang auf und die Uhr im Leseraum hört auf zu ticken.

Die Tage unterscheiden sich kaum. Schon morgens muss Paul aufpassen, nichts falsch zu machen. Wenn die Glocke läutet, ist die Nacht vorbei. Ein paar Primaner, darunter Helmut, sind Schlafinspektoren. Sie passen auf, dass alle blitzartig aus den Betten springen und sich anziehen. Paul ist schnell, aber Andreas, der im selben Zimmer schläft, ist morgens kaum wach zu kriegen. Andreas lernt auch nie, sein Bett ordentlich zu machen und muss regelmäßig, wenn die anderen am Wochenende Ausgang haben, im Haus bleiben und in der Küche helfen. Die Schlafinspektoren verpetzen ihn. Aber sie schubsen und stoßen auch alle anderen, verteilen Tritte. Wer nicht spurt, muss fühlen, sagt der schöne Helmut, der ziemlich brutal werden kann. Andreas kann das kaum aushalten. Er heult viel, wird immer stiller, immer blasser und Paul versteht nicht, warum sie ständig auf ihm herumhacken. Kurz hat er geglaubt, in Andreas einen Freund gefunden zu haben, aber jetzt ist er unsicher, denn Erich nennt Andreas eine Petze. Dass man bei ihm aufpassen müsse, was man sagt.

Aber man muss auf alles aufpassen. Das fängt morgens beim Abmarsch in die Waschräume schon an. Alles muss ganz ruhig ablaufen. Gesittet, wie Erich sagt. Die Duschen liegen draußen, am Ende des Ganges. Zeus und Buhl führen alle zwei Tage Reinlichkeitskontrollen durch. Zeus mag es, mit seinen Fingern so lange an den Jungenhälsen zu rubbeln, bis sich Hautröllchen bilden. Dabei rutscht ihm automatisch die Hand ab und er forscht auch an anderen Körperstellen nach Schmutz. Er kann das machen, weil niemand sprechen darf. Erst wenn sie im Speisesaal an den langen Tischen sitzen und gebetet haben, dürfen sie miteinander reden. Aber piano natürlich. Paul sitzt neben Rolf, schmiert sich zuerst Margarine, dann Marmelade auf angetrocknete Brotscheiben. Heimlich rollt Rolf mit Blick auf Paul die Augen nach oben, denn zu selten wechselt die Geschmacksrichtung der Marmelade, die die Küchenhelferinnen jeden Morgen lieblos aus Großküchengebinden in Glasschälchen schöpfen. Erdbeermarmelade, Aprikosengelee oder gesunde Vielfruchtmarmelade. Am Morgen gibt es außer Marmelade keinen anderen Brotbelag. Erst am Abend vielleicht eine Scheibe Wurst oder Käse.

II

Sie sind zu fünfzig insgesamt. Alle Altersstufen bis zum Abitur. Die meisten haben Eltern mit einem Geschäft oder einem Betrieb, kommen von weiter her, oft von den Dörfern, wo es keine höheren Schulen in der Nähe gibt. Die Eltern haben keine Zeit für sie, weshalb sie im Internat gelandet sind. Paul ist ins Internat gekommen, weil seine Mutter krank ist und der Vater die Arbeit alleine nicht schaffen kann. Die Mutter ist so krank, dass es keine Aussicht auf Besserung gibt. Man muss mit dem Schlimmsten rechnen, hat der Vater gesagt. Paul hat ihm versprochen, der Mutter keine Sorgen zu machen, sich also anzustrengen, besonders in der Schule.

Paul ist 13 und besucht die Untertertia des angeschlossenen Gymnasiums.

Bis zur Schule ist es nur ein kurzer Fußweg. Auch in der Schule geht es streng zu, aber nicht so streng wie im Internat. Nicht alle Lehrer melden es den Erziehern, wenn einer der Internatler unaufmerksam ist oder schwätzt. Für Paul ist Schule besser als Internat. Es gibt nämlich Mädchen in seiner Klasse, die mit ihm lachen. Eine gefällt ihm: Petra. Sie hat lange braune Haare und wenn sie lacht, sieht man die Lücke zwischen ihren Schneidezähnen. Paul gefällt das. Mit Petra tauscht er gelegentlich das Pausenbrot, am liebsten freitags, weil sie dann Fisch auf dem Brot hat.

Silentium ist das erste lateinische Wort, das Paul lernt und es ist von Anfang an mit Qualen verbunden. Silentium bedeutet nämlich mehr als Schweigen. Schon ein Räuspern, ein Seufzen wegen einer schwierigen Aufgabe, das Hochziehen der Nase sind Verstöße gegen das Silentium und werden bestraft. Wer unpünktlich ist, auch wenn er nichts dafür kann, spürt das Silentium auf der Haut. Dann gibt es schon beim Eintreten Stockschläge. Wer mit Schlägen empfangen wird, braucht erst mal Zeit, das Brennen auf der Haut, die Tränen und die Empörung niederzuringen, bis er sich seinen Hausaufgaben widmen kann. Aber auch die anderen, die diese Züchtigungen mitansehen müssen, sind angespannt und ständig auf der Hut. Jeden Moment kann es jeden treffen. Je nach Aufsicht ist es riskant zu fragen, ob man zur Toilette gehen darf. Bei Direktor Buhl kommt es auf die Laune an. Bei Zeus ist die Antwort vorhersehbar: Das Entleeren der Blase ist eine Angelegenheit der Freizeit.

Das Silentium dauert täglich von drei am Nachmittag bis halb sieben am Abend. Mit kurzer Pause, in der es Apfeltaschen oder Rosinenschnecken vom Vortag und Kakao gibt. Etwa um sechs werden die Hausaufgaben überprüft. Für die, die schlampig schreiben und falsche Antworten ins Heft eintragen, sind Schläge gegen den Hinterkopf Usus, auch Kopfnüsse, die das Denkvermögen steigern sollen. Hausaufgaben muss jeder alleine machen. Hilfe bietet nur der Brockhaus, der vorne neben dem Pult steht.

Einmal brütet Paul während des Silentiums über einer Matheaufgabe, die er nicht versteht. Die anderen sitzen mit vorgebeugten Köpfen und schreiben. Auch Erich, der schräg vor ihm sitzt, schreibt und schreibt. Paul reißt vorsichtig eine Ecke vom blauen Löschblatt ab und notiert: Halt mal dein Heft hoch. Ich kapier das nicht. Er faltet die Ecke ganz klein, bis ein Kügelchen daraus wird, das er auf Erichs Tisch schnippt. Zeus muss Augen auf dem Rücken haben, denn er eilt sofort heran, bleibt vor Erichs Tisch stehen, wippt auf Zehenspitzen auf und ab, schnappt nach dem Kügelchen, faltet es auseinander. »Aha, hier kapiert einer was nicht. Und was ist zu tun, wenn einer was nicht kapiert?« Er sieht sich um. Keiner hebt den Kopf. »Dann muss man's ihm erklären! Und zwar so, dass er es versteht. Und wie macht man das am besten?« Er klopft mit seinem dünnen Stock ganz leicht gegen die eigenen Hosenbeine, dann hebt er die Rute, nähert sich Pauls Tisch, wartet ein paar Sekunden, zählt. Dann schlägt er zu. Paul duckt sich, schützt den Kopf, aber die Rute trifft ihn am Nacken und brennt bei jedem Schlag. Diesmal ist es eine Birkenrute, ein Bündel blattloser Zweige, das am Ende zusammengebunden ist. »Verstehst du jetzt, um was es geht? Wird schon besser, oder? Na, was meinst du?« Paul wimmert. Zeus fuchtelt mit seinem Stock vor Pauls Gesicht herum. Dann zielt er auf Pauls Hände und als der die Hände wegzieht, fährt ihm Zeus mit der Rute über das Gesicht. »Wer nicht kapieren will, muss fühlen!«, schreit er, reißt Paul von seinem Stuhl, schleudert ihn in die Ecke und wirft ihm sein Heft hinterher. »Da bleibst du, bis du die Aufgabe verstanden hast.«

Die anderen sehen nicht auf. Ducken die Köpfe. Kämpfen selbst mit der Angst. Niemand will auffallen.

Aber auch nach dem Silentium hat Paul die Aufgabe nicht begriffen. Er bekommt kein Abendbrot und soll direkt ins Bett gehen. Schwester Emerenziana, die den Jungen der

Unterstufe bei der Morgen- und Abendtoilette hilft und beim Abendbrot dafür sorgt, das alles reibungslos verläuft, kommt kurz, um nach ihm zu sehen. Sie streicht ihm über den Kopf und fragt, ob er mit ihr beten will. Er nickt, obwohl er nicht beten will. Die Schwester ist eigentlich nett, hat aber nie Zeit und mischt sich auch in nichts ein. Sie beten das Vaterunser und das Schuldbekenntnis, dann geht sie wieder. Es gibt noch eine Schwester, Rosaria. Sie bepinselt die Wunden der Jungen mit Jod, wenn sich einer auf dem Bolzplatz die Knie aufgeschürft hat. Sie spricht kaum, ist scheu und hält sich im Hintergrund. Auch jetzt huscht sie über den Flur und sieht nicht nach links und nicht nach rechts. Und es gibt Pater Anselm, der alle zwei Wochen mit dem Zug anreist, den Jungen die Beichte abnimmt und sie von ihrer Sündenlast befreit. Beichten ist freiwillig, aber Paul geht wegen Pater Anselms weicher Stimme. Vielleicht würde er Paul helfen? Aber der Pater ist längst wieder gefahren und hat keine Ahnung, wie Zeus und Buhl in Wirklichkeit sind und er hat auch keine Zeit, um sich solche Sachen anzuhören. Niemand hat Zeit.

Am nächsten Morgen sieht Zeus ihn nicht an. Er sagt nichts, als sich Paul eine Brotschnitte mit Marmelade bestreicht. Diesmal hat er Rolf im Visier. Rolf hat nämlich vergessen, sich zu kämmen.

In der Schule schreibt Paul die Matheaufgabe bei Petra ab. Sie hat die Aufgabe auch nicht alleine geschafft. Der Vater hat geholfen. Paul denkt an zu Hause. Sicher hätte sein Vater ihm auch geholfen. »Wir können mal zusammen lernen«, schlägt Petra vor, und schreibt ihm ihre Telefonnummer auf einen Zettel. Er steckt ihren Zettel ins Geschichtsbuch, zwischen die Seiten, auf denen es um Sparta geht. Gerne würde er Petra anrufen. Aber im Internat dürfen nur die Aufseher telefonieren.

Zum Trost kauft er sich am Bahnhofskiosk vom ersparten Taschengeld einen kleinen Plüschhund. Er nennt ihn Wuffi und hält ihn sorgfältig unter der Bettdecke versteckt. Abends, wenn das Licht gelöscht wird, drückt er ihn fest an sich und wünscht ihm eine gute Nacht. Aber Wuffi fällt aus dem Bett und obwohl niemand lachen und schreien darf, gibt Erich glucksende Laute von sich, als das Tierchen eines Morgens auf dem Boden vor Pauls Bett liegt. Paul reißt Wuffi sofort an sich, aber es ist zu spät, denn schon schießt Zeus heran, entringt den krampfenden Jungenhänden das Plüschtier, hält es in die Luft und höhnt: »Seht euch das an! 13 Jahre alt und nass hinter den Ohren! Und sowas will ein Mann werden? Na, was meint ihr, kann er das werden? Ein Mann?« Er macht eine kleine Pause. Dann dröhnt er: »Er wird ein Waschlappen, ein schlapper, weicher Lappen, weiter nichts!« Prügel verteilt er diesmal nicht, aber Wuffi ist weg und mit ihm Trost und Wärme.

Die Sache mit Wuffi schmerzt. Auch die Sorge um die Mutter bohrt in Pauls Kopf. Manchmal hört er abends, wenn er im Bett liegt, draußen auf dem Gang das Telefon läuten. Es läutet und läutet und niemand hebt ab. Vielleicht ruft gerade der Vater an, um zu sagen, dass die Mutter gestorben ist? Wenn er das denkt, will der Schlaf nicht mehr kommen. Dann möchte er die Nacht anschieben, drängen weiterzuziehen, und dem Tag Platz zu machen, damit er Licht und Luft bringt.

Auf Anraten des Sportlehrers gehen sie im Sommer einmal pro Woche ins Schwimmbad, treffen Klassenkameraden, die sie ins Internat nicht mitbringen dürfen. Zeus meidet die Sonne und schickt als Aufsicht Helmut und ein paar andere Primaner mit, die allerdings im Schwimmbad besseres zu tun haben, als die Kleinen zu beaufsichtigen. Sie treffen sich nämlich dort mit Mädchen. Vorher reibt sich Helmut mit

Öl ein und lässt am Beckenrand seine Muskeln tanzen. Gut sieht das aus. Immer sitzt ein Mädchen vor ihm und himmelt ihn an. Gerne würde Paul wissen, was sie sagen. Die Sonne, das funkelnde Wasser, das Lachen und Kreischen, dass Nassspritzen, der Bademeister in seinem weißen Morgenmantel, die Waffeln, die es am Kiosk gibt, die marmorierte Haut, wenn er zu lange im Wasser bleibt, erinnern Paul an eine Welt, für die er das Gefühl gar nicht mehr richtig hat.

Im Winter drückt die Stimmung. Im Keller stehen ein paar beschädigte Rodelschlitten, ansonsten wenig, mit dem sie sich beschäftigen können. Eine Gruppe Jungen gibt es, die im Werkraum einen Probenkeller für eine Internatsband eingerichtet haben. Aber nur die, die schon ein Instrument spielen können. Paul ist nicht dabei. Er spielt kein Instrument und Musikunterricht gibt es nicht, auch wenn es im Prospekt anders steht. Nur samstags in den Freizeitstunden, wenn das Wetter schlecht und nur wenn Buhl guter Laune ist, wird der Fernseher eingeschaltet. Der Fernseher muss sich erst aufwärmen, dann flimmert er Schwarzweiß und es dauert, bis aus den Schneeflocken ein Bild wird. Erlaubt sind Daktari, Lassie oder Flipper. Ist die Sendung vorbei, heißt es husch, husch. Dann kommen die Großen, allen voran Helmut, der bestimmt, was geguckt wird. Meist läuft ein Krimi.

Fast alle Jungen träumen davon abzuhauen. Auch Paul malt sich aus, wo er hinkäme, wenn er heimlich seine Tasche packen und den Daumen in den Wind halten würde. Vielleicht Richtung Süden. Dorthin, wo es warm ist und die Sonne scheint. Dorthin, wo die Leute lachen. Aber schnell kommen auch Zweifel. Natürlich würden sie ihn suchen, wahrscheinlich finden. Und dann? Zurück ins Internat, wohin sonst? Was würden die Eltern sagen? Würde dann nicht alles nur noch schlimmer werden? Außerdem: Wovon soll er leben, unterwegs, ganz allein? Wo soll er schlafen?

Und trotzdem bleibt der Traum abzuhauen, weit weg, vielleicht nach Amerika, wie Huckleberry Finn auf einem selbstgebauten Floß den Mississippi herunterfahren, Fische fangen, abends auf einer verwilderten, unbewohnten Insel ein Feuer machen, Fische braten und hinterher Tabak aus einer Maiskolbenpfeife rauchen.

III

Es gibt wenig Erzählenswertes, wenig Lustiges. Die Tage sind monoton. Bis zu dem Tag, als Zeus einen Hund mitbringt, was unter den Jungen Begeisterungsstürme auslöst. Der Hund ist tapsig, fast noch ein Welpe, zehn Wochen alt, mit einem schwarzen Fleck auf der Stirn, der rechts und links in feinen Linien ausläuft und ihm etwas Herausforderndes gibt. Zeus ist wie verwandelt. »Meine Hündin«, lacht er, »Hera!«, streichelt das Tier, klopft und umarmt es. Hera wedelt mit dem Schwanz und die schwarzen Augen leuchten. Niemand weiß, warum Zeus die Hündin angeschafft hat. Vielleicht aus Einsamkeit, um eine Gefährtin zu haben, oder weil keiner da ist, mit dem er Nähe teilen kann. Seine knappe Freizeit widmet er ab sofort Hera, gewöhnt sie an die Leine, unternimmt mit ihr ausgiebige Spaziergänge. Obwohl alle Hera streicheln und umarmen wollen, und auch Hera mit dem Schwanz wedelt, sobald sie einen der Jungen sieht, lässt Zeus niemanden an sie heran. Damit ist er ganz streng. Er ist der einzige, der mit ihr Spaß haben darf. Niemand sonst darf sie anfassen. Es ist seine Hündin. Gehört ihm ganz allein.

Er beschafft einen Zwinger mit einer Hundehütte, ein verzinkter Kasten, der fast nur aus Stäben besteht, den er hinter dem Haus unterhalb des Arrestfensters aufstellen lässt. Hera muss in diesem Zwinger bleiben, wenn Zeus anderes zu tun hat. Und so trippelt sie stundenlang in ihrem Gefängnis herum, dreht sich im Kreis, wartet, springt auf, wenn sie ein Geräusch hört, wedelt mit dem Schwanz und bellt, wenn sich jemand nähert. Wenn die Jungen auf dem Bolzplatz toben, verfolgt sie den Ball mit den Augen, macht einen Satz nach links, dann nach rechts, sabbert und geifert und jault, stemmt die Vorderpfoten durch das Gitter des Zwingers. Immer wieder macht sie das und gibt erst auf, wenn die Jungen den Platz räumen. Die meiste Zeit aber ist sie allein.

Irgendwann bringt Zeus ihr bei, wie man Stöckchen apportiert. Er steht mit ihr hinter dem Haus. Paul und die anderen sehen vom Fenster des Arrestzimmers aus zu. Hinauskommen dürfen sie nicht, wenn Zeus mit Hera trainiert. Zeus will allein sein mit seiner Hündin. Ein paar Mal tut er so, als ob er den Knüppel wirft, was Hera fast närrisch macht, weil sie ständig neue Anläufe nehmen muss. Dann endlich wirft er ihn über den Zaun des Bolzplatzes. Hera rennt los, fetzt hinterher, kracht in den rostigen Maschendraht, heult auf. Ihr grelles Gellen lässt die Jungen zusammenzucken. Mit wütenden Schritten nähert sich Zeus seiner Hündin, reißt sie am Halsband vom Zaun weg, tritt nach ihr und bugsiert sie unter Schimpfen und Fluchen zurück in den Zwinger. Hera jault und wimmert. Eine Blutspur zieht sich über helle Betonplatten. »Hera! Los, marrrrsch … Wirst du wohl! Du miserables Tier!« Zeus drückt Hera bis hinter die Gittertür und verriegelt das Schloss. Noch im Weggehen flucht er. Winselnd liegt Hera im Zwinger. Ihr Körper zuckt und zittert. Paul sieht, wie sie sich die blutende Wunde leckt.

Ein paar Tage später versucht es Zeus wieder, aber Hera reagiert mit feindseligem Knurren, fletscht die Zähne. Zeus legt ihr die Leine an, zerrt sie aus dem Zwinger, schlägt sie mit der Rute, aber Hera sperrt sich, sträubt das Fell, streckt den Hals vor, steht ganz aufrecht und Zeus gerät außer sich über das widerspenstige Tier.

Ein drittes Mal lockt Zeus seine Hündin und ein drittes Mal verfolgen die Jungen das Spektakel. Erich hat Wetten abgeschlossen. Alle setzen auf Hera. Paul macht eine Faust, hofft, dass Hera sich wehren, ihren Peiniger abwehren, vielleicht sogar zubeißen wird, denn Heras Peiniger ist auch sein Peiniger. Anfangs knurrt Hera und sträubt sich, als Zeus sie am Halsband in Richtung Wiese schleift. Als er ihr mehrfach auf den Kopf schlägt, zieht Hera den Schwanz ein und duckt sich. Zeus hebt den Arm, lässt ein paar Kommandos los, wirft den Stock, aber Hera steht nur da, macht keine Anstalten, ihrem Herrn zu gehorchen. »Wirst du wohl!« Wieder prügelt er das Tier, holt den Stock schließlich selbst zurück, brüllt Kommandos, wirft erneut. Hera hechelt, weicht zurück. Da nimmt Zeus die Leine und prügelt sie zurück in den Zwinger. »Ich krieg dich klein, du mieser Köter!«, hören die Jungen ihn fluchen. Zwei Tage bleibt Hera ohne Fressen.

Von da an kann Zeus sie nicht mehr frei herumlaufen lassen oder muss ihr vorher einen Maulkorb verpassen. Erich meint, dass sie bissig geworden ist. Der Hund ist genauso arm dran wie wir, sagt er und ist sich sicher, dass Zeus es innerhalb weniger Wochen geschafft hat, das Tier zu versauen. Hera kann einem wirklich leidtun. Manchmal schreckt sie wegen eines banalen Geräusches zusammen und jault den ganzen Tag. Die Jungen, die ihr Zimmer zum Garten hinaus haben, können ein Lied davon singen. Manchmal wirft ihr einer vom Fenster aus ein Stück Brot durch die Gitterstäbe. Für ein paar Minuten ist Ruhe. Dann geht das Gewinsel von vorne los.

Für Zeus wird Hera zu einer lästigen Pflicht. Manchmal lässt er sie tagelang nicht aus dem Zwinger. Erich fragt, ob er mit Hera Gassi gehen darf, auch Rolf und Paul melden sich, eigentlich alle. Zeus schreit nur. Dass keiner von ihnen mit so einem Tier umgehen könnte, dass sie zuerst selbst erzogen werden müssten, bevor man ihnen einen Hund anvertraue. So verbringt Hera die meiste Zeit ihres jämmerlichen Hundelebens im Zwinger, trottet auf der Betonplatte hin und her, heult und jault, oft unvermittelt. Bei schlechtem Wetter kauert sie winselnd an der Hütte, schnobert an einem abgenagten Knochen herum, scharrt das bisschen Stroh auseinander, das Zeus im Zwinger verstreut hat, kriecht hinter die Blechhütte und drängt sich dort in eine Ecke.

Immer seltener werden die Spaziergänge. Bald verliert Zeus das Interesse gänzlich. Hera ist nicht die Hündin, die er sich erträumt hat. Sie verwahrlost zusehends. Das Fell wird stumpf und an manchen Stellen verliert sie Haare. Bald hebt sie kaum noch den Kopf, wenn er kommt und ihr das Fressen bringt. Es wird schwierig, ihr die Leine anzulegen. Sie knurrt nach allem, was sich bewegt, auch nach den Jungen.

Alle denken das Gleiche. Bis Erich es ausspricht. »Er behandelt Hera wie er uns behandelt. Wenn uns schon keiner hier rausholt, so könnten wir wenigstens Hera rausholen.«

»Ja, wir werden sie befreien!«, schreit Rolf und alle sind plötzlich von einem großen Gefühl erfasst. Freiheit, was für ein schönes Wort. Erich schreibt FREIHEIT auf sein Mäppchen. Paul macht es ihm nach. Mit Kugelschreiber und in Ballonschrift. Der Kugelschreiber schreibt Blau. Die Farbe hat im Wildleder des Mäppchens auslaufende Ränder gebildet, was aussieht wie eine Wolke. Alle sind plötzlich so einig.

Auf dem Schulweg diskutieren sie.

»Wir machen den Zwinger auf und lassen sie raus.«

»Wie willst du das machen ohne Schlüssel?«

»Wir sägen das Schloss durch. Im Gartenhaus liegt eine Säge.«

»Das macht zu viel Lärm.«

»Wir könnten unter dem Zwinger ein Loch graben, am Beton vorbei, so tief, dass Hera durch kann.«

»Dauert zu lange. Ist zu auffällig. Das muss schneller gehn.«

»Und wenn wir die Gitterstäbe aufbrechen?«

»Wie soll das denn gehen? Vergiss es. Wir müssen ans Schloss ran.«

»Bloß wie?«

Nach der Schule, auf dem Rückweg, gehen die Diskussionen weiter. Elmar meint, dass alle zusammen mit Hera abhauen sollten. »Stellt euch doch mal vor, wir alle zusammen! Was glaubt, ihr, wie Zeus glotzen würde?« Erich holt ihn zurück. »Kannst du total vergessen.« Dann sagt er, dass so ein Schloss leicht mit Büroklammern zu knacken sei. »Mein Bruder kann so was. Es geht ruck zuck. Und man hört nichts.« Genau kann Erich das mit den Büroklammern nicht erklären, er müsse zuerst seinem Bruder schreiben. Die Idee kommt an. Was Erich sagt, klingt gut und einfach. Der Bruder soll auch gleich die Büroklammern mitschicken, meint Rolf, aber Gregor bietet an, dass er im Sekretariat der Schule welche holen will.

Die Planungen ziehen sich. Tagelang überlegen sie. Wägen ab. Gregor beschafft die Büroklammern, doch die Anleitung von Elmars Bruder lässt auf sich warten. Als sich zwei Wochen später noch nichts getan hat und die Fußballweltmeisterschaft die Köpfe füllt, sind alle abgelenkt. Morgens auf dem Schulweg werden die Chancen für Deutschland diskutiert und Wetten abgeschlossen. Bis abends nach dem Essen geht es um die Tricks und das Taktieren der Spieler. Hera rückt in den Hintergrund.

Es ist ein heißer Tag, als Deutschland gegen Italien spielt und Zeus droht schon beim Frühstück, dass er keinerlei Fußballgedöns im Haus dulden werde.

Alles bleibt ruhig bis zum Nachmittag. Im Klavierzimmer versammeln sie sich um ein Transistorradio, das Helmut besorgt hat. Helmut läuft herum mit dem Finger vor dem Mund. Pssst! Er trägt Schlaghosen und ein enges T-Shirt, das seine Muskeln betont. Ein schwarzes Peace-Zeichen ist aufgestickt. Dass Zeus ihn mit seinen Verboten mal kreuzweise könne, sagt er. Dabei richtet er die Antenne aus und stellt das Radio auf leise. Dennoch ist die Stimme des Reportes aus dem Aztekenstadion in Mexiko schrill. Eine Weile geht alles gut. Alle halten die Luft an, als es aus dem Kasten dröhnt: »Jürgen Grabowski flankt von links. Schnellinger grätscht von rechts. Und jetzt Tor! Tor! Tor durch Schnellinger! Unglaublich! Ausgerechnet Schnellinger … Es ist nicht zu glauben …« Die Jungen juchzen, liegen sich in den Armen, alle sind so einig. Paul wird sogar von Helmut umarmt. Schnellinger, Mensch Schnellinger! Einer der Sekundaner kann seine Freudenschreie kaum unterdrücken: »Jetzt muss es Verlängerung geben!« Die Verlängerung ist schuld, dass Zeus aufmerksam wird. Schon hören sie eilige Schritte auf dem Flur. Zeus fängt schon an zu schreien, da ist er noch nicht zu sehen. Er braucht nur Sekunden, um den Stecker aus der Wand zu reißen und sich das Radio zu greifen. »Wer hat das erlaubt? Wo kommt dieses Ding her?« Alle schweigen. Zeus kocht. Fragt nochmal. Er greift Andreas heraus und schlägt ihm ins Gesicht. »Da ist ein Feigling unter euch! Wenn dieser Feigling nicht will, dass ich den Bengel hier weiter schlage, gibt er sich augenblicklich zu erkennen! Wem gehört das Radio?« Andreas fängt sich eine Kopfnuss, duckt sich vor Zeus' Fäusten. Da tritt Helmut vor, steht ganz gerade und hebt die Hand. »Ich war's. Ich hab das Radio besorgt!«

»Soso. Du warst das also?« Zeus packt ihn am Kragen. Sie stehen Stirn an Stirn. »Dachte ich mir. Wie immer, der schöne Helmut. Das hat Konsequenzen, mein Lieber! Da werden wir jetzt mal die Eltern informieren!« Zeus lässt Helmuts Kragen los, gibt ihm einen Stoß. Helmut kippt nach hinten, fängt sich aber wieder. Zeus verschwindet mit Helmuts Radio wie mit Pauls Wuffi. Alle Freude liegt auf dem Boden. Um Helmuts

Mund spielt ein Zucken. »Dieses Schwein! Das wird er bereuen!« Andreas heult. Rolf jammert, dass er jetzt das Ende des Spiels nicht hören könne, was Helmut dazu veranlasst, ihm einen Fußtritt zu geben. Alles an Helmut sieht wütend aus: die Schultern, die Lippen, die Fäuste, die Schuhe.

Am nächsten Morgen bleibt der Herrentisch der Aufseher seltsam leer. Nur Schwester Emerenziana hantiert in der Küche mit Besteck. Dann aber entsteht Unruhe im Speisesaal. Geschrei zieht von draußen herein. Erich stürzt zum Fenster und gibt wilde Zeichen. »Seht euch das an!« Fürchterliches muss passiert sein, denn sie hören Zeus fluchen. Stühle werden zurückgeschrammt, alles drängt zum Fenster, einer schubst den anderen. Paul sieht es sofort: Die Gittertür des Zwingers steht offen und Hera ist weg. Der Hausmeister kniet vor dem zerstörten Schloss, besieht sich den Schaden. Zeus hat einen roten Kopf vom Brüllen. Dass die Polizei kommen muss, dass so etwas Unerhörtes noch nie dagewesen sei und jeder, der damit etwas zu tun hat, sich warm, nein, sehr warm anziehen könne. Nur Helmut sitzt als einziger an seinem Platz und schmiert Marmelade auf angetrocknete Brotscheiben. Er trägt das T-Shirt mit dem Peace-Zeichen und hat überhaupt keine Angst.

Stark muss ich werden, denkt Paul. So stark und mutig wie Helmut. Als Zeus sich mit energischen Schritten dem Speisesaal nähert, stellt Paul sich neben Helmut und legt ihm die Hand auf die Schulter.

Die Idee zur Geschichte »Hundeelend« stammt von Marzellus Boos, der in seinem Buch »Tatort Albertinum« die Zustände in einem katholischen Jungeninternat in den 1960er Jahren schildert.

Ein Koryphär

Im Frühjahr hatte Stefan Koslik diese Grippe gehabt. Er kam wieder auf die Beine, aber irgendetwas hatte sich verändert. Es fiel auf, dass er nicht mehr so lässig war wie früher, als er noch pfeifend durch die langen Gänge in sein Büro ging und dabei die Hand an den Flurwänden entlang zog. Er wippte auch nicht mehr, wie sonst, auf seinem Stuhl, spielte bei Telefonaten nicht mehr mit seiner Haarlocke, blieb nicht mehr am Schwarzen Brett stehen, wo er sich früher gerne auf einen Plausch mit der Sekretärin vom Empfang eingelassen hatte. In der Mittagspause kaufte er sich keine rote Wurst mehr, verzichtete auf die einzige Zigarette des Tages, betrat sein Lieblingslokal, in dem er seit Jahren zu den Stammkunden zählte, höchstens noch an Feiertagen. Was ebenfalls auffiel, war, dass er nicht mehr zuhörte, auf Fragen fahrig antwortete, Termine vergaß und merkwürdig oft Namen verwechselte. Wollte ihm jemand etwas sagen, so verlor Koslik spätestens beim zweiten Satz das Interesse, sah seinem Gegenüber zwar verständig in die Augen, nickte zuweilen, antwortete mit Ja oder Nein, also mit einer Wahrscheinlichkeit von 50 %, und wenn er an den fragenden Gesichtern merkte, dass die Antwort falsch oder unpassend war, unternahm er nur schwache Versuche der Korrektur: »Ach, so meinten Sie das. Das hab ich wohl falsch verstanden. Doch, doch, natürlich kann ich mir das vorstellen.« Meist entschuldigte er sich dann, er müsse fort, habe keine Zeit und so weiter. Hätte man ihn zehn Minuten später nach dem Inhalt des Gesprächs gefragt, er hätte nicht einmal mehr gewusst, mit wem er gesprochen hatte. Ohnehin tat er seltsame Dinge. Auf der Straße schloss er ein Abo für ein perfekt auf ihn zugeschnittenes Müsli ab, das ihm der Frische wegen alle zwei Tage per Post geliefert werden sollte. Dass er es versäumte, das Abo zu bezahlen, brachte ihm den Brief eines Anwalts ein, den er mit Achselzucken in den Mülleimer warf, während sich die Müslitüten stapelten. Er kaufte sich sinnlose Sachen, wie etwa Gummistiefelsandalen, die vorne offen waren, einen überdimensionalen Dinosaurier, der ihm den Flur verstellte, einen Bierwärmer mit einer gelben Wandhalterung, eine CD, die 72 Minuten lang Waschmaschinengeräusche von sich gab, 560.000 Quadratmeter Land auf dem Mond für nur 30 Dollar, ein Raumspray mit Essensgeruch nach Pizzasalami für 27 Euro. Über alle diese Dinge amüsierte er sich, so oft er sie sah.

Seine Arbeit erledigte er mechanisch, wobei sich Fehler und Versäumnisse häuften. Mehrfach wurde er zu einem Gespräch mit seinem Vorgesetzten bestellt. Bei solchen Gesprächen hielt er den Kopf gesenkt, verteidigte sein Tun mit fadenscheinigen Entschuldigungen, und während sein Vorgesetzter mit verschränkten Armen zuhörte, gelobte Koslik mehr Achtsamkeit und Sorgfalt.

Bei den Versammlungen in seiner Abteilung tat er so, als sei er wach und aufmerksam, antwortete präzise, aber höchstens einmal und nur, wenn er gefragt wurde und zog sich dann wieder in den Schatten derer, die neben ihm saßen, zurück.

Dann begann eine Phase, in der er einen erheblichen Teil seiner Arbeitszeit damit verbrachte, in seinem Büro Ordnung zu schaffen. Er leerte Schubladen und räumte Schränke aus, um später wieder alles genau dort einzuräumen, wo es gewesen war. Er sichtete Stapel von Akten und alten Prospekten, ordnete alles nach Farben. Mit Stecknadeln pinnte er leere Notizzettel an die Wände. Das Tagespensum seiner Arbeit schaffte er geradeso, ohne jede Lust.

Nach der Aufräumphase begann für ihn eine Zeit, in der Wörter für ihn wichtig wurden. Wörter, die ihm vor seiner Grippe nie aufgefallen waren. Den Anfang machte ein Gespräch mit einer Kollegin, die sich über ihre Arbeit beschwerte und ihm anvertraute, dass sie sich geknechtet fühlte. Dieser Satz war für Koslik Anlass für größere Gedanken. Nicht wegen der Kollegin, der er ohnehin nach diesem Satz nicht mehr zugehört hatte, wohl aber wegen der Wortwahl, auf die er mehr als sensibel reagierte. Geknechtet fühle sie sich also. Dabei konnte eine Frau doch wirklich nicht geknechtet werden. Gemagdet käme der Sache schon näher. Er machte die Kollegin auf ihren Fehler aufmerksam, aber sie sah ihn nur verständnislos an und fragte: »Soll das ein Witz sein?« Nein, es sollte kein Witz sein. Zuhause schlug er im Duden nach. Das Wort *gemagdet* gab es nicht. Er würde es beantragen und ans Leibniz-Institut für Wortschöpfungen schicken. Er notierte es auf einem großen Zettel, den er anderentags in seinem Büro mit einer Stecknadel an die Wand heftete. *Gemagdet* war das erste Wort. Das zweite Wort war *Wahlpflichtfach,* das er in der Broschüre eines Spracheninstituts gelesen hatte. Ungenau schien es ihm. War es nun Wahl oder Pflicht? Er rief im Institut an, wollte es näher wissen, aber eine Antwort blieb man ihm schuldig. Was denn das soll?

Das dritte Wort war *Doppelhaushälfte.* Er las es auf einem Aushang einer Bank, die mit Immobilien warb. War das Haus nun doppelt oder eine Hälfte? Er fragte in der Bank nach. Der Angestellte lachte. »So eine witzige Frage! Das ist gut. Sehr gut!«

Wort Nummer vier war ein Preisschild im Schaufenster eines Spielwarenladens: *Holzeisenbahn* nur 24,00 €. »Holz oder Eisen?«, fragte er den verdutzten Verkäufer, der ihm den Begriff zu erklären versuchte, was einigermaßen gelang. Die Holzeisenbahn schied also aus.

Das Gespräch mit einem Friseur, der im Schaufenster mit Haarkonzepten warb – auf Englisch stand dort »Hair-Concepts« –, endete im Streit. Dass er ein Haarkonzept wolle, speziell ausgearbeitet für sein Haar, eine Konzeption mit Optionen. Der Friseur bot ihm einen Termin für einen

Haarschnitt an, woraufhin Koslik in Rage geriet. Wenn ein Hair-Concept nichts anderes als ein Haarschnitt sei, warum dann dieser Ausdruck? Was sich der Friseur dabei denke, seinen Kunden ein Angebot zu machen, das nichts anderes als warme Luft sei. Koslik ärgerte sich über Ausdrücke, die in die Irre führten. Er ärgerte sich immer mehr. Und je mehr er sich ärgerte, desto mehr stachen ihm seltsame Begriffe ins Auge. Die Suche danach wurde zum Zwang. Wie besessen sammelte er. Bald hing die Wand voller Wörter. Täglich kamen welche hinzu. Sollte man lieber Fußgänger oder Fußgeher sagen, wie in Österreich üblich? Wo blieben bei der dichterischen Freiheit die Dichterinnen? War es wirklich korrekt, dass sich beim Wort *Wählerverzeichnis* der Artikel nach dem -verzeichnis richten sollte oder besser nach dem Wähler? In der Zeitung war etwas von einer *Schneeperson* zu lesen gewesen, wobei er sich Ötzi oder den Yeti vorstellte, gleichzeitig begriff, dass es sich um ein geschlechtsneutrales Wesen handeln musste, also weder um eine Schneefrau noch um einen Schneemann, und er fragte sich, was mit dieser, zumindest für ihn, neuen Bezeichnung gemeint sein sollte. Er kam zu dem Schluss, dass es korrekt sei, denn Schneefrau oder Schneemann, nein, das sei nun wirklich falsch, denn wer kenne schon das Geschlecht einer solchen Schneefigur. Auch das Wort *Schneeperson* hing bald an der Wand, direkt neben *Brennholzverleih* und *Erdmöbel*, zwischen *Fleischkäse* und *Handschuh*. Mit viel Elan widmete er sich dem generischen Maskulinum, kam zu dem Ergebnis, dass es die Frauen benachteilige, wenn nicht sogar in der Sprache unsichtbar werden ließ, und so machte er aus dem *Bürgermeister* eine *Bürgerinmeisterin*, aus dem Wort *bürgerlich* das Wort *bürgerinlich*. Das hörte sich ein bisschen an wie königlich, was er sofort ebenfalls richtig stellte: *königinlich*. Wochenlang machte ihm die Endung -er zu schaffen. Tagelang sann er über der Frage, ob es fair sei, weiterhin Endungen mit -er zu verwenden, selbst wenn sie keinen Menschen oder Lebewesen kennzeichneten. Er hielt es für seine Aufgabe, auch für den Schraubenzieher oder den Wasserzähler eine weibliche Form zu finden, denn genau genommen, könnten es am Ende doch wirkliche Personen sein.

Als während eines Abteilungsmeetings einer der Mitarbeiter gelobt und als Koryphäe seines Fachs bezeichnet wurde, zuckten Koslik die Hände. Ein Mann konnte doch nun wirklich keine Koryphäe sein. Die Koryphäe war weiblich. Als er die Hand hob und seinen Einwand vorbrachte, war sekundenlang Stille im Raum. Alle sahen ihn an, verwundert zuerst, dann schüttelten sie die Köpfe, tippten sich an die Stirn, einige lachten. Er wiederholte, dass es grammatikalisch nicht richtig sei, woraufhin jemand wissen wollte, ob er seinem Kollegen den Ruhm nicht gönne. Aber nein. Jetzt schrie er fast. Es ging doch nicht um den Kollegen, es ging doch um der, die oder das Koryphäe. Die Sprache korrigieren wolle er, sie sei voller Fehler. Und wer fehlerhaft spräche, trüge zum Unheil in der Welt bei. Er sah die Kollegen dasitzen mit verkniffenen Gesichtern, manche mit der Hand vor dem Mund, kurz vor dem Losprusten. »Ein Genie kann auch ein Mann sein, dabei sagt man *das Genie*!«, versuchte es der, der gelobt worden war und sah Koslik verständnisvoll an. »Na klar. Ausgerechnet Kollege Koslik meint, er müsse unsere Sprache korrigieren. Hat wohl nichts anderes zu tun.« Das Gelächter schwoll an. Koslik kämpfte. Die Situation wurde unangenehm. »DIE Koryphäe muss falsch sein, wenn man das Wort auf einen Mann anwendet.«

»Mensch Koslik, lass gut sein. Nicht übertreiben«, riet sein Büronachbar. Ein anderer schrie und lachte gleichzeitig: »Koslik rüttelt am Geschlecht der Wörter!« Koslik nickte. »Ja, natürlich. Weil eben alles falsch ist! Seit Jahrhunderten falsch! Koryphär muss es heißen. Das ist korrekt!« Die

Stimmung stieg. Gelächter wurde laut. Alle redeten durcheinander. Jemand rief: »Koslik, der neue Sprachenspezialist!«

»Ach, lasst doch. Ihr versteht das nicht.« Koslik stand auf, raffte seine Unterlagen vom Tisch und ging.

In seinem Büro betrachtete er die Wand mit den Wörtern, spitzte den Bleistift und begann, seine Korrekturen zu vervollständigen. Aus den Fußgehern wurden zu Fuß Gehende, aus der Fußgängerzone machte er eine Flanierzone, das Wort Wasserhahn konnte er sich gar nicht erklären. Was bitte hatte ein Schuh mit einer Hand zu tun und was bitte ein Pilz mit Glück? Die Begriffe müssten also abgeschafft werden. Für Schraubenzieher und Wasserzähler fand er geniale weibliche Formen, was ihn einer Euphorie nahebrachte. Koslik arbeitete wie in einem Fieber. Nie wieder würde er Worte verwenden, die er vorher nicht gründlich geprüft hatte. Sämtliche Wörterbuchverlage wollte er anschreiben und mit Korrekturen und eigenen Wortschöpfungen versorgen. Eine verbesserte Sprache, so dachte er, sei die Eintrittskarte in eine bessere Welt. Er arbeitete die ganze Nacht und auch den darauffolgenden Tag, steigerte sich in eine Arbeitswut, die er sich selbst nie zugetraut hätte. Als er gegen Abend Hunger verspürte und eine Bäckerei betrat, musste er sich der Zeichensprache bedienen, denn er wusste nicht, wie er es anstellen sollte, einen Berliner zu bestellen.

Eine Respektlosigkeit

Reglos stand eine Wolke über dem See, immer auf gleicher Höhe. Sie veränderte kaum die Form, nur abends flammte sie in den Sonnenuntergang und schien zu erlöschen, war aber am Morgen wieder da. Mückenschwärme hingen schräg in der windlosen Stille, weit oben kreiste ein Bussard. Die Sonne stand wie ein gelbes Rad und blendete.

Die Schuhe der beiden Männer, die den Weg entlang kamen, waren voller Staub. Sie waren von Nickenich herübergewandert, über Waldwege aufgestiegen und schon eine Weile unterwegs. Unter den langen, schwarzen Soutanen schwitzten sie, was ihren erhitzten Gesichtern anzusehen war.

Der Weg war voller Furchen, zog sich bis zu einer ziemlichen Höhe und erreichte einen mit Hecken bewachsenen Buckel, wo sie eine Weile, die Hand über den Augen, standen. Ginster leuchtete golden von den Ödflächen. Unter ihnen warf der See ein Blitzen herauf, blausilbrig und aus der Mitte grünschwarz und tief. Wie ein großes Auge schien das Gewässer, Bild und Abbild zugleich, das sich in Licht und Luft ständig veränderte. Schwalben schossen dicht darüber hinweg, warfen sich hoch und drehten sich, unvermittelt niederfallend; ihre hellen Brüste leuchteten.

Hinter dem Buckel umfing sie ein Wald und die Wanderer waren froh über die Kühle. Tannennadeln machten den Boden weich, es roch harzig. Die ganze Zeit war der See zu spüren, obwohl man ihn nicht von überall sah, vom Wald aus schon gar nicht.

Die Männer ähnelten sich nicht nur wegen der Soutanen, sondern auch in dem, was sie dachten. Sie waren beide um die sechzig, der eine etwas jünger. Der jüngere, Johannes Schulz, war Pfarrer von St. Arnulf in Nickenich. Der ältere, Josef Zilliken, Pfarrer von St. Remigius in Wassenach. Sie trafen sich manchmal montags, gingen ein Stück zusammen, beteten in der nahen Abtei und beredeten Dinge, die von Freundschaft zeugten. Oft saßen sie auf einer Bank am See, sahen auf die feinen Wellen, die sich bildeten, wenn Wind aufkam und Zitterstreifen über das Wasser laufen ließ, vertieften sich in Glaubensfragen, sprachen über Politik.

Den ganzen Weg hatten sie über den Westfeldzug gemutmaßt, der unerwartet rasch vorankam und das ganze Land in Euphorie stürzte. Sie überlegten, ob die Maginot-Linie wohl halten würde, spekulierten über die neuen Kriegstaktiken, die Kombination von Panzern und Flugzeugen, über das Loch, das das deutsche Heer in die französische Front gerissen hatte, schüttelten den Kopf über die Geschwindigkeit, mit der der Führer die Schmach von Versailles tilgen und den glorreichsten Sieg aller Zeiten herbeiführen wollte. »Sie haben anscheinend die Kanalküste erreicht«, sagte Schulz, »und schon Tausende von Gefangenen. Was glauben Sie, was jetzt in Frankreich passiert?« Zilliken hatte von geplanten Luftangriffen gelesen und verzog das Gesicht. »Wer kann das wissen? Einen sauberen Krieg nennen sie das, dabei ist der Krieg unselig. Aus unseren Soldaten machen sie Hunde. Und dann die Rassenpolitik und die Hatz auf die Juden. Das wird dazu führen, dass alles noch menschenverachtender wird. Verdächtigungen und Verleumdungen sind an der Tagesordnung. Der Krieg wird glorifiziert. Luxemburg, Belgien und Holland: Es war ganz leicht. Und jetzt Frankreich. Sie finden für alles einen Vorwand, für alles.« Ein staubwirbelndes Fuhrwerk rollte dicht an ihnen vorbei. Die Zugochsen schlugen mit den Schwänzen; Kopf und Oberkörper des Bauern, der das Gespann lenkte, schaukelten. Zilliken sprach über die Rassenansichten des Führers, die er primitiv nannte und verabscheuenswert.

Der Weg trat jetzt aus dem Wald heraus, machte eine Schleife und senkte sich in eine Mulde, wo breit und wiederkäuend Kühe auf einer Wiese lagen und die schweren Köpfe drehten. Hochstämmige Buchen beherrschten das Bild, immer wieder unterbrochen von Fichten, Lärchen, bisweilen auch von Birken und krummen Weiden.

In Serpentinen ging es abwärts hinunter zum See.

Die Uferzonen waren schilfbewachsen und von Seerosen durchzogen. Löwenzahn wuchs in gelben Büscheln, Brombeersträucher und Kornblumen, Mohn und Margeriten zierten den Wegrand, wilder Rittersporn und Eisenhut blühten, dazwischen Disteln.

Lange standen sie am Ufer, beobachteten die unregelmäßigen Wellen, die nach allen Richtungen krochen und an Schlammrändern verebbten. Aus dem niederen Ufergestrüpp hingen schwarzes Dornzeug und brennende Nesseln ins Wasser. Flackernde Sonnenkleckse tanzten darüber. Grünleuchtend schwammen flache große Blätter auf dem See, Wasserläufer schossen zwischen ihnen hin und her. Großfächerig wuchs der Farn. Ein toter Fisch schaukelte aufgequollen und weiß zwischen Holzgerippen, ein Kahn dümpelte an einem morschen Holzsteg, der zu einer Hütte führte, die einem Fischer gehörte. Netze waren dort aufgestellt und Ruder lehnten an einem Zaun.

Der Wasserstand des Sees war niedrig. Glitschiges Gestein ragte aus der Flut und führte ins Schilf. Zilliken tat einen großen Schritt, stieg auf einen der Brocken, ging in die Hocke und sah ins Wasser. Es roch kühl und modrig, das Wasser war dunkelgrün, fast schwarz. Hinter dem Stein ging es tief hinab, der Grund war nicht zu sehen. Libellen schwebten; seltsam starr surrten sie vorbei. Luftblasen, geheimnisvoll und lautlos, schaukelten aus der Tiefe herauf und zerplatzten an der Oberfläche. Mit den Luftblasen schimmerte ein Fisch schräg nach oben, ließ sich wieder hinabsinken, stand regungslos, nur die Schwanzflossen fächelten. Zilliken bog sich tiefer hinunter, sein Spiegelbild leuchtete ihm entgegen, mischte sich mit dem Bild des Fisches, blieb verschwommen und zerrissen, schwankte ebenso trügerisch wie das Abbild der Hecken und Sträucher und sogar das des Himmels. Er hätte lange so bleiben können, hocken und schauen wie ein Kind, aber Schulz wartete und so kehrte er auf den Weg zurück, wo er ein Tuch aus der Tasche kramte und sich die Stirn wischte. Ein Spaziergänger kam ihnen entgegen, ein alter Bauer, der freundlich den Hut rückte.

Der Weg verließ das Ufer, führte zum Kloster, wo sie die Basilika betraten und ein Gebet sprachen. Vom Kloster aus ging es wieder ein gutes Stück am Ufer entlang, dann bergan über die Landstraße zu einem Ausflugslokal. Sie beschlossen einzukehren, aber spät sollte es nicht werden, wegen der Maiandacht am Abend.

Der Duft des Holunders, der vom Gasthaus Waldfrieden herüberzog, war betörend. Über Zäune und Mauern hingen die weißen Blütenteller. Auch Obstbäume protzten mit Farben. Zwei Mönche mit schwarzen Überhängen und sauber rasierten Tonsuren auf gebeugten Köpfen nickten herüber.

Von der Terrasse her drang verworrenes Geräusch: Lachen und Kindergeschrei, Satzfetzen und Geklirr von Besteck. Ein Hund bellte und ein anderer gab Antwort, zweimal, dreimal. Ausflügler saßen vor ihren Krügen. Vor einer Laterne spielten Kinder. Sie hielten sich an den Händen, lachten und sangen, gingen im Kreis, linksherum, dann rechtsherum. Es roch nach Fisch und süßlich nach Pudding.

Die Männer setzten sich an einen freien Tisch, winkten der Wirtin, die in einem enganliegenden Trachtenkleid und aufgekrempelten Blusenärmeln Teller mit Rauchfleisch und Sauerkraut an ihnen vorbei trug. Sie bestellten Kaffee.

An den Tischen unter den laubigen Bäumen war es kühl und schattig. Wespen saugten an Vergossenem. Die Wirtin – sie hielt sich schief in der Hüfte und hinkte ein wenig –

brachte Tassen, Löffel, Zuckerschale und ein dampfendes Kännchen.

Die Sonne stand hoch, der Kaffee war noch zu heiß zum Trinken, als eine Wagenkolonne vor dem Haus Halt machte. Die Räder der Fahrzeuge knirschten über den Schotter und stoppten an der Mauer vor der Terrasse. Es waren teure Wagen, wie man sie selten sah. Alles reckte die Köpfe, ein Tuscheln und Raunen ging über die Tische, Unruhe entstand. Der Chauffeur des vorausfahrenden Wagens – es war ein Mercedes mit offenem Verdeck – stieg aus, umrundete das Fahrzeug, öffnete die Beifahrertür, stand stramm und hob die Hand an die Schläfe. Ein beleibter Mann schälte sich aus dem Wagen. In diesem Moment verebbten die Gespräche, die Kinder hörten auf zu singen, eine Frau, die gerade gegessen hatte und dabei war, mit Brot die braune Soße aufzutupfen, ließ das Brot sinken und kaute nicht mehr, dic Wir tin glättete den Rock über den Hüften und fuhr sich durch die Haare. Keine zwanzig Schritte entfernt stand der zweite Mann im Staat, Generalfeldmarschall Hermann Göring. Er war dick und groß. Sein breiter Kopf und die Art, wie er sich bewegte, strahlten Grobheit und eine gewisse Egomanie aus. Er trug Stiefel und Jägertracht, um den Hals hing ein Fernglas. Eine rote Lederweste spannte sich über seinem aufgeblähten Leib. Auf dem Filzhut wippte ein Gamsbart. Hinter Göring gingen Offiziere in Jagduniform. Einer von ihnen, ein Mann mit rotem Gesicht und glänzendem Stiernacken, trug ihm Tasche und Mantel hinterher.

Leutselig grinsend stieg Göring die Stufen zur Terrasse hinauf. Während die Wirtin vorauseilte, um einen Tisch zur richten, schrammten Stühle zurück, alles sprang von den Tischen auf, jubelnd und brausend, die Arme auf Augenhöhe schräg nach oben gestreckt, die Münder aufgerissen: »Heil Hitler!« »Sieg Heil!« »Heil, Heil!« Mit jedem Schritt, den Göring tat, mit jeder Geste, steigerte sich die Begeisterung: »Heil Hitler!« »Sieg Heil!« Göring schien in Hochstimmung. Nach allen Seiten grüßend – immer wieder hob er den gewichtigen Arm – kam er heran, tätschelte einem Kind die Wange, begrüßte einen Jungen mit Handschlag. Augenscheinlich genoss er den Wirbel, den sein Erscheinen verursachte.

Die beiden Pfarrer blieben sitzen. Kurz nur sahen sie sich an, einvernehmlich der Blick, dann unterhielten sie sich weiter, ignorierten die Aufregung, die entstanden war, bliesen Dampf von den Tassen und tranken.

Göring kam näher, ein wenig wiegend der Gang, dann bemerkte er die Pfarrer, ein kurzer, zunächst verwunderter, dann eisiger Blick flammte auf. Er verlangsamte den Schritt, ging auf die Männer zu, als wollte er ihnen Gelegenheit geben, das Versäumte nachzuholen. Empörung glänzte auf seinen Zähnen. Es waren nur Sekunden, in denen sie Auge in Auge standen. Zilliken saß ruhig, spürte das Vibrieren in der Luft, die Spannung, in die er sein Herz schlagen hörte. Schulz hielt die Augen starr auf die Tasse gerichtet, die er am Henkel hielt. Göring verhielt den Schritt, spürte, dass zumindest Zilliken jenseits der Angstgrenze war, setzte ein verzerrtes Grinsen auf, das ihm leer im Gesicht stand. Zilliken sah, wie Schulz' Finger zitterten und in dem Moment, in dem Göring vorbeiging, den Henkel so fest umklammerten, dass die Nägel weiß wurden. Er sah die verärgerten Blicke der Offiziere, hörte, wie einer etwas von Respektlosigkeit sagte.

Und dann saßen sie am Tisch, Göring, wieder strahlender Laune, weil der Westfeldzug so gut voranging, neben ihm das Gefolge, stramm und ergeben. Eigentlich hatte Zilliken nicht hinsehen wollen, aber er bemerkte doch, wie Göring einen der Offiziere heranwinkte, wie der sich voller Verachtung nach ihm umdrehte, die Augenbrauen hob und dann mit Göring flüsterte.

Er hätte nicht sagen können warum, aber in diesem Moment kam Zilliken der Vater in den Sinn, der kleine Uhrmacherladen in Mayen und die Türglocke, die schellte, wenn jemand eintrat und »Guten Tag« sagte. Er dachte an die Murmeln und die leeren Schneckenhäuser, die er als Kind gesammelt hatte und dann an die Drohungen und Anklagen, mit denen sie ihn, als er noch Pfarrer in Prüm gewesen war, versuchten zu zermürben. Von Anfang an hatte er den deutschen Gruß verweigert und es als seine Pflicht angesehen, in den Predigten die Dinge beim Namen zu nennen, schonungslos und geradeheraus. Nicht nur die staatliche Gehaltszulage hatte man ihm gestrichen, immer wieder war er zu Verhören geholt worden, diverse Strafbefehle waren gegen ihn eingegangen. Einmal drohte eine Gefängnisstrafe wegen Beleidigung eines NS-Ideologen in der Silvesterpredigt. Um die Pfarrei nicht zur Zielscheibe der Regierung zu machen, war er nach Wassenach versetzt worden, wo er fortfuhr, den Leuten über die Machenschaften der Partei die Augen zu öffnen, was die Bespitzelungen und Schikanen verschlimmert hatte.

Jetzt war er auf alles gefasst.

»Wenn die wüssten, wie es uns widerstrebt: Führer befiehl, wir folgen … Dieses ständige Bekenntnis zu ihrer Politik und zu diesem Führerstaat«, flüsterte er und Schulz räusperte sich. »Sagen Sie nichts. Wir sehen sie doch gar nicht. Wir trinken unseren Kaffee und dann gehen wir. Wir haben andere Aufgaben.«

Zilliken hatte gehört, dass auf Görings Befehl Juden enteignet und Zivilisten für die Rüstungsindustrie zwangsrekrutiert wurden. Der Titel Generalfeldmarschall kam ihm albern und mittelalterlich vor; auch, dass Göring die deutsche Luftwaffe für unschlagbar hielt.

Im Augenwinkel sah er, wie Göring den Krug ansetzte und trank. Zilliken nippte an dem immer noch heißen Kaffee und dachte an begeisterte Soldaten, an Sturzkampfbomber, Stukas genannt, die neuerdings mit Sirenen ausgestattet waren, an pompöse Jagdveranstaltungen, an Schauauftritte und die Prunksucht der Parteioberen, an rauchende Waffenschmieden und daran, dass es diesmal für ihn anders und schlimmer kommen würde.

Eine weißblusige junge Frau, augenscheinlich die Tochter der Wirtin, brachte eine Platte mit Schleien und Forellen zu einem Tisch, wo ein Pärchen saß, das unablässig in Görings Richtung blickte. Sie zögerte, als sie am Tisch der Pfarrer vorbeikam. Die Frau war klein und unscheinbar, hatte helle Augen mit Brauen, die sich wegen der hellen Farbe nur wenig vom Gesicht abhoben und es deshalb flach machten. Mit diesen hellen Augen sah sie auf Zilliken, dann auf Schulz. Hilflos und erschrocken stand sie da, ihre Lippen zuckten. Dann murmelte sie etwas und eilte in Richtung Küche. Später brachte sie volle Bierkrüge an Görings Tisch. Tabakqualm zog herüber. Und Lachen.

Die Männer tranken den Kaffee, zahlten und gingen. Ein kurzes Stück noch blieben sie zusammen. Am Ortseingang von Wassenach trennten sie sich. »Was meinen Sie, was sie jetzt tun?«, fragte Schulz. »Hitler ist nicht Deutschland und auch nicht die Zukunft«, sagte Zilliken und nickte ihm aufmunternd zu. Er stand noch und sah Schulz hinterher, der auf der Straße nach Nickenich kleiner und kleiner wurde.

Ein leichter Wind hatte sich erhoben. Der Himmel war jetzt grünlich und bis auf die eine Wolke leer. Das Gelb der Sonne leuchtete nicht mehr. Es schien ihm, als ob die Straße von ihm wegliefe, ihn auf seltsame Weise zurückließe. Kurz kam ihm der Gedanke, dass es besser sei, einen anderen Weg zu nehmen und die Nacht woanders zu verbringen.

Im Pfarrhaus angekommen aß er ein Brot und richtete sich für die Andacht. Er versuchte, den Vorfall des Nachmittags wegzuwischen und war dabei, die Fürbitten nochmals durchzulesen, als er Motorengeräusche hörte. Vom Schlafzimmer aus sah er, wie ein dunkler Wagen auf den Hof fuhr. Drei Männer in ziviler Kleidung stiegen aus, blieben ein paar Minuten auf dem Kies stehen, wo sie etwas beredeten und dann auf die Tür zugingen. Ohne anzuklopfen traten sie ein. Schwere Schritte polterten. »Zilliken, komm raus! Na los, mach schon!« Im Flur, wo er ihnen entgegen kam, packten sie ihn, rissen seinen Arm in die Höhe. »Heil Hitler! Sag es! Los, mach's Maul auf! Grüßen sollst du, grüßen!« Einer stieß ihn in die Seite. »Wirst du wohl grüßen?« Dann pressten sie ihn gegen die Wand, Hände tasteten ihn ab, er hörte, wie in der Stube Schränke aufgerissen wurden und Schubladen auf den Boden platzten, sah, wie einer Briefe, Papiere und die Mappe mit den Predigten in eine Tasche stopfte.

Er hielt aus und schwieg.

Die Gesichter der Männer waren hart und entschlossen.

Josef Zilliken und Johannes Schulz wurden noch am Abend des 27. Mai 1940 verhaftet und ins Konzentrationslager Buchenwald gebracht. Ende 1940 kamen sie ins Konzentrationslager Dachau. Johannes Schulz starb im August 1942, Josef Zilliken im Oktober 1942 in Dachau.

Inges Blick

Vor ein paar Tagen habe ich Inge getroffen. Sie saß im Wartezimmer eines Arztes, der mich wegen eines Hautausschlags behandelte. Jahre waren vergangen, seit ich sie das letzte Mal gesehen hatte. Sicher zwanzig. Dennoch erkannte ich sie sofort und auch sie nickte und lächelte, als ich ihr gegenüber Platz nahm. Leider hatten wir wenig Zeit, uns zu unterhalten. Ich erzählte ihr von meiner neuen Stelle, einer Arbeit bei einer Versicherung, dann redeten wir über eine Lehrerin von früher. Ich wollte wissen, ob sie von diesem oder jenem etwas gehört hatte, was sie verneinte. Sie war älter geworden, aber immer noch hübsch, mit ihren blonden Locken, dem feinen, gleichmäßigen Gesicht mit den hellen Augen.

Bei allem, was seither passiert war, und obwohl ich es mir verbat, konnte ich nicht anders und begann unweigerlich nach den Merkmalen zu suchen, durch die sie sich von anderen unterschied. Was sonst für kaum jemanden sichtbar war, ich sah es: der ganz leicht gekrümmte Nasenrücken, die etwas zu vollen Lippen. Zu den Füßen konnte ich nichts sagen, sie steckten in Stiefeln, aber, was auffiel: Inge konnte mich, wie damals schon, nicht richtig ansehen.

Ich glaube, sie bemerkte meinen Blick. Dennoch lächelte sie. Die Antwort auf meine Frage, was sie denn so machte, blieb sie mir schuldig, weil sie aufgerufen wurde, hastig nach der Tasche griff, und mir, indem sie aufsprang, kurz zuwinkte.

Inge war in meiner Klasse gewesen. Eine Weile hatte sie neben mir gesessen, aber irgendwann, es war kurz bevor der Krieg begann, wurden wir umgesetzt. Warum weiß ich nicht mehr. Jedenfalls saß sie dann in den hinteren Bänken. Eine Freundschaft mit ihr hatte sich nie ergeben, auch in den ersten Schuljahren nicht, als wir noch mit ihr spielten und sie in unsere Geheimnisse einweihten. Dass wir es später nicht mehr taten, lag nicht an uns. Nein, das kann man so nicht sagen.

Nach den Sommerferien fing es an. Alois Wessel, unser Biolehrer, verteilte Strafarbeiten, wenn wir die Merkmale nicht aufsagen konnten. Er unterschied weiße, gelbe und schwarze Rassen, auch fälische und nordische, erklärte uns, dass die Weißen immer und überall und vor allen anderen zum Herrschen bestimmt seien und warnte eindringlich vor Rassenmischungen. Ich war froh, ein Arier zu sein. Ein Arier zu sein war einfach besser.

Obwohl es auf uns nicht immer zutraf, beschrieb Wessel Arier als meist blond, blauäugig, tatkräftig und vor allem treu. Die Juden, so lehrte er uns, waren eine eigene Rasse und all das, was Arier nicht waren: dunkelhaarig mit dunklen Augen, hässlich, faul, hinterlistig, und auch sonst noch vieles mehr.

Franz und ich teilten sofort die Klasse ein und kamen zu dem Ergebnis, das mindestens die Hälfte jüdischer Herkunft sein müsse, denn wir hatten mehr Dunkelhaarige als Helle, mehr Faule als Eifrige und Hinterlistige kannten wir auch. Im Waschraum der Sporthalle betrachteten wir uns im Spiegel, suchten jeden Winkel unserer Gesichter ab, ob wir vielleicht Ungewöhnliches finden konnten, vielleicht waren es ja die Ohren.

Zugegeben, wir waren ungeübt. Jedenfalls war Wessel dieser Ansicht und tat alles dafür, uns mit dem richtigen Blick auszustatten. Genau hinsehen sollten wir, ganz genau hinsehen. So sei Johann zwar dunkelhaarig, habe aber eine edle, gerade Nase und an seinem aufrechten, stolzen Gang sei der Arier erkennbar. Und Louise, obwohl sie diese kohlschwarzen Augen hatte, sei ebenfalls arisch, da müsse man sich nur ihren Schädel ansehen und das klassische Profil. Er ging die ganze Klasse durch. Schwierig wurde es bei Inge. Inge musste sich als einzige vorne neben das Pult stellen. Ich weiß noch, dass sie später immer wieder neben dem Pult stehen musste, als Exempel, wie er sagte. Sie stand immer gleich mit ihren verkrampften Händen, den leicht zitternden Lippen, den Blick fest auf den Boden gerichtet.

Beim ersten Mal waren wir noch unsicher. Immerhin war Inge blond und blauäugig, die Hübscheste in der Klasse, und keines der negativen Merkmale, die wir gelernt hatten, traf auf sie zu. Wessel, grau und dicklich, hob die linke Augenbraue. »Hinsehen! Ganz genau hinsehen«, befahl er und dann zählte er auf, was er sah: »Dicke, zu sehr nach außen gewölbte und wulstige Lippen, krumme Nase, Plattfüße …« Mit dem Stock zeigte er auf Inges Lippen, auf ihre Nase, auf die Füße, wiederholte das Ganze, wobei er besonders die Nase hervorhob. Irgendjemand rief: »Jüdin!«, wohl mehr aus Scherz, weswegen Gelächter ausbrach und Wessel sich genötigt sah, mit der Faust aufs Pult zu schlagen. »Hier wird nicht reingerufen! Aber ganz korrekt. Da hat jemand sehr gut aufgepasst.« Nochmal zählte er auf, was er an Inge festgestellt hatte und endlich sahen wir es auch: Dicke, zu sehr nach außen gewölbte Lippen, krumme Nase und Plattfüße, die in leichten Sandalen steckten.

Jedes Mal, wenn Inge vorne neben dem Pult stand und bibberte, wurde es deutlicher. Immer mehr Merkmale fielen auf, auch, dass sie ein merkwürdiges Armband trug und die Haare seltsam gebunden hatte. Immer stärker forderte uns Wessel heraus, mehr wollte er hören, insistierte, maß mit einem Lineal Inges Ohren und den Abstand ihrer Augen, den er als typisch bezeichnete. Am Schluss versprach er demjenigen, der noch ein Merkmal feststellte, seinen Pausenapfel, denn ein Merkmal, ein ganz wichtiges, fehle noch. Der Apfel lockte, lag vorne auf dem Pult, ein großer Apfel mit roten Backen. Aber wir kamen nicht drauf, so sehr wir auch suchten. Wessel beschimpfte uns, befragte sogar Inge, die keinen Ton herausbrachte und nichts zu begreifen schien.

Wessel musste schließlich die Antwort selbst geben. Er zeigte auf Inges Augen, wartete ein paar Sekunden, um die Sache spannend zu machen, und sagte: »Seht genau hin. Ganz genau.« Und dann kam es: »Sie hat diesen verschlagenen Blick.« Jetzt wo wir es wussten, war es ganz einfach. Alle sahen, dass Inge den Blick nicht heben, dass sie keinen von uns ansehen konnte, auch nicht, als sie zurücktaumelte auf ihren Platz, dass sie auch später, auf dem Schulhof, keinen von uns ansah und mit keinem sprach. Wir ärgerten uns, den Apfel verspielt zu haben. Auf den verschlagenen Blick hätten wir doch kommen müssen. Aber das ist ja oft so, wenn etwas zu offensichtlich ist.

Keiner mehr da

Irgendwann kommt ihr heim und dann ist keiner mehr da, sagte mein Vater. Ich empfand fast so etwas wie Mitleid mit ihm, dem die Zeit gestundet schien, anders als mir, die ich das Leben noch vor mir hatte. Seine Gedanken berührten mich nicht. Sein Irgendwann lag in einem fernen Dunst, weit hinter dem Mond und allen Planeten.

Hier würde keiner so schnell verschwinden. Meine Großeltern hatten schon hier gelebt und die Eltern der Großeltern, auch deren Eltern. Alle, die hier lebten, schöpften aus dem, was die anderen hinterlassen hatten. Wie aus einem tiefen Brunnen. Alles würde so bleiben: Die alten Frauen mit den vertrockneten, verschafften Händen, den vom kalten Wind aufgeplatzten Äderchen auf den faltigen Wangen, den Kittelschürzen und den ewigen Geschichten von schlechten Zeiten, vom Hunger, vom Krieg und von Onkel Franz, der in Frankreich geblieben war, und von all jenen, von denen nur vergilbte Fotos übrig waren. Bis Sankt Nimmerlein würden die Handwerker und Arbeiter in aller Frühe im Blaumann ihre Häuser verlassen, die Frauen ihren Männern Brote schmieren für die Arbeit, Henkelmänner vorbereiten und Kaffee in Thermoskannen füllen. Zeitungshanni würde ausharren, nur noch krummer und schiefer werden vom schweren Tornister, in dem er, fast noch zur Nachtzeit, die Zeitung von Haus zu Haus trug. Sogar dieser schwarze Tornister, der gegen Mittag, nach getaner Arbeit, schlapp und leer an ihm herunterhing und an dem er sich trotzdem festhielt, wenn er, schwankend vom Schnaps, den ihm die Bauersfrauen einschenkten, nach Hause strebte, würde die Zeit überdauern. So wie die gesungenen Fürbitten von Berni, unserem Küster, die meine Jugend begleiteten wie Beschwörungsformeln: Jesus, am Kreuz gestorben, hinabgestiegen zu den Toten, auferstanden in Herrlichkeit, du Kraft für die

Sterbenden, du Tür zum Leben und einzige Hoffnung, in alle Ewigkeit, Amen. Toni, die Läuterin, würde weiterläuten, außer vor Ostern, wenn es nichts zu läuten gab. Onkel Heinz würde auf seinem Bulldog sitzen, Martha bis in alle Ewigkeit in ihrem Gasthaus Fremdenzimmer vermieten und im Fenster unter dem Schild »Bitte ein Bit« Sansiverien züchten, Käddi weiterhin das Schöller-Depot betreuen, wo es Nucki Nuss gab. Auch die Zementmischer würden fortbestehen, die Holzstapel, die Hühner mit ihrem kotverklebten Gefieder, die Ginsterhügel, die Fliegen in den tränenverklebten Augen der Kühe, die Nester der Schwalben, aus Lehmkügelchen geformt, unter der Regenrinne an der Hausfassade unseres Hauses. Auf ewig der Duft nach gemähtem Gras im Sommer, die Wärmflaschen meiner Mutter im Winter.

Ich stellte mir mein Dorf vor wie einen großen Körper, dem manchmal Glieder abfallen und wieder nachwachsen. Natürlich würden Menschen wegziehen, natürlich blieben die Unglücke, der Krebs und die Infarkte, die Wetterfühligkeit, die Migränen. Auch eine Epidemie könnte kommen, eine Bombe einschlagen und alles wegfegen. Natürlich würden Menschen sterben. Aber es würden welche nachkommen, die alten Häuser besiedeln, und wie aus einem Brunnen schöpfen, was andere hinterlassen hatten. Kyll und Oos würden bleiben, auch der Dreesbach und was der Gewässer sicher noch mehr sind, wenn man die vielen Quellen hinzu zählt. Die Jahreszeiten würden kommen und gehen und mit ihnen die Feste, die Tänze, dummdideldumm, dummdideldumm – Fastnacht, Schützenfest, St. Martin. Die Straßen würden immer da sein, Kirche und Schule, die Häuser, die Gärten, natürlich unser Berg mit seiner Lava, den Sanden, den Quarziten und Grauwacken, den Schlehenhecken, die in der Gegend überall vorkommen und dem duftenden Thymian.

Natürlich würde auch mein Vater weiterhin sein Akkordeon spielen, mein Vater, der, so lustig er auch sein konnte, voller Angst vor dem Leben war. »Schwarzbraun ist die Haselnuss, schwarzbraun bin auch ich, ja bin auch ich, schwarzbraun muss mein Mädel sein, gerade so wie ich, falleri juwi juwi juwi i ha ha ha, falleri juwi juwi juwi i ha ha ha ...«

Mein Vater müsste sogar bleiben. Denn was wären wir ohne ihn? Wer sonst würde bei uns nach dem Dach sehen, die Reifen wechseln, die Heizung reparieren und den tropfenden Wasserhahn wieder zur Ruhe bringen. Wer sonst würde meine Schwester und mich vor der Welt schützen?

Irgendwann, sagte mein Vater, irgendwann kommt ihr heim und dann ist keiner mehr da. Dann ist vielleicht jemand anders da, erstickte ich seinen Tiefsinn, denn die Welt ist doch weit und groß und die Menschen sind beweglich. Ich sagte auch, dass der Mensch deshalb nicht an dem Ort bleiben könne, an dem er geboren wurde, weil er sonst dort sterben müsse. Zuhause sterben die Leut. Anderswo würde es mehr geben, Besseres vielleicht. Er solle sich nur die Schwalben ansehen, die jedes Jahr von Gott weiß woher kamen und mehr gesehen hätten von der Welt als alle im Dorf zusammen. Mein Vater mochte die Schwalben, schraubte ihnen Kotbretter unter die Nester, betrachtete sie als Glücksbringer und Frühlingsboten, aber zu meinem Vergleich zog er die Brauen zusammen, meinte, dass das Reisen schließlich in der Natur von Zugvögeln stecke, dass aber auch sie eines Tages nicht mehr kommen würden, weil der Dreck, den sie machten, die schönen neuen Hausfassaden verschandeln und man sie deshalb fortjagen würde. Es war ihm im Gedächtnis geblieben, wie der Nachbar Schwalbennester mit dem Besenstiel abgeschlagen hatte.

Die Schwalben kümmerten mich wenig. Ich mochte es, wenn sie den Himmel stürmten und den Sommer auf ihren Flügeln trugen. Aber Schwalben gab es genug, überall, und Menschen auch. In der Zeitung stand, dass die Menschheit bis zum Jahr 2050 auf neun Milliarden anwachsen könnte. Neun Milliarden. Was für eine Zahl.

Damals dachte ich nicht daran, dass die Leute, die dann im Dorf wohnen würden, Bäche und Berg nicht mehr kennen könnten. Längst klingt der Wind dort oben nicht mehr wie früher, der Thymian duftet nicht mehr, die Vögel sind weniger geworden. Ich bin auch nicht mehr die, die in den Dreesbach spuckt, zusieht, wie der weiße Speichel dahintreibt, an einem Stein hängen bleibt und weiterschaukelt.

Klassenbild 1980

Auf dem Foto ist die Zeit stehen geblieben. Ein kurzer Moment, an dem sich Geschichte zeigt. Das Bild, aufgenommen mit einer Polaroidkamera, ist hell geworden, ohne Tiefe und ein bisschen unscharf. Jemand hat mit Bleistift ein Datum über den Köpfen vermerkt: 28. Juni 1980.

Wir stehen vierreihig. Arrangiert auf der Treppe vor der Schule. Einige lachen, blinzeln in die Kamera. Andere sehen zur Seite, wenden sich ab. Blicke gehen aus dem Bild heraus. Die Gesichter sind jung, die Frisuren typisch für die Zeit, wilde Mähnen darunter.

S. trägt ein verwaschenes T-Shirt mit dem Konterfei Che Guevaras. J., eine Reihe tiefer, in einem langen Mantel mit Aufschlägen an den Ärmeln, spreizt zwei Finger zu einem Peace-Zeichen. Seine Haare reichen bis auf die Schultern. H. in seiner ewigen Jeansjacke, in Brusthöhe eine aufgenähte Stones-Zunge und in der Hand eine Cola Flasche, hat damals schon nicht mitgespielt. Leise und unauffällig hat er sich herausgenommen, zuerst von uns, dann von allem anderen. Heute lebt er von Übersetzungen und Nachhilfestunden. Ich erinnere mich an seinen alten R4 und einen Traum von Marrakesch. Neben ihm M. und J., beide lachend, Arm in Arm, in Röcken, und mit durchgedrückten Knien.

Ich frage mich, wer das Foto gemacht hat und vermisse B. Mein Finger fährt entlang der Gesichter. Ich finde ihn nicht. Sicher hat er nicht mit drauf wollen. Da steht H., damals dick befreundet mit P.. H. hat damals wirklich gut ausgesehen. Ich weiß seinen Nachnamen nicht mehr. Überhaupt fallen mir manche Namen nicht mehr ein, aber die Stimmen sind noch da, die Geräusche des Schulhofs, das Lachen und Rufen, Bob Dylan auf einer Kassette, die im Aufenthaltsraum lief, wo wir Paul Celan lasen, über alte Nazi-Richter diskutierten, uns wegen eines Textes von Christa Wolf stritten, über die RAF redeten und über die DDR, über Helmut Schmidt, die Russen in Afghanistan, die Abrüstungsverhandlungen und die Räumung der von Atomkraftgegnern errichteten Republik Freies Wendland. Wir hatten das sichere Gefühl, dass das, was auch immer in der Welt geschah, mit uns zu tun hatte, dass alles irgendwie zusammenhängen und das, was wir sagten, dachten, taten und fragten, uns unweigerlich unserem Sinn näher bringen würde. Damals dachten wir, dass wir nur dies oder jenes tun müssten, um die Dinge zu verändern, dass es mit diesem oder jenem endgültig reiche und ein Wandel leicht machbar sei. Freiheit, Klassenkampf, Dritte Welt, Proletariat, Gerechtigkeit, Brot für alle und Menschlichkeit, alles das. Imagine all the people, sharing all the world …

Ich erkenne F., heute fährt er ein Taxi. Neben ihm H. mit bemalten Turnschuhen und Stirnband, er ist Arzt geworden. U. und A., beide lachend, die Hände in den Hosentaschen. U. lebt in Thailand, von A. habe ich nie mehr was gehört.

Über 30 Jahre ist das her. Der Juni damals war schön und der Sommer, der folgte, heiß und trocken. Keiner dachte daran, dass wir uns irgendwann aus den Augen verlieren und allein unsere Wege gehen würden. Ich stehe lächelnd neben S., trage eine schwarze Samthose, die mir Z. genäht hat und sehe zuversichtlich aus.

Liebesgeschichte aus dem Dorf

Es war schon dunkel, als der Schreiner den Arbeitskittel auszog und an den Nagel neben der Tür hängte. Er hatte seiner Frau einen ordentlichen Sarg gezimmert. Das Holz war hell und schön gemasert und stammte von einer Eiche, die auf seiner Wiese gewachsen und vor Jahren von einem Sturm entwurzelt worden war. Sechs dicke Bohlen hatte er aus dem Stamm gesägt, an die fünf Jahre getrocknet, und jetzt war eine stabile Lade daraus geworden, die der Erdlast so lange standhalten sollte, bis ihr Körper vergangen sein würde. Ein Sarg mit gekehltem Oberkasten, einem massiven, dreifachen Deckblatt, Bogenschnitzung am Deckrahmen und einer Fächerschnitzung auf dem Setzrahmen.

Die Griffe für die Träger hatte er beim Schmied machen lassen. Auch die massiven Schrauben, mit denen er irgendwann den Deckel schließen würde. Feines, rötliches Sägemehl hatte er gesammelt, damit den Boden ausgestreut, der Feuchtigkeit wegen. Dann den Sarg mit einem roten, schweren Samt ausgekleidet, der sich warm und weich anfühlte. Eine Matratze aus Rosshaar hatte er fertigen lassen, ebenfalls rot, dazu ein Kopfkissen und ein Tuch aus leichtem, weißem Damast, aus der Aussteuertruhe seiner Frau.

Der Sarg war wirklich ordentlich geworden. Wochen hatte er daran gearbeitet und jetzt alle Kraft gebraucht, das schwere Stück in den hinteren Teil seiner Werkstatt zu schieben, dorthin, wo er sonst Holz trocknete. Ein Leintuch warf er darüber. Niemand sollte etwas fragen.

Nicht, dass seine Frau krank oder dem Tod nah gewesen wäre. Aber sie waren beide alt und zittrig geworden und er wollte vorsorgen. Zudem hasste er die billigen Särge aus Kiefern- oder gar Sperrholz, schlecht verleimt und wacklig in den Scharnieren. Unwürdig für eine Schreinersfrau.

Unwürdig für einen Menschen. Nicht einmal seinen Hund hätte er hineingelegt.

Weil auch er später nicht in einer solch gewöhnlichen Kiste liegen wollte, machte er sich in den darauffolgenden Wochen daran, einen zweiten Sarg zu zimmern, schlichter und einfacher als der erste, aber ebenfalls aus Eichenholz und mit den gleichen Griffen und Schrauben. Auf ein Kissen verzichtete er, auch auf die Matratze. Ein Tuch schien ihm ebenfalls überflüssig. Anders als seine Frau hatte er immer eine gute Hitze gehabt. Grabeskälte schreckte ihn nicht. Auf dem blanken Holz wollte er einst liegen, denn sein Holz war warm und roch gut. Auch diesen zweiten Sarg zog er, als er damit fertig war, in die Holzkammer, schob ihn neben den ersten, und breitete ein Leintuch darüber.

Der Schreiner war sicher, dass seine Frau ihm in die Ewigkeit vorausgehen würde. Immer schon war sie schwächer und anfälliger gewesen als er. Im Alter war es nicht besser geworden. Sie spürte das Wetter in den Knochen, hatte Gicht in den Fingern, klagte über Wasser in den Beinen. Er hingegen war robust wie eine Eiche.

Dennoch: Die beiden Särge mochten vielleicht fünf Jahre nebeneinander gestanden haben, da starb der Schreiner, ohne jemals krank gewesen zu sein. Seine Frau, nichtsahnend von den Särgen in der Holzkammer, bestellte, obwohl es ihr wie ein Frevel schien, beim Bestatter einen Sperrholzsarg, denn zu mehr reichte das Geld nicht.

Seufzend besprengte sie am Tag seiner Beerdigung die billige Lade mit Weihwasser, bevor starke Männer sie an Seilen in die Gruft hinabließen.

Sie überlebte ihn um vier Jahre. Als sie starb, bestellten ihre erwachsenen Kinder, beide geschieden und längst dem Elternhaus entwöhnt, nichtsahnend von den Särgen in der Holzkammer und obwohl es auch ihnen wie ein Frevel schien, ebenfalls beim Bestatter einen Sperrholzsarg, denn zu mehr reichte das Geld nicht.

Erst viel später, beim Entrümpeln des Hauses, fanden sie die beiden Särge. Sie begriffen sofort. Ratlos standen sie in der Holzkammer, sahen auf den verzierten Sarg der Mutter und auf den schlichten des Vaters.

Nur Wasser

Der Mann musste den überdachten Vorbau an unserer Turnhalle während der Weihnachtsferien entdeckt haben, denn als im Januar die Schule wieder losging, hatte er sich dort bereits häuslich niedergelassen. Er schlief im Halbsitzen, den Schlafsack bis zum Bauch hochgezogen, als wir ihn an diesem frostigen Januarmorgen aufspürten. Ein graumelierter Bart überwucherte sein halbes Gesicht. Filzig standen die Haare vom Kopf ab. Der blauen Weste, die er trug, fehlten die Knöpfe. Die Bügel seiner Brille waren links mit Tesa, rechts mit Isolierband geflickt. Er hatte einiges Zeug um sich verstreut: Lidl-Tüten, Coladosen, Kronkorken, ein leerer Pappbecher. Irritiert fuhr er auf, gestört durch unser Glotzen und Schwätzen, raffte aus der Sitzposition zusammen, was greifbar war, stopfte es zu sich in den Schlafsack und sah mit flinken, grauen Augen von einem zum anderen.

Julian trieb sofort seine Späße mit ihm, machte Anstalten, eine der Plastiktüten zu greifen, kickte mit dem Fuß nach dem Pappbecher, den er Jan zuspielte, dann Chris, dann Tim, der den Becher schließlich aufhob, ihn wieder vor dem Mann abstellte und, indem er sich nach uns Gaffenden umdrehte, sagte, dass es ein richtiges Ding sei, nachts bei dieser Kälte draußen auszuhalten, dass allenfalls Leute wie Messner, Scott oder Amundsen zu solchem in der Lage seien und dass er es unmöglich fände, dass gerade wir, im Jahr unseres Abiturs und da wir doch gerade den Woyzeck gelesen hätten, uns so daneben benehmen könnten. Er sprach den Mann sogar an, kniete sich vor ihn hin. Der aber zog den Schlafsack bis zu den Augen und kroch noch mehr in sich zusammen. Unser Lehrer unterbrach die Sache, indem er in die Hände klatschte und uns in die Umkleidekabinen schickte.

Durch die Oberlichter beobachteten wir, wie er mit dem Mann sprach, wie der sich schließlich aus dem Schlafsack schälte, vom schützenden Eingang abrückte und sich keine fünf Meter weiter auf dem gefrorenen Rasen niederließ. Der Hausmeister eilte herbei, fuchtelte mit den Armen, stieß seinen spitzen Finger in die Luft, schrie nach dem Ordnungsamt.

Wir hingegen gingen zur Nächstenliebe über. Kaum dass die Sportstunde vorbei war, gab Tim dem Mann seine Milchschnitte, Carina einen Schokoriegel, ich meine geschnittenen Apfelstücke samt der Tupperdose meiner Mutter. Hassan überlegte, ob er ihm seine Handschuhe dalassen sollte, für die Nacht, entschied sich aber dagegen. Die Handschuhe waren fast neu, von Weihnachten, und teuer gewesen. Außerdem sei ungewiss, ob er sie wiederbekäme. Unhygienisch sei es ohnehin. Der Mann stinke nämlich.

Später, vom Klassenzimmer aus, sahen wir, wie ein paar Lehrer sich um ihn gruppierten, mit ihm sprachen. Besonders unser Kunstlehrer gab sich Mühe, telefonierte und gestikulierte, stampfte mit den Füßen, weil seine dünnen Sohlen die Kälte nicht abhielten. Dass der Mann bei dieser Schweinekälte schon von selbst gehen würde, hörten wir ihn sagen und dass man ihn als Exempel betrachten soll, integrierbar in den Unterricht, diskutierbar, zum Trainieren der Sozialkompetenz.

Am nächsten Tag war der Mann noch da, obwohl es kälter geworden war und eisige Luftwalzen aus östlicher Richtung dafür sorgten, dass wir uns nur noch dick eingemummt nach draußen trauten. Tim zog zwei Kaffee aus dem Automaten und verbrachte mit ihm die 10-Uhr-Pause. In der Freistunde lud er ihn in den Aufenthaltsraum ein, lockte mit Tee und Keksen, aber der Mann schüttelte den Kopf und blieb, wo er war.

Der Hausmeister kam mit einem Uniformierten, der sich den Pass zeigen ließ, Notizen machte und kurz darauf mit zwei Kollegen dafür sorgte, dass der Mann seine Sachen packte und mit seinen Tüten in Richtung Stadt verschwand.

Am dritten Tag fanden wir ihn wieder am gleichen Platz. Die Nacht war grimmig kalt gewesen und der Mann hatte sich verändert. Er hatte Wunden an den Händen, offene Stellen, und Schorf im Gesicht, sah müde aus, und wenn ihn jemand ansprach, schlief er fast während des Sprechens ein. Einer unserer Lehrer versuchte ihn zu überreden, in ein Obdachlosenheim zu gehen, schon der Kälte wegen. Einen Platz hatte er ausgehandelt. Aber es half nichts.

Der Hausmeister schoss heran, schrie etwas von »Pack« und »Schandfleck«, sprang mit seinem Smartphone um den Mann herum, lichtete ihn von allen Seiten ab und drohte mit der Polizei. Der Mann tat, als höre und sehe er nichts.

Dass er Maurer war, jetzt aber ein Flaschensammler geworden wäre, erzählte er uns, als wir ihn am vierten Tag frühmorgens mit heißem Tee weckten. Seit Jahren sei er schon unterwegs, landauf, landab, nächtige bevorzugt in Eingängen von Fabriken, habe über längere Zeit im Gartenhaus eines Zahnarztes gewohnt, aber es werde immer schwieriger, einen ruhigen und vor allem sicheren Platz zu finden, weil es immer mehr Leute gäbe, die auf der Straße lebten. »Sie streiten um Schlafplätze in den Sammelunterkünften«, sagte er und fügte hinzu: »Aber draußen ist es auch nicht leicht. Jetzt erfrieren wieder welche.«

Er griff nach dem Gebäck, das wir ihm hinhielten, kaute und schmatzte. Sogar der dünne Kaffee aus dem Automaten schmeckte ihm. Warum er auf der Straße sei, wollten wir wissen. Seine Antwort war ausweichend. »Früher hatte ich mal ne Frau und drei Kinder. Aber die hab ich ewig nicht gesehn.« Warum er keine Wohnung habe, fragten wir. »Wer soll mir schon eine Wohnung geben? Wenn ich einen Job hätte, dann vielleicht.« Wir forschten weiter. Und die Eltern? »Kannste vergessen. Meine Mutter hat selbst nichts und mein Vater, ach lassen wir das. Immerhin hab ich ein Postfach. Und einen Ausweis, in dem OFW steht. Klingt wie ein Adelstitel, was? Ohne festen Wohnsitz, heißt das«, lachte er, öffnete dabei den Reißverschluss seines Schlafsacks und hievte sein rechtes Bein heraus. »Was viel schlimmer ist«, fuhr er fort, »meine Schuhe sind durch, die Sohlen hängen runter.« Tim warf einen prüfenden Blick auf die Schuhe. »Welche Größe? Morgen bringen wir neue.«

In der Nacht sank das Thermometer auf minus 26 Grad. Am Morgen lag der Mann nach der Seite gebeugt und seltsam gekrümmt, als wir ihm Kaffee brachten. Sein Gesicht war von Reif überzogen und violett. An Wimpern und Augenbrauen, auch in den Haaren, hingen kleine Eisklumpen. Die handschuhlosen Hände waren bläulich, taub und so starr, als könnten sie bei Berührung zerbrechen. Sein ganzer Körper war starr. Wir gerieten in Aufregung. »Schnell! Ein Arzt!«, schrie jemand. Einer von uns rannte los, um Decken zu holen, andere warfen Jacken über den Gefrorenen. Lehrer mischten sich in die Aufregung und gaben Ratschläge. Es dauerte, bis der Rettungswagen eintraf. Drei Sanitäter beugten sich über den Mann, beklopften ihm die Wangen, prüften den Puls, leuchteten in seine starren Augen. Keiner von uns sprach. Wir standen um ihn herum, sahen auf sein verzerrtes Gesicht und die brettsteifen Kleider.

Eine halbe Stunde später war der Mann fortgeschafft. Der Hausmeister fegte die Stelle, auf der er gelegen hatte. Unter seinen kräftigen Besenstrichen sammelten sich Pappbecher, Kronkorken und Zigarettenstummel.

Wir waren wie gelähmt.

Im Aufenthaltsraum saßen wir und redeten durcheinander. Bis Julian aufstand, zum Fenster ging und sich dann nach uns umdrehte: »Gestern war Training. Als wir aus der Halle kamen, war es dunkel. Da stand er am Zaun, hat seine

Sachen gewrungen und geflucht. Der Hausmeister hätte ihm einen Eimer Wasser über Schlafsack und Klamotten gekippt. Fast geheult hat er. Wusste nicht, wie er das Zeug trocknen sollte. Wir haben gefragt, ob wir ihm helfen können. Aber er wollte nicht. Wir sind sogar noch mal zurückgegangen. Er hat nur abgewinkt. Nein, nein, hat er gesagt, das trockne schon wieder. Es sei doch nur Wasser. Einfach nur Wasser.«

Rückblende

Am Schlurfen der Schritte vor meiner Tür erkenne ich meine Nachbarin. Sie klingelt und schon ins Öffnen der Tür fragt sie, ob ich mit ihr zum Metzger gehen könnte. Besuch habe sich angemeldet, eine Enkelin mit ihrem Freund. Da wollte sie was Gutes auf den Tisch bringen.

Meine Nachbarin ist alt. Sicher an die neunzig. Solange ich denken kann, lebt sie allein. Früher ist sie Apothekerin gewesen, kennt sich aus mit Heilpflanzen und Tees. Einmal hat sie mir eine Salbe gegen Insektenstiche zusammengemischt. Sie ist groß und hager und sieht mit ihren dünnen, ausgelaugten Locken, die von undefinierbarer Farbe sind, aus, wie aus der Zeit gefallen. Gelegentlich fragt sie mich wegen kleiner Dinge, Postsachen, Einkäufe oder wenn sie zum Arzt muss und nicht allein gehen will.

Es ist der Samstag vor Ostern und ich habe nicht viel Zeit. Zur Metzgerei ist es nicht weit, trotzdem brauchen wir fast eine halbe Stunde. Sie geht mir entschieden zu langsam.

In der Metzgerei herrscht Betrieb. Die Leute stehen in Dreierreihen vor der Verkaufstheke. Pausenlos geht die Ladenglocke. Immerzu wird bestellt, gewogen, geschnitten, verpackt, kassiert. Fortwährend werden Tüten über die Theke gereicht.

Während ich mich frage, wie lange das wohl dauern wird, drängt meine Nachbarin plötzlich nach vorne, setzt dabei energisch Ellenbogen und Schultern ein, schubst ein Kind zur Seite, dann den Rollator eines Greises und fixiert eine der Verkäuferinnen, die an der Wurstmaschine steht und sich für jede Scheibe, die sie fächerförmig auf einem Papier ausbreitet, vor- und zurückbeugt. »Unverschämtheit!«, mokiert sich eine Frau hinter mir und reckt den Hals und ein Mann in einem Arbeitsanzug fordert: »Hier wird nicht gedrängelt!« Ich habe das Gefühl, meiner Nachbarin beistehen zu müssen, schiebe mich nach vorne, fasse sie am Arm, will ihr sagen, dass es nicht mehr lange dauern wird, dass sie nur noch ein bisschen Geduld haben soll. Da stellt sie sich ganz gerade hin, sieht mich streng an und schreit über die Wartenden: »Aber wir kaufen doch nicht bei Juden!«

Ich erstarre. Alle erstarren. Entsetzte Köpfe drehen sich. Die Frau an der Wurstmaschine hört auf zu schneiden. Zwei Frauen unterbrechen ihre Unterhaltung. Das Kinn meiner Nachbarin zittert, wie immer, wenn sie aufgeregt ist. Sie dreht sich suchend nach mir um. »Sehn Sie doch, das sind alles Juden hier. Das sieht man doch!« Ich zögere, fasse sie am Arm. »Aber um Himmels willen! Was sagen Sie denn da? Das ist vorbei, das ist längst vorbei!« Die Leute gaffen. Zwei Jugendliche unterbrechen das Tippen auf ihren Handys, fragen, was denn los sei. Der Mann mit dem Rollator tobt. »Unfassbar ist das! So was!« Ich ziehe meine Nachbarin weg von der Theke, sie wehrt sich, aber es gelingt mir, sie an den Leuten vorbei in Richtung Tür zu lenken. Entrüstete Blicke folgen uns. Der Atem meiner Nachbarin ist laut. Ihre Hände zittern.

»Beruhigen Sie sich«, sage ich, als wir endlich draußen sind, »kommen Sie. Gehn wir woanders hin.« Irritiert hakt sie sich bei mir unter. »Aber jetzt haben wir ja gar nichts gekauft.« Ich weiß nicht, was ich sagen, was ich denken soll, spüre ihren festen Griff an meinem Arm, erfasse ihre kleinen schlurfenden Schritte, die altmodischen Schnürschuhe, die dünnen Beine, die in braunen, verwaschenen Kompressionsstrümpfen stecken. Wir sind schon ein gutes Stück die Straße hinuntergegangen, da bleibt sie unvermittelt stehen und sieht mich aus grauen, fast kindlichen Augen an. »Es ist vorbei, nicht wahr? Es ist doch vorbei, oder?«

Schlaflos

Seit Monaten wälzte er sich nachts von einer Seite auf die andere, zerwühlte das Bett, schwitzte, lag oft auch nur ganz still auf dem Rücken, starrte an die Decke und verfolgte die Schatten, die von den Scheinwerfern vorbeifahrender Autos zu ihm hinaufgeworfen wurden. Er konnte nicht schlafen, weil er zu viel denken musste. Dabei drehten sich seine Gedanken meist um Kleinigkeiten, um unerledigte Dinge, um Arbeiten am Haus und im Garten, um Reparaturen am Auto. Meist fiel er kurz vor dem Morgen in einen flüchtigen Schlaf, der keine Erholung brachte, denn kaum war die Nacht vorbei, überfiel ihn eine schreckliche Müdigkeit, so dass er sich gleich nach dem Frühstück auf die Couch fallen ließ und erst zum Mittagessen wieder aufstand. Seine Frau riet ihm, auf diesen vormittäglichen Schlaf zu verzichten, um zur Nacht hin müde zu sein, aber seine Knochen waren schwer wie Blei und er war an Vormittagen einfach zu nichts imstande. Was ihm außerdem zu schaffen machte, war, dass er auf Geräusche zunehmend empfindlich reagierte. Das Knarren einer Tür, das Bellen eines Hundes, das Scheppern seiner Frau in der Küche, wenn sie kochte oder den Abwasch erledigte, das Geschrei von Kindern auf der Straße, das Geplärre aus dem Radio, all das machte ihn rasend. Immer häufiger dachte er daran, wegzugehen, einfach aufzustehen, ein paar Sachen zusammenzusuchen, alles hinter sich zu lassen und dann, wie die Singvögel, Richtung Süden zu ziehen.

Statt fortzugehen, unternahm er kurze Spaziergänge um sein Haus und durch das Dorf, blieb hier und dort stehen, beobachtete, was sich veränderte. Es gefiel ihm nicht, wie die Leute neuerdings bauten und wie sie lebten. Er hob die Faust, wenn er junge Männer in dicken Autos durch das Dorf rasen sah, er beschimpfte die Kinder, die ihm begegneten, weil sie kaum noch grüßten und fand sie ungezogen und frech. Er beklagte sich über das Wetter, über die Mücken, über das Unkraut im Garten, über Katzen und Falschparker, über verlotterte Vorgärten und ungemähte Rasenstücke.

Auch mit seiner Frau war er unzufrieden, obwohl sie sich bemühte, regelmäßig für ihn kochte, den Haushalt versorgte und manchmal sogar seinen Nacken kraulte. Er versuchte mir ihr über seine Schlaflosigkeit zu sprechen, aber sie lachte nur. Was du nur immer hast, sagte sie, sah ihn kopfschüttelnd an und riet ihm Tabletten zu nehmen. Im Gegensatz zu ihm schlief sie, ohne auch nur ein einziges Mal aufzuwachen, die ganze Nacht. Sie hatte gut reden. Eigentlich hatte sie für nichts, was er vorbrachte, Verständnis. Wenn er sich über den Lärm beschwerte, meinte sie, dass er zu empfindlich sei und keiner, außer ihm, so einen Tanz machen würde. Gewöhn dich dran, sagte sie. Oder: Stell dich nicht so an! Das hatte schon seine Mutter immer gesagt. Dieser Satz fiel auch, wenn er sich über seine schmerzenden Knochen beschwerte.

Anfangs reagierte sie noch auf seine Nörgeleien, aber längst schon ignorierte sie, was er sagte, und ließ ihn einfach reden. Deutlich war ihr anzumerken, dass ihr sein Gejammer lästig war. Am liebsten hätte sie es gehabt, wenn er still gewesen wäre. Aber er war nicht still, machte weiter, schimpfte mit dieser nörglerischen und griesgrämigen Stimme, die ihm selbst verhasst war. Er wusste, dass sie hinter seinem Rücken die Achseln zuckte über ihn, einen Mann, dem die Kraft ausging und der nichts mehr mit sich anzufangen wusste. Ihre Gleichgültigkeit kränkte ihn.

Eigentlich hatte er sich wegen seiner Schlaflosigkeit nicht behandeln lassen wollen. Aber das Problem hielt an, zerstörte seinen Tag, sein Tun, legte ihn lahm. Die Ärztin, die ihn behandelte, meinte, dass Schlafstörungen mit Stress zu tun hätten, mit nervlicher Belastung, vielleicht aber auch durch

Schmerzen, Erkrankungen oder schlimme Ereignisse hervorgerufen würden, verordnete Entspannungsübungen und Tabletten, die nicht halfen.

Irgendwann begann sie seltsame Fragen zu stellen. Überflüssige Fragen, wie er fand. Was hatten seine Schlafstörungen mit seinem früheren Arbeitsleben zu tun? Damals, als er noch arbeitete und immer früh raus musste, hatte er gut geschlafen, war abends ins Bett gefallen und morgens erholt aufgestanden. Natürlich hatte er geschuftet, täglich bis zu zehn Stunden, war immer da, immer pünktlich, immer verlässlich. Er hatte seine Pflicht getan, alles, was von ihm verlangt worden war.

Die Ärztin machte sich Notizen. Dann fragte sie nach seiner Ehe. Ob es da Probleme gäbe. Aber was ging das diese Ärztin an? Er winkte ab. Nicht mehr, als anderswo auch. Absolut nichts Ungewöhnliches. Alles ganz normal. Immerhin waren sie beieinander geblieben, hatten zusammengehalten, jedenfalls wenn es darauf ankam. Bloß inzwischen war es so, dass seine Frau, wenn er seinen Spaziergang ankündigte, ganz froh war, wenn er das Haus verließ, ihn sogar aufforderte, doch öfter nach draußen zu gehen. Aber davon sagte er der Ärztin nichts.

Und Probleme mit den Kindern? Ach was, das Übliche eben. Um die Kinder, zwei Söhne, sorgte er sich schon lange nicht mehr. Sie waren beide aus dem Haus, viel unterwegs, standen auf eigenen Füßen, und wenn er sie auch oft als leichtsinnig und ignorant empfand und vieles, was sie taten, nicht verstehen konnte, so war aus ihnen doch etwas geworden. Beide bezogen ein Gehalt, von dem er nicht einmal zu träumen gewagt hatte.

Irgendwann sprach die Ärztin von einer depressiven Verstimmung. Zu einem Therapeuten wollte sie ihn schicken, zehn Sitzungen verschreiben, aber er wehrte sich. Seelenklempner? Was das denn bringen solle? Nein, das sei nichts für ihn, da sei sie bei ihm an der falschen Adresse. Eine Unverschämtheit ihn als depressiv zu bezeichnen. Sie solle aufpassen, was sie sagt.

Es dauerte, bis er sie wieder aufsuchte und das lag nur daran, dass er bald auch vormittags auf der Couch nicht mehr schlafen konnte und das Essen nicht mehr vertrug. Die Ärztin untersuchte ihn, bezeichnete seinen Magen als nervös und sagte, dass man, um zu einer Diagnose zu gelangen, den kompletten Menschen im Blick haben, ihn als Teil eines Ganzen sehen und begreifen müsse. Jedenfalls forschte und fragte sie weiter, kam irgendwann auf seine Eltern zu sprechen und auf den Krieg. Herrje, da saß diese junge Frau vor ihm, hatte von nichts eine Ahnung, und fragte ihn so etwas. Was sollte er dazu schon sagen? Der Krieg war ein Abenteuer gewesen. Nie hatte er sich beklagt, er kannte es ja auch nicht anders. Nein, schlecht war es ihm nicht ergangen. Weder war seine Familie ausgebombt worden, noch hatte jemand von ihnen flüchten müssen. Sein Vetter, ja, für den war es anders gewesen. 1943 war der auf der Flucht vor Tieffliegern in einer Hütte in einem Waldstück geboren worden. Seinen Vater hatte er nie kennengelernt. Längst gefallen war der, bloß hatte lange keiner davon gewusst.

Die Ärztin bohrte nach. Und er? Was war mit seinen Eltern? Er zögerte. Mit seinen Eltern war gar nichts. Der Vater war viele Jahre fort gewesen, wie andere Väter auch. Russland. Die Mutter stand allein mit vier Kindern. Hatte getan, was sie tun konnte. Sich nämlich durchgekämpft, was nicht immer leicht war. Sie hatte damals auch ein Kind verloren, eine Schwester. Aber im Krieg passierten nun mal schlimme Dinge. Das war eben so, sagte er und zuckte die Achseln, so war das halt damals.

Und er? Ob er Prügel bekommen habe als Kind? Wo dachte diese Frau nur hin? Sie sollte ihm mal einen Jungen in seinem Alter zeigen, der keine Prügel bekommen hat. Das war doch ganz normal. Täglich hat er Prügel bekommen. Also Schläge waren nun wirklich nichts Besonderes. Daran war er gewöhnt. Da gab es zum Beispiel einen Lehrer, der verdrosch jeden, der ihm in die Quere kam, mit einem Rohrstock und es kamen ihm viele in die Quere. Auch er war regelmäßig dran gewesen. Danach hatte er sich immer den Hintern gerieben, weil alles wehtat. Aber er hatte ausgehalten, sich den größten Schmerz verbissen, sich nichts anmerken lassen. Sonst hätten ihn alle ausgelacht. Rückblickend hatten die Schläge aber auch gar nichts geschadet. Er war halt auch oft faul gewesen, hatte nicht gehorcht. Außerdem wussten die Lehrer es ja auch nicht besser. Nein, die Schläge hatten nicht geschadet. Im Gegenteil. Gelernt hatte er etwas. Nämlich das, was den jungen Leuten heute fehlte: Disziplin und Durchhaltevermögen. Wenn man sich die heutige Jugend ansah, musste man doch sagen, dass alles verweichlicht war. Ihm hatte man noch beigebracht, die Zähne zusammenzubeißen, sich nicht anzustellen, sich zusammenzureißen und niemandem zur Last zu fallen.

Die Ärztin hakte nach. Und der Krieg? Wie er den Krieg erlebt hat, was er im Krieg gemacht hat? Was soll er schon gemacht haben? Er war doch nur ein Kind gewesen. Auf der Wiese im Gras gelegen hat er, den Flugzeugen der Wehrmacht hinterher gesehen, die Motoren gezählt, die Fabrikate unterschieden. Eine Chessna, eine Heinkel oder eine Junkers hatte er am bloßen Geräusch erkennen können. Einmal hatte er im Wald einen Zylinderkopf eines zerschellten Stuka gefunden. Jahrelang hing das Ding über seinem Bett. Gute Jahre waren das gewesen. Spannende Jahre. Immer wenn dieses Dröhnen am Himmel aufzog, war er hinausgerannt, um die Flugzeuge zu sehen. Was für ein Gefühl, wenn sie über ihn wegdonnerten. Oft waren es 20 oder 100 und sie flogen nach Norden oder nach Süden oder sonst wohin. Wenn die

Flugzeuge kamen, war er nicht mehr zu halten. Außer wenn er arbeiten musste. Es war ja immer was zu tun. Nie gab es ein Ende. Der Vater musste ja auch ersetzt werden. Jahre sei das so gegangen. Er sagte Jahreee. Und was die Nazis – er sagte Nazzis – gemacht haben, davon hatte er doch gar nichts mitbekommen.

Die Ärztin nahm sich Zeit. Er redete vom Krieg. Dass er sich immer gewünscht hatte, mal einen richtigen Bombeneinschlag zu erleben. Aber nie durfte er hin. Die Mutter hielt ihn zurück. Und einmal hatte er, nur weil er sehen wollte, was Bomben anrichten konnten, nachts bei Verdunklung den Vorhang ein wenig geöffnet und eine Kerze angezündet. Himmelherrgott, wenn das die Mutter gesehen hätte. Und dann war auch wirklich ganz in der Nähe eine Bombe detoniert und er fragte sich heute noch, ob das etwas mit seiner Kerze zu tun hatte.

Die Ärztin hörte zu. Immer mehr Geschichten fielen ihm ein. Wie er mit den Nachbarjungs Brennholz und Reisig gesammelt hat und es so kalt war, dass ihm fast die Zehen abgefroren wären. Wie er mit seiner Mutter auf den schon abgeernteten Feldern nach übersehenen Kartoffeln und Rüben gegraben und mit seinen Freunden in den Trümmern gespielt hat. Abenteuerspielplätze waren das. Was sie dort alles gefunden hatten. Maschinengewehrpatronen en masse. Die Patronen hatten sie geöffnet und mit einem Hammer draufgehauen. Herrliche Stichflammen waren empor geschossen.

Er machte eine Pause. Atmete tief ein. Ja, und dann die Amis und wie sie in Kinderhorden den Jeeps hinterher gerannt waren. Tschocklett plies hatten sie gerufen. Tschocklett plies! Was sie den Amis für ein Zeug geklaut hatten. Leitungen, Kabel, Zigaretten, alles Mögliche. Einmal, das war ein Ding, ein richtiges Ding. Sie waren zu dritt, hatten an einem Lastwagen der US-Army den Benzindeckel abgeschraubt, eine Flasche an einer Kordel in den Tank versenkt und jede Menge Benzin rausgeholt. Ein ganzer Kanister war das. Sie hatten ihn kaum schleppen können.

Die Ärztin bot ihm einen Kaffee an, aber er lehnte ab, erzählte weiter. Dass sie das mit dem Benzin ein paar Mal gemacht hätten, irgendwann aber geschnappt worden seien. Von zwei Soldaten. »Junge Soldaten waren das. Haben uns am Kragen gepackt und zu einem Waldstück gebracht. Gebracht ist gut. Hingetreten haben sie uns«, sagte er. »Das Waldstück war eingezäunt. Jede Menge Fahrzeuge standen herum. Und Soldaten. Dort kam dann das Todesurteil. Dass wir jetzt erschossen würden, dass ein Erschießungskommando käme. Sie haben herumgeschrien und Zeichen gemacht mit ihren Gewehren. Mit der Hand am Hals vorbei. Kopf ab und so was.«

Wieder brauchte er eine Pause. »Ja, da habe ich wirklich gedacht, dass alles aus ist. Wie mir die Knie geschlottert haben. Die vom Erschießungskommando waren dann auch bald da. Drei Mann. Alle mit Gewehren. Einer war dabei, der Deutsch sprach. Ihr seid tot, gleich tot, sagte er, hob die Hand, packte uns, schlug uns ins Gesicht und verlangte, dass wir uns der Größe nach an den Zaun stellen sollen. In dem Moment, an diesem Maschendrahtzaun, habe ich richtig gezittert, ja, mir sogar in die Hose gepinkelt. Ich stand in der Mitte. Den anderen beiden, links und rechts von mir, wurden die Augen verbunden. Mir nicht. Sie sagten uns, dass wir uns nicht bewegen dürften, sonst würde sofort geschossen. Aber wir waren ja sowieso wie gelähmt, japsten und heulten, wimmerten nach unseren Müttern. Das Erschießungskommando stellte sich dann in ein paar Metern Abstand vor uns auf und hob die Gewehre. Es waren schwere, schwarze Maschinengewehre. Andere Soldaten kamen hinzu, feuerten die Kameraden an und lachten. Und da haben sie durchgeladen. Ein klackendes Geräusch. Ich habe gejapst, weiß noch, dass ich keine Luft mehr bekam. Einer schrie: Bumm, bumm! Dann nochmal: Bumm! Bumm! Aber es kam kein Schuss.«

Wieder musste er unterbrechen, rieb sich Augen und Stirn. »Sie haben dann die Waffen wieder runtergenommen, gelacht und zuerst meine Freunde, schließlich auch mich, nach Hause gejagt. Na los, mach schon! Haut ab, ihr Bastarde, haben sie gesagt.« Er schluckte. Seine Stimme war ganz leise, fast brüchig, als er sagte, dass er die Geräusche der Gewehre heute noch hören könnte. Dass ihn dieses Klicken nie verlassen hätte und besonders in den Nächten laut würde. Die Ärztin sah, wie seine Knie zitterten. Er kauerte sich zusammen, schlug die Hände vors Gesicht und wiederholte immer wieder: »Wir waren doch nur Kinder. Nur Kinder.« Da saß er, neben einer jungen Frau, die von alldem keine Ahnung hatte, und weinte.

Weiße Kaninchen

Anton wachte auf, als jemand sich dem Nachbarbett näherte, dem Jungen, der neben ihm lag, die Decke wegzog und ihn aus dem Bett zerrte. Er erkannte am Geruch, dass der Mensch, der den Jungen fortzerrte, eine Frau war, eine der Lagerleiterinnen, die nachts kamen und immer wieder Kinder holten und fortbrachten, wer weiß wohin, und die man am nächsten Morgen nicht erkannte, weil sie in der Nacht eins gewesen waren mit der Dunkelheit.

Der Schlaf war noch nicht zurück, als auch Anton jemand die Decke wegriss und Hände nach ihm griffen. Er wollte schreien, aber schreien durfte er nicht, niemand durfte das, also presste er die Lippen aufeinander, ertrug den rauen Griff, den keuchenden Atem der Lagerführerin, der Antons Gewicht zusetzte und krallte die Hände in deren fleischige Oberarme, die an ihm zogen, spürte die Angst, die ganz oben saß, irgendwo am Hals, die sich aber nicht schlucken ließ, sondern den Hals eng machte und zum Husten reizte, aber auch husten durfte er nicht und sich nicht umsehen und überhaupt musste er ganz still sein, denn sonst würde Schlimmes mit ihm geschehen, so viel war gewiss.

Die Frau – er erkannte erst später, dass es Frau Andlau war – riss an seinem Arm, schob ihn einen Flur entlang und dann durch einen mit Neonlampen grell beleuchteten Waschraum in Richtung der Toiletten und befahl: »Hose runter! Euch Bettpinklern werd ich Beine machen! Los, los, mach schon. Und hinsetzen, bloß nicht von oben, und dann zack, zack, zurück ins Bett!« Sie bugsierte ihn auf den Toilettenrand und obwohl er eben noch gemusst hatte, kniff er jetzt die Augen, senkte den Kopf, strengte sich an. Es dauerte. Frau Andlau kam näher, packte ihn am Kinn und schlug ihm ins Gesicht. Ein kurzer, sausender Hieb war es. Anton leckte sich die Lippe und sah, dass sie wieder ausholte. Dabei hatte er gar nicht ins Bett gemacht, das Betttuch war auch nicht richtig nass gewesen, nur in der Mitte ein bisschen.

Später, im Schlafsaal, hörte er, wie Frau Andlau mit einem der Lagerleiter flüsterte. Anton lag ganz still, auf dem Rücken, die Augen offen, spürte den Windhauch, der durch die geöffneten Fenster hereinzog wie in einen Raum, in dem alle gestorben waren. So wie in jener Nacht, als es wieder losgegangen war und sie in den Keller mussten, wo sie stundenlang auf Kisten saßen und nichts als Angst hatten. Die Mutter hatte ihn fest umklammert und ihm, als der Keller voller Dröhnen war, die Wände brachen und der Staub in der Luft den Hals zuschnürte, ins Ohr geflüstert: »Ich bin bei dir. Du musst keine Angst haben.« Aber dann wurden sie auseinandergerissen und er war allein gewesen. Auf dem Boden hatte er gekauert. Leute waren über ihn hinweg gestiegen, wie man über einen Gegenstand hinweg steigt.

Die Mutter lag auf der anderen Seite des Ganges, auf dem Bauch, die Arme seltsam verdreht. Anton hatte an ihr gerüttelt, geweint, geschrien. »Mutter! Mutter!« Später waren Leute gekommen und hatten die Mutter fortgetragen, auf einer Trage, die voller Blutflecken war. Anton wollte hinterherlaufen, die Mutter nicht loslassen. Eine Frau aus dem Nachbarhaus hielt ihn zurück. »Du musst jetzt tapfer sein.« Sie nahm Anton bei der Hand. »Bis wir wissen, was mit deiner Mutter ist, kommst du mit mir. Wahrscheinlich musst du jetzt ins Heim.«

Die Nachbarin sprach nicht viel, kümmerte sich nicht. Die Wohnung war kalt und eng. Immerzu rief Anton nach der Mutter, besonders nachts. Die Mutter würde schon irgendwo sein, sie würde kommen, sie würde ihn nie allein lassen. Sie hatte es versprochen.

Und dann war die Mutter wieder da. Wie eine Erscheinung klopfte sie eines Morgens an die Tür der Nachbarin.

Anton klammerte sich an ihr Kleid, an ihren Mantel, wollte sie nie mehr loslassen.

Es schien ihm, als ob die Mutter kleiner geworden war. Ihre Haut war grau und dünn, die zusammengebundenen Haare waren glanzlos und wirkten schmutzig. Die Mutter weinte und sagte, dass alles wieder gut würde, dass sie bloß nicht zurückkönnten in ihre Wohnung. Die Nachbarin kochte Tee und redete viel. Ständig erwähnte sie Antons Namen.

Am Abend, als er neben der Mutter auf einem provisorischen Lager vor einem zugigen Fenster lag, flüsterte sie, dass sie dafür sorgen werde, dass er an einen sicheren Ort käme. Von einer Verschickung sprach sie und Anton stellte sich vor, in ein Paket gesteckt zu werden. »Du fährst mit dem Zug. Raus aus der Stadt. Es ist zu gefährlich hier. Ich will nicht, dass du nochmal solche Nächte erleben musst. Du wirst Franz und Oskar treffen, auch andere aus deiner Klasse. Überhaupt sind dort viele Kinder, mit denen du spielen kannst. Es gibt genug zu essen und keine Bomben. Es ist nicht für lange. Nur kurz. Ein paar Wochen. Bis ich wieder gesund bin und ein Zimmer gefunden habe. Und dann kommst du zurück.« Anton weinte. »Ich will nicht weg!« Sie schluchzten beide.

Am nächsten Tag kamen Leute. Es waren zwei Männer und eine Frau in einem Kostüm mit hellblauen Knöpfen und einem Hut, der aussah wie eine Soldatenkappe. »Das sind die Leute von der Volkswohlfahrt*«, hatte die Mutter gesagt, und ihm den Kragen seines Hemdes gerichtet. Anton spürte ihre warme Hand, mit der sie ihm immer wieder über die Schulter strich. Die Leute hatten viele Fragen. Die Frau im Kostüm schrieb etwas auf einen Block. Die Mutter sprach über den Vater, der in Russland war und von dem sie seit fast

---

* NSV, nationalsozialistische Volkswohlfahrt, übernahm die Verschickung der Kinder bis zur 4. Klasse. (Quelle: Larass, Der Zug der Kinder)

einem Jahr nichts gehört hatte. Sie erzählte von den Bomben und von der Nacht, in der sie verletzt wurde, dass die Wohnung zwar noch vorhanden, aber nicht mehr bewohnbar sei, dass sie nicht weiter wisse mit dem Kind. Die Frau im Kostüm ging in die Hocke, tätschelte Antons Wange. »Wir untersuchen dich noch, das geht ganz schnell. Denk dran, dass du Glück hast. Du bist für die Kinderlandverschickung ausgesucht worden. Der Führer beschützt dich. Du kommst an einen Ort, wo du sicher bist. Keine Bomben. Ruhig ist es dort, du wirst sehen, ein schöner Ort. Deine halbe Klasse ist dabei. Der Unterricht geht auch weiter, zwei von euren Lehrern fahren mit. Es gibt genug zu essen und jedes Kind hat sein eigenes Bett.« Auch die Mutter beugte sich zu ihm hinab. »Die Luftveränderung wird dir guttun.« Anton krallte sich an ihr Kleid. Sie beruhigte und wiederholte, dass es nur für ein paar Wochen sei, dass sie bald wieder zusammen seien. »Du hast es dort besser. Hier müssen wir jeden Abend in den Keller. Und denk dran, Franz ist auch dort. Du bist also nicht allein.«

Bald darauf stand er am Bahnsteig, Anton, ein Junge mit langen Strümpfen, einem braunen Mantel, der bis zu den Knien ging, einen Pappkoffer in der Hand. Er war klein für sein Alter, schwächlich und blass. Man hätte ihn höchstens auf zehn geschätzt, obwohl er fast zwölf war. Es war leicht, ihn zu übersehen. Sein Haar war fein und lockig, an den Schläfen fast flaumig und von einem undefinierbaren Braun. Seine Augen glichen den aufgenähten Knopfaugen eines Teddys. »Du bist mein Großer. Es wird dir gefallen«, sagte die Mutter und drückte ihn fest an sich. Auch andere aus seiner Klasse wurden von ihren Müttern gebracht. Scheu standen sie herum, nur Franz winkte aus der Menge und hielt seinen Koffer in die Luft: »Anton! Ich hab die Zinnsoldaten dabei und das Schachbrett!«

Das Heim war ein ehemaliges Hotel, langgezogen und dreistöckig, umgeben von einer Parkanlage mit Hecken und Blumenbeeten. Eine verglaste Pförtnerloge, gleich neben einer zweiflügeligen Eingangstür, verlieh dem Haus etwas Herrschaftliches. Innen gab es breite, fensterlose Korridore mit Steinböden, auf denen ständig Schritte klackten. Gegessen wurde in einem Saal mit einem hohen Deckengewölbe und mächtigen Säulen.

In den Schlafsälen standen Doppelstockbetten aus Eisen eng aneinander. Decken mit blau karierter Bettwäsche lagen obenauf. Franz wollte unbedingt oben liegen. Anton gab nach. Jedem Jungen wurde ein schmaler Spind zugeteilt. Von Anfang an gab es Gerangel um Bettdecken, um Handtücher, um Seife, um Kleidung. Es war laut, stickig, eng. Da Anton nicht genügend Kleidung besaß, wurde er kostenlos aus den Beständen des Heims mit Unterwäsche, einer Hose, einer Jacke, einem Lodenmantel, einer Mütze, später noch mit Schuhen und Trainingsanzug versorgt.

Lagerleiter war Karl Merten. Er war Mathelehrer der Elftklässler und hatte das Sagen über einen Pulk von uniformierten Leuten, die nicht mit Namen, sondern mit dem Dienstrang angesprochen werden mussten. Sie waren HJ-Führer* gewesen, aber im Lager zu Lagermannschaftsführern aufgestiegen. Auch Helferinnen waren angestellt, wie Frau Andlau, die besonders nachts nach dem Rechten sah.

Gleich am ersten Abend hatte Merten im Speisesaal von einem Stehpult aus mit ausladenden Gesten erklärt, dass für alle ein wichtiger Abschnitt im Leben begänne, dass sie stolz sein könnten dazuzugehören, dass aus ihnen jetzt richtige Deutsche gemacht würden, stahlhart und mutig wie Löwen. Bei jedem wichtigen Satz hob er die rechte Hand und formte mit Daumen und Zeigefinger einen Ring. Stark, schön und

* Anführer der Hitlerjugend

athletisch sollten sie werden. Kampfbereit für Volk und Vaterland. Alle klatschten, besonders Franz jubelte und hatte das Gefühl zu wachsen. Als sie ihren Grießbrei löffelten, flüsterte er Anton zu, dass sie jetzt genauso wichtig seien wie die Soldaten, vielleicht sogar wichtiger, denn höchstwahrscheinlich würden aus ihnen Helden werden.

Die Tage waren immer gleich. Besonders Appelle waren zahlreich über den Tag verteilt. Um halb sieben hieß es raus aus den Betten, waschen, anziehen und flugs zum Flaggenappell auf dem Hof antreten, wo sie abwechselnd und in alphabetischer Reihenfolge die Hakenkreuzfahne hissten. Danach und egal bei welchem Wetter marschierten sie unter Mertens Kommando im Gleichschritt über den Hof, stimmten zackige Lieder an, machten Liegestütz und schlängelten sich unter eigens für Trainingszwecke aufgestellten Stacheldrahtzäunen hindurch bis zum Sportplatz. Ging das nicht schnell genug, brüllte Merten und verteilte Hiebe. Je nach Anzahl der Töne aus seiner Trillerpfeife warfen sie sich in den Dreck, standen wieder auf, warfen sich wieder hin, rannten, robbten, krochen. Herr Merten war unerbittlich. »Los, los! Weiter, zack, zack! Auf geht's! So ein Frühstück muss man sich verdienen!«

Zum Frühstück gab es Marmeladenbrötchen und Muckefuck. Anschließend, zack, zack, zurück auf die Stuben zum Putzen und zum Stubenappell, wo die Helferinnen die Betten kontrollierten, die Schränke, die Hände, die Schuhe. Die Helferinnen waren streng, besonders Frau Andlau. Nichts entging ihr. Besonders die Bettnässer hatten es schwer. Erwischte sie einen, drohten Schläge, Arrest und Essensentzug. Anton hatte ständig Angst, ins Bett zu machen. Einmal war es tatsächlich passiert und es hatte Hiebe gesetzt. Manchmal träumte er, dass er in einem nassen Bett lag, geriet in Panik, erwachte, und konnte erst wieder richtig atmen, wenn er das Laken unter sich abgetastet und gespürt hatte, dass es trocken geblieben war.

Alles war Anton so fremd. Ständig hatte er Angst etwas falsch zu machen. Die Tage waren gleichförmig und freudlos. Alles wiederholte sich. Was für Anton besonders schlimm war: Er durfte nicht mehr allein sein. War er früher bei der Mutter öfter sich selbst überlassen gewesen, hatte sich Geschichten ausgedacht, gelesen oder gemalt, so war er jetzt ständig von jemandem umgeben, der ihn kontrollierte und erklärte, was zu tun und zu lassen war. Für alles gab es Regeln und Zeiten. Wer schmutzige Fingernägel hatte, das Bett nicht richtig machte, das Essen nicht aufaß oder daran herummäkelte, wer schwätzte oder heulte, wer zu laut lachte oder einen Befehl von Frau Andlau überhörte, wurde ins Loch gesperrt, manchmal für Tage und immer ohne Essen.

Nur in der Schule hatte er am wenigsten das Gefühl, weit weg von zu Hause zu sein. Alles war wie sonst, Franz saß neben ihm, nur die Räume waren kleiner und die Bänke enger. Zwei Lehrer aus der alten Schule waren mitgekommen und auch die meisten der ehemaligen Klassenkameraden. Sogar die Sitzordnung war ungefähr gleich geblieben. Ab neun patrouillierte Lehrer Proos mit seinem Stock zwischen den Reihen der Schulbänke. Wer sich nach ihm umdrehte, bekam, wie früher schon, den Stock zu spüren. Wer schwätzte, ebenfalls. Wer jammerte oder heulte, bekam mehrere drauf, denn das war der Beweis, ein Schwächling zu sein. Pross unterrichtete Erdkunde und Geschichte und erzählte fast nur vom Krieg. Regelmäßig ließ er die Jungen die Karte des Deutschen Reichs zeichnen und die unterschiedlichen Gebiete in verschiedenen Farben darstellen. Den neu eroberten Gebieten wurden Fähnchen aufgesteckt, und die, die noch dazu kommen würden, mit Bleistift schraffiert. Anton hätte gerne Bilder von Buschleuten in Australien gesehen, Franz schwärmte für Afrika, aber für Proos gab es nur das Großdeutsche Reich.

Bilder hingegen gab es im Biologieunterricht. Riesige Schautafeln waren es, die Lehrer Arend aufrollte und an der Tafel befestigte. Sie zeigten nordische und fälische Köpfe, Bolschewiken, Juden und Zigeuner, bei denen sich laut Arend asiatisches und Negerblut, ja sogar Mongolenblut vereinigten, allesamt asozial und faul, was deutlich zu erkennen war. Auf der anderen Seite waren die Arier abgebildet, zu denen Arend die komplette Klasse zählte. »Sonst wärt ihr ja auch gar nicht mitgeschickt worden!« Die Arier sahen ganz anders aus, insgesamt schöner, und Anton war froh, zu ihnen zu gehören. Sie waren groß und blond, hatten athletische Körper und eine stolze Haltung. Von Kämpfern und Helden sprach Arend, von Mut und Tapferkeit, die Arier von Natur aus haben sollten. Anton spürte weder Mut noch Tapferkeit. Auf seiner Bank am Fenster saß er, brütete vor sich hin und während Franz die Unterschiede zwischen Juden und Ariern in sein Heft notierte, sah Anton mit verträumten Augen den Wolken nach.

Um zwölf gab es Mittagessen. In den zwei Stunden Silentium, die sich daran anschlossen, wurden Hausaufgaben erledigt. Das Nachmittagsprogramm variierte je nach Wetter und Lagermannschaftsführer. Meist organisierte Merten Geländespiele. Blau gegen Gelb oder Gelb gegen Rot. Jeder bekam ein Band ums Handgelenk, und die anderen mussten versuchen, das Band abzunehmen. Wer es verlor oder abgenommen bekam, war tot. Wegen der farbigen Bänder gab es brutale Kämpfe in einem Waldstück, die oftmals blutig endeten. Anton war froh, dass er nicht gegen Franz antreten musste.

Franz tat alles, um Merten zu gefallen. Und Merten mochte Blut. Nur die Starken haben das Recht zu leben, sagte er. Bloß bei Regen und je nach Mertens Laune, wurde an den

Nachmittagen gespielt oder gesungen. Nach dem Abendessen war Zeit, um Briefe zu schreiben, zu lesen, zu spielen. Wenn die Glocke ging, war Zapfenstreich.

Innerhalb der Gruppe setzte sich schnell eine unbarmherzige Hackordnung durch. Ständig war Kampf angesagt. Brutal gingen die Halbstarken aufeinander los. Bald war klar, wer wem die Schuhe putzen musste und wer für wen die Hausaufgaben machte. Für manche, auch für Franz, eine Riesengaudi, für Anton ein Albtraum, aus dem Franz ihm oft genug heraushalf. Wollte jemand etwas von Anton, griff Franz ein. Vor Franz hatten alle Respekt. Vor Anton niemand. Geländespiele, Wettkämpfe und Kampfspiele waren nichts für ihn, schon gar nicht sonntags der Wehrsport. Statt Wehrsport zog er es vor, sich an den Sammlungen für das Winterhilfswerk oder die Volkswohlfahrt zu beteiligen. Er versuchte nicht aufzufallen, unsichtbar zu sein. Was er mochte, waren die Spielnachmittage, wenn auch dafür weniger Zeit eingeplant war als für den Sport. Bei einem der Spiele ging es darum, möglichst viele Judenpüppchen – dargestellt als Hütchen mit Fratze – durch sechs Stadttore zu bugsieren und auf einem Sammelplatz abzustellen. »Auf nach Palästina!«, stand auf der einen Seite des Spielbretts. Die Spieler würfelten, Zug um Zug durchkämmten sie mit hölzernen Polizei-Püppchen die Straßen. Wer auf einem Feld landete, auf dem »Salomon, Geldverleih« oder »Jacob, Kostümverleih« stand, durfte einen Juden einkassieren. Was spannend war: Anton und Franz konnten sich die Beute gegenseitig abluchsen, was immer im Geschrei endete. Das Spiel »Bomben auf England« war noch spannender. Ein komplettes Kampfgeschwader in Miniatur lag dem Spiel bei, auch Fahnen fehlten nicht. Puppen gab es auch, sogar für Jungen. Franz mochte den Puppenjungen Friedebald, einen SA-Mann mit beweglichem rechtem Arm. Anton waren die Bleisoldaten lieber.

Manchmal ließen sie Friedebald gegen die Bleisoldaten antreten, mischten die Figuren auf Antons Schachbrett und spielten nach eigenen Regeln. Oder sie griffen zur Laubsäge, um Kampfflieger, Kriegsschiffe und Panzer zu basteln. Das Führer-Quartett spielten nur die Großen. Die komplette NS-Elite war auf den Sammelbildern abgebildet. Franz tat alles, um mitspielen zu dürfen, wurde aber regelmäßig beiseitegeschoben. Anton versuchte es erst gar nicht.

War Merten anfangs noch passabel, so wurde er im Lauf der Zeit rigoroser. Er beanstandete das geistlose Kartenspielen in der Freizeit und es ärgerte ihn, wenn die Jungen nicht zackig grüßten, sondern mit den Händen in den Hosentaschen müßig herumschlenderten. Disziplin, Gehorsam, Sauberkeit, Ordnung waren die Worte, die er am häufigsten benutzte, weswegen er einen Tag der Härte einführte, den er ausschließlich mit Mutproben füllte. An den Härtetagen teilte Merten aus, was er an Erniedrigungen, Kränkungen, Demütigungen auf Lager hatte. Er ließ Spinnen und Weichtiere in eine Dose füllen und die Jungen mit verbundenen Augen erraten, was sie ertasteten. Er ließ sie von Felsen springen, um ihren Mut zu trainieren. Er drückte ihre Hände auf ein Brett und stach mit einem Messer in die Zwischenräume der Finger, wobei er die Geschwindigkeit steigerte. Das Brett sah nachher aus wie das beim Metzger. Um Vertrauen in der Gruppe zu trainieren, ließ Merten sie auf eine Leiter klettern und oben angekommen forderte er sie auf, sich fallen zu lassen. »Los, rauf jetzt. Nicht umdrehen. Jetzt fallenlassen. Irgendjemand wird euch schon auffangen!« Im Winter sollten sie sich an einem nahen See nackt ausziehen, gegenseitig Salz auf die Haut streuen und sich dann aufs Eis legen. Demjenigen, der das am längsten aushielt, versprach er einen Blechanstecker mit Hakenkreuz. Die anderen beschimpfte er, nannte sie Schwächlinge, Versager, Jammergestalten, Nieten. Die Jammergestalten mussten dann den Siegern ein Lied singen: »Deutschland, sieh uns, wir weihen dir den Tod als kleinste Tat. Grüßt er einst unsre Reihen, werden wir die große Saat. Drum lasst die Fahnen fliegen in das große Morgenrot, das uns zu neuen Siegen leuchtet oder brennt zum Tod.«

Einmal hatte einer der Jungen, Oskar, sich nicht getraut, an einem Seil über einen Bach zu hangeln. Merten stichelte, nannte ihn einen Weichling. Am Abend mussten seine Zimmerkameraden ihn in ein Bettlaken wickeln, das sie vorher mit kaltem Wasser übergossen hatten. Die ganze Nacht lag Oskar auf den kalten Fliesen im Flur. In den Wochen darauf fing er an, das Bett zu nässen. Seine Mutter holte ihn schließlich ab.

Anton litt wegen Oskar. Franz war da ganz anders. »Weicheier haben hier nichts zu suchen.« Er mochte die Kämpfe im Wald, die Wettbewerbe, sogar die Härtetage, gehörte meistens zu den Gewinnern. Regelmäßig schrieb er begeisterte Briefe nach Hause. Anton schrieb wenig, auch weil die Lehrer die Briefe durchsahen. Er hasste die Härtetage, dachte oft an zu Hause und an die Mutter. Hatte er anfangs noch die Tage gezählt, so wusste er bald nicht mehr, wie lange er schon in diesem Heim war. Unendlich viel Zeit war vergangen, seit er die Mutter zuletzt gesehen hatte. Ständig nagte Heimweh an ihm. Franz schien das alles nichts auszumachen.

Irgendwann kündigte Merten an, dass sie nur noch drei Wochen bleiben könnten, bis sie entweder das Heim wechseln oder nach Hause geschickt werden würden. Sofort blühten Hoffnungen. Franz war sicher, in ein anderes Lager geschickt zu werden. »Jetzt sind wir dabei!«, jubelte er, »wir werden das Vaterland verteidigen!« Anton hingegen hatte Angst. Er konnte sich drei Wochen nicht vorstellen. Zusammen mit Franz rechnete er. »Drei Wochen sind 21 Tage. 21mal schlafen, dann kommen wir vielleicht nach Hause.«

»Oder wir werden echte Kämpfer!« Franz hatte die Idee, für jeden Tag eine Kerbe in den Bettpfosten zu ritzen, so wie Robinson auf seiner einsamen Insel. Aber Anton meinte, es sei einfacher, sich die Sonntage zu merken.

Dann aber geschah etwas, das vom Zählen ablenkte.

Merten brachte Kaninchen mit ins Lager. Fünf weiße Kaninchen waren es, erst wenige Wochen alt. Sie hockten in grob gezimmerten Holzkisten und Merten hatte kaum gefragt, wer ein Kaninchen wolle, da schrien schon alle durcheinander. »Ich will eins!« »Ich auch!« Merten packte eines der Tiere am Nackenfell und hielt es in die Luft. Das Kaninchen zappelte mit den Hinterläufen. »Gar nicht so einfach, fünf Karnickel unter so vielen Jungs zu verteilen. Die Angsthasen sollen eins kriegen«, bestimmte er und lachte. Dann korrigierte er sich: »Nein, anders, dann ist es gerechter: Zwei Angsthasen und drei Helden kriegen eins.«

Sein Blick ging über die Köpfe. Er zeigte auf Franz und zwei andere. »Na los, sucht euch ein Tierchen aus.« Die Jungen traten vor, lachten und beugten sich über die Kisten. »Na los, los! Und jetzt die Angsthasen«, sagte Merten und zeigte auf Anton. »Na komm schon, hol dir eins aus der Kiste.« Auch Anton kam nach vorne, bückte sich, hob ein Kaninchen ans Licht. »Und das ist jetzt wirklich meins?«, fragte er Merten, der ihm auf die Schulter klopfte und mit einem deutlichen Nicken sagte: »Ja, deins. Aber ihr habt Verpflichtungen. Wer nicht auf sein Kaninchen aufpasst, dem wird es sofort weggenommen.« Zu jedem Kaninchen gab es ein Heftchen mit Ratschlägen für den Umgang mit Kleintieren. »Lesen!«, befahl er, »ich frage das morgen ab. Futter und Heu findet ihr in der Scheune. Löwenzahn und Grünzeug müsst ihr selbst suchen.«

Antons Kaninchen war das schönste. Jedenfalls war Anton dieser Meinung. Das Fell war weich und weiß bis auf einen braunen Fleck über dem rechten Auge. An diesem Fleck war es gut von den anderen zu unterscheiden. Sein kurzer Schwanz sah aus wie eine Quaste aus Wolle. Putzig waren auch die langen Ohren, deren obere Ränder bräunlich waren und mit denen es gleichzeitig mit dem einen Ohr nach vorne und mit dem anderen nach hinten hören konnte. Anton war sofort vernarrt in das weiße Knäuel und auch das Kaninchen schien ihn auf Anhieb zu mögen, war zutraulich, denn es schnupperte an ihm herum, ließ sich streicheln und kraulen. Anders als das Kaninchen von Franz, das scheu und schreckhaft war.

Anton nannte sein Kaninchen Flocke. Der Name gefiel ihm und passte. In der Scheune besorgte er sich Streu und Futter sowie einen Napf. Mit Flocke im Arm las er das Heftchen mit den Ratschlägen. »Der Napf muss täglich gereinigt werden. Das Wasser muss stets frisch sein. Die Kiste muss zweimal wöchentlich gereinigt werden: Streu wechseln, altes Heu gegen frisches eintauschen! Tägliches Füttern nicht vergessen!« Dem Heftchen entnahm er, dass die Tiere den Namen Kaninchen wegen des Gängegrabens bekommen hätten. Er erfuhr, dass Kaninchen in der Dämmerung aktiv würden, dass sie, wenn sie gejagt werden, Haken schlagen, also blitzschnell die Richtung ändern und Verfolger abschütteln könnten.

Franz hatte zu Hause ein Kaninchen gehabt und wusste genau, was Kaninchen mochten: Heu, Apfelstücke, Möhren, Salatblätter, Brennnesseln, am liebsten aber Löwenzahn. Er wusste auch, dass die Ohren nicht Ohren hießen, sondern Löffel, und der Schwanz Blume, was Anton wie eine Geheimsprache vorkam. Zusammen untersuchten sie ihre Tiere. Franz drehte sein Kaninchen auf den Rücken, setzte es sich auf den Schoß und umklammerte die Läufe. Mit Kennerblick meinte er, einen Rammler zu haben, ein Männchen. Bei

Antons Kaninchen war es schwieriger. Das Tier zappelte zu sehr, was Franz für ein typisch weibliches Verhalten hielt.

Anton war glücklich. Schnell hatte er heraus, wo guter Klee, Löwenzahn und Brennnesseln wuchsen. Regelmäßig suchte er die Wiesen ab, mistete die Kiste aus, füllte frisches Heu auf, kämmte Flocke das Fell. Abends saß er neben der Kiste und kraulte seinem Tier den Nacken. Manchmal nahm er es mit zu sich ins Bett, was Frau Andlau heftig missfiel, aber Merten gelegentlich erlaubte. Wie schön es dann war, wenn Flocke aufwachte, gähnte und sich streckte, sich putzte, das Fell abschleckte, dabei die Vorderpfoten anfeuchtete und sich über den Kopf fuhr. »Ja, ja, die Kaninchen tun euch gut, sind warm und weich, so wie Mädchen, ihr werdet noch sehen«, lachte Merten. Seit er die Kaninchen verteilt hatte, war Merten zugänglicher und sanfter geworden. Er gab Anton zu verstehen, dass er Flocke später mit nach Hause nehmen könnte, vielleicht bald schon.

Das Heimweh ließ nach. Bei allem, was er tat, dachte Anton an Flocke und nach der Schule oder dem Sport war Flocke sein erstes Ziel. Stundenlang konnte er zusehen, wie das Tier über die Wiese sprang, buddelte und scharrte, an Grashalmen zupfte und Männchen machte, wie es mit dem Schwanz wackelte, die Löffel anlegte und aufstellte, sobald es Gefahr witterte. Manchmal stupste es Anton mit der Nase und leckte seine Hand, was kitzelte und ihn zum Lachen reizte. Wenn es sich wohlfühlte, wälzte es sich auf Rücken und Seite, um sich streicheln zu lassen. Dabei gurrte es, was sich fast wie das Schnurren einer Katze anhörte. Anton wärmte sich an Flockes Fell, tröstete sich nach den Kämpfen im Wald, erzählte ihm von Mertens Demütigungen. Das Heim, die Appelle und die Angst rückten in den Hintergrund.

Am dritten von Franz und Anton gezählten Sonntag rief Merten die Jungen zusammen. Auf die Wiese sollten sie kommen, die Kaninchen mitbringen und sich mit den Tieren im Arm im Kreis aufstellen. Merten ging von einem zum anderen, besah sich die Kaninchen, streichelte ihnen über die Ohren und sprach den Jungen ein Lob aus für die Sorgfalt, mit der sie die Tiere gepflegt hatten. Dann ging er herum und schenkte jedem ein Fahrtenmesser. »Zum Abschied!« Franz jubelte. Ein Fahrtenmesser war sein größter Traum. Die Jungen dankten, betrachteten die Messer, befühlten die Klingen. Merten grinste. »Ihr wollt doch Männer werden! Männer brauchen Messer! Und die werdet ihr gleich mal benutzen. Jetzt könnt ihr beweisen, was in euch steckt.« Er zeigte auf Franz' Kaninchen. »Ihr wisst ja, dass solche Tiere nichts in Heimen zu suchen haben und ein Spielzeug für Männer sind sie auch nicht. Es ist auch so, dass ein Teil von euch morgen abreist und sich niemand mehr um die Tiere kümmern kann. Was also wird geschehen?« Er sah in ratlose Gesichter. »Na, was wohl? Sie werden geschlachtet, was sonst?« Die Jungen erstarrten. Anton umfasste Flocke, der ihm fast unter die Jacke kroch. Merten lachte. »Ja, was denkt ihr denn? Traut ihr euch etwa nicht, so ein dummes Tierchen abzustechen? Tiere sind Nahrung für Menschen, sonst nichts.« Anton wurde weiß im Gesicht. Ein anderer Junge wankte. Merten verzog den Mund zu einem verächtlichen Grinsen. »Ihr wollt also Männer sein? Einen Dreck seid ihr. Los jetzt! Packt eure Karnickel am Fell, stellt euch vor, dass es Juden oder Zigeuner sind. Und dann schneidet ihnen die Kehlen durch. Beweist mir, zu was ihr fähig seid! Zeigt mir, wie ihr unser Land verteidigen würdet!« Merten zog Franz zu sich heran. »Du fängst an.« Franz setzte sein Kaninchen auf den Boden. In der Hocke hielt er es an den Ohren, zögerte, schluckte. Dann aber atmete er tief ein und stieß ihm die Klinge in die Seite. Das Kaninchen zuckte. »Los, nochmal! Zustechen! Das war schlecht. Es lebt ja noch!« Nochmal stach Franz zu, dann hob er das Kaninchen auf. Der Körper des Tieres schien auf einmal lang und schwer, Blut sickerte aus dem weißen Fell. Merten nickte ihm zu. »Gut gemacht.«

Dann war Anton dran. »Jetzt du. Mach schon. Kaninchen auf den Boden. Nicht zögern. Packen und zustechen. Setz unter der Kehle an. Dann geht es ganz schnell.« Anton versuchte Flocke tiefer unter die Jacke zu schieben, aber da hatte Merten ihm schon einen Schlag versetzt. »Was soll das? Bist du ein Mann oder nicht? Nimm das Messer!« Anton bewegte sich nicht. Es waren nur Sekunden. Merten erwischte Flocke an den Hinterläufen, die unter Antons Jacke hervorsahen, riss das Tier zu Boden, hielte es mit seinem rechten Stiefelabsatz, griff dann nach Antons Hand, forderte ihn auf, das Messer gerade zu halten und führte die Hand an Flockes Kehle. Da war es, als ob in Antons Brust etwas platzte. Es schmerzte so sehr, als würde er selbst von einem Messer durchbohrt. Seine Augen schwammen, er sah nichts als den roten Fleck, der Flockes Fell rot färbte, sah auf den zuckenden Körper des Tieres, befreite sich aus Mertens Klammer, rannte, rannte, ohne sich umzusehen, entlang der Wiese, am Sportplatz vorbei, dann in Richtung des Waldes, und obwohl er sich nicht umdrehte, sah er, wie der rote Fleck sich ausbreitete, wie das weiße Fell nass wurde vom Blut, er rannte und rannte, bis die Lungen schmerzten, stolperte über einen Stein, stand wieder auf, rannte weiter. Am Waldrand warf sich ins Gras und prügelte mit den Fäusten auf die Erde.

Bald darauf fühlte er, wie sich jemand auf ihn warf, ihn auf die Seite schubste, hörte Franz' keuchenden Atem: »Du Feigling! Das war doch nur ein Kaninchen. Weißt du, was Merten gesagt hat?« Er packte ihn an der Schulter, versuchte Antons Arme hochzureißen, was ihm nicht gelang, also hob er die eigenen und jubelte: »Er hat gesagt, dass wir beide weiterverschickt werden. In ein Lager für Kämpfer! Wir kommen also weiter, Anton, weiter!«

Wie ich dir

An seinem Alter hatte es nicht gelegen. Im Gegenteil. In späten Jahren war er sanfter geworden. Dennoch wunderte sie sich oft, wie mühelos er über manche Dinge hinwegsehen konnte.

Über sich gesprochen hatte der Vater nie. Schon gar nicht vom Krieg, der Gefangenschaft und der Verletzung an der Schläfe, wo eine wulstige Narbe zurückgeblieben war. Nur manchmal hatte er Anfälle gehabt, wie wahnsinnig herumgebrüllt und wegen Nichtigkeiten Schrecken verbreitet. Dem Himmel dankbar war sie, dass diese Anfälle mit den Jahren aufhörten.

Der Vater war Bauzeichner gewesen, hatte sich hochgearbeitet. Jeden Morgen um zwanzig vor sechs verließ er das Haus. Punkt eins kam er zurück. Dann stand das Mittagessen auf dem Tisch. Nach dem Essen ruhte er zehn Minuten auf dem Sofa im Wohnzimmer. Während dieser Zeit durfte nicht einmal eine Mücke summen. Um halb zwei ging er wieder zur Arbeit und kehrte oft erst zurück, wenn sie schon schlief. Zärtlichkeiten zwischen ihnen gab es nicht und sie erinnert sich auch nicht, dass der Vater jemals die Mutter umarmt oder geküsst hätte.

Lange bevor sie geboren wurde, im Krieg, hatte er an der Front gestanden. Noch als Erwachsene stellte sie sich die Front so vor wie früher als Kind. Wie eine hohe, unüberwindliche Wand und immer mit Schnee. Frankreich, sagte die Mutter. Immer wenn sie das sagte, hob sie die Stimme und erzählte von Kälte und Kämpfen, von Gefallenen, Vermissten, verbrannten Häusern und Hamsterfahrten aufs Land, betonte aber, dass es ihnen trotz der schlechten Zeiten an nichts gefehlt habe. Nur, dass sie die älteren Geschwister nicht hätte stillen können, damals, als es nichts gab. Später waren die Erinnerungen der Mutter zu Geschichten geronnen, die sie immer und immer wieder erzählte. Sogar mit denselben Worten und Gesten. Der Vater kam darin nicht vor.

Damals hätte sie fragen sollen. Jetzt war es zu spät. Eigentlich hatte sie weder die Mutter noch den Vater richtig gekannt.

Einmal, es war auf der Geburtstagsfeier einer Tante gewesen, als ein Onkel von der Front angefangen hatte und der Vater melancholisch geworden war bei den Erinnerungen an die Kameraden. Mit geröteten Augen saß er am festlich gedeckten Tisch vor einem Stück Torte und lobte mit seltsam nach oben verrutschter Stimme die Disziplin in seiner Kompanie. Die Tante fuhr dazwischen. Froh sein solle er, dass all das vorbei und er noch da sei. Da war der Vater aufgefahren, hatte den Stuhl zurückgeschrammt und die Fäuste auf den Tisch gestemmt. Sie wisse ja nicht, was sie rede. Besser wäre es gewesen, er wäre dort geblieben, verschüttet in einem der Schützengräben.

An den Vater war nicht heranzukommen. Das änderte sich auch später nicht, als er weicher und brüchiger geworden war.

Sein Schweigen hatte in ihr immer schon eine Leere erzeugt, so, als sei sie nie wirklich satt geworden. Als Kind schlief sie schlecht und war geplagt von Albträumen. Manchmal musste sie grundlos heulen und konnte überhaupt nicht mehr aufhören. Ständig fror sie, war oft erkältet, empfindlich, was das Essen betraf. Unverständlich für den Vater. Seinen Zorn über diese Marotte, wie er es nannte, hört sie heute noch: Es wird gegessen, was auf den Tisch kommt!

Weit lag diese Zeit zurück, wie in einem Nebel, der sich nicht auflöste.

Früher hatte sie gerne gezeichnet. Zeitverschwendung nannte es der Vater und sie ließ es. Sie hätte auch gerne einen Hund gehabt. Aber ihm waren Wünsche und Handlungen, die aus Gefühlen wachsen, verloren gegangen.

Dem Vater gegenüber war Rücksicht geboten. Stets war ihm zu folgen. Wenn sie einen Fehler machte, ließ er sie spüren, dass sie zu nichts, aber auch zu gar nichts taugte. Manchmal setzte es Schläge. Die Mutter unterstützte die Schläge. »Wer Schläge kriegt, hat sie verdient.«

So blieb sie dem Vater ausgeliefert: seinen Launen, seinem Zorn, seiner Gnade. Ständig hatte sie Angst, nicht zu funktionieren. Funktionieren war das Wichtigste. Gut sein in der Schule. Brav zu Hause. Nicht auffallen. Keine Widerrede. Nicht mucksen. Anständig bleiben. Besonders als Mädchen. Mädchen müssen anständig bleiben. Wehe, sie wäre nicht anständig geblieben.

Sie war anständig geblieben. Eine gute Tochter.

Seit die Mutter tot war, sah sie jeden Morgen nach dem Vater. Immer gegen halb zehn. Auch nach der Pensionierung war sein Tagesablauf exakt eingeteilt. Wenn sie kam, saß er noch am Frühstückstisch und las die Zeitung, die er im Abonnement bezog, tunkte sein Brot in den immer gleichen löslichen Kaffee, trank aus der immer gleichen Tasse. Manchmal ärgerte er sich über das, was er las.

Gespräche mit ihm drehten sich um Alltägliches. Banalitäten. Das Wetter und die Nachbarn und dass früher alles besser gewesen sei. Einmal war sie auf eine für sie schmerzhafte Episode in ihrer Kindheit zu sprechen gekommen. Da hatte er sie barsch angefahren. Was das Herumgestochere in alten Zeiten bringen solle. Immer gut hätte sie es gehabt, viel zu gut, von den bösen Jahren nichts mitbekommen.

Kürzlich war er 92 geworden. Seinen Geburtstag hatte er noch gehörig gefeiert.

Und jetzt dieses abrupte Ende.

An einem Morgen voller Sonne hatte sie ihn gefunden. Ein Frühlingstag war es gewesen. In den Vorgärten reckten Märzbecher die Köpfe.

Wie jeden Tag hatte sie gegen halb zehn die Tür aufgeschlossen und »Guten Morgen, Vater!« gerufen.

An diesem Morgen kam keine Antwort.

Sie brauchte ihn nicht zu suchen. Zusammengesunken lag er im Wohnzimmer vor dem Sofa. Sie geriet in Atemnot, schob den Couchtisch weg, der im Weg stand, beugte sich über ihn. »Vater! Was ist denn, Vater?« Dann war da nur noch ein hoher, erschreckter Ton, ihr Schluchzen, das verzweifelte Rütteln an seiner Schulter: »Vater!« Ganz nah sein verzerrtes Gesicht mit dem stoppeligen Bart und der Narbe an der Schläfe. Nah die grauen Haare, das karierte Hemd, das er so oft trug, die Hände mit den Altersflecken. Die Augen waren halb geöffnet, aber nicht so, dass er sie ansah. Er war blass, fast weiß. Sie schrie, weinte. Dann entdeckte sie die Wunde an der Stirn und das Blut. Es war ein dünnes Rinnsal, angetrocknet und braun geworden.

Den brandigen Geruch im Zimmer nahm sie erst wahr, als sie die Pistole sah. Es war eine kurze Waffe, schwarz, mit Holzgriff. Fremd und kalt lag sie zwischen den Kissen. Ihr Puls überschlug sich, sie keuchte und japste, versuchte eine Verbindung zwischen der Waffe und dem Vater herzustellen, rüttelte weiter an ihm, wieder und wieder, bis die Arme schmerzten. »Vater! Sag doch was, Vater!«

Dass der Vater eine Pistole besessen hatte, schien ihr unwirklich und abwegig.

Dann sah sie dieses zusammengefaltete Papier von beiger Farbe, das neben Tellern mit Resten des Abendessens an einen Aschenbecher auf dem Couchtisch lehnte. Als sie danach griff, fiel es ihr aus der Hand.

Wieder jagte ihr Herz und der Atem ging stoßweise. Das Zimmer schwankte. Sie hatte das Gefühl, das Fenster aufreißen zu müssen. Sie zögerte, bevor sie das Papier aufhob. Oben, in die rechte Ecke, hatte er ihren Namen geschrieben.

In blauer Tinte und mit Sorgfalt. Jeder Buchstabe akkurat und wie gedruckt. Ihre Hand zitterte und mit ihr das Papier.

Es waren die typischen langgezogenen Buchstaben ihres Vaters. Aber sie waren anders als sonst, ungeordnet. Hielten die Linien nicht ein, verschwammen, tanzten aus der Reihe. Auch was er schrieb, widersprach der gewohnten Form, in der er sonst seine Briefe abfasste. »Ich habe die Jahre nicht gezählt, aber es sind viele vergangen, seit ich in Frankreich war. Zu viele. Es wäre für mich besser gewesen, ich wäre dort geblieben. Fast alle meine Kameraden sind dort geblieben. Es gab so viele Tote, es wäre auf mich nicht angekommen. Wer es nicht gesehen hat, wird es nicht verstehen. Ich aber habe es gesehen. Ich habe gesehen, zu was Menschen fähig sind. Die ganzen Jahre war es in meinem Kopf. Kein Tag ohne diese Gedanken. Sie haben mich nicht losgelassen. Ich habe versucht, sie wegzudrängen. Aber das habe ich nicht geschafft. Es gibt keine Ruhe.«

Die Augen liefen ihr über und sie brauchte einen Moment, bis sie sich sammeln konnte.

»Ich musste einen Kameraden ablösen, der in seinem Loch eingeschlafen war. Es war ein Befehl. Da stand er plötzlich vor mir. Ein Franzose. Alles im Halbdunkeln. Ich hätte ihn nicht töten müssen. Es geschah nicht im Kampf, wo man ja nicht sieht, was auf der anderen Seite passiert und später nicht weiß, ob man einen erwischt hat. Diesen habe ich gesehen. Er war sehr jung, jünger als ich. Er sah so erstaunt aus über das, was mit ihm geschah. Mir soll es genauso gehen. Eine Kugel in den Kopf. Das ist nicht mehr als recht. Ich kann ihm damit sein Leben nicht zurückgeben, aber ich kann mir meines nehmen.«

Vor ihm auf den Boden kniend betrachtete sie sein Gesicht. So nah war sie ihm nie gekommen. Fast hätte sie seine Wangen berührt.

Die Vögel werden weniger

Das Dorf ist klein. Wer bis drei zählen kann, hat es schon erfasst: Straßen hier, Wege da, Häuser, Mauern und Bretterzäune, eine Kirche mit Linde, ein Friedhof, ein Feuerwehrhaus, eine Schule, eine Burg, seit über 800 Jahren auf ihrem Platz, gleich am Dorfeingang. Vielleicht auch am Dorfausgang. Ein Dorf fängt nicht an und hört nicht auf. Das kann man so nicht sagen. Jedenfalls steht die Burg da, wo der Bus hält, der die Kinder morgens abholt und mittags wieder bringt. Die Straße führt also von hier ins Dorf hinein oder hinaus, schlängelt sich und nimmt zwei scharfe Kurven, was allerdings nur für den gilt, der zur Kirche oder zum Friedhof muss. Wer ins Oberdorf will, braucht die zweite Kurve nicht, dafür aber geht er steil bergauf, Häuser links und rechts, mit Vorgärten und parkenden Autos auf gekennzeichneten Plätzen. Ist er am höchsten Punkt angekommen – ungefähr bei einer Fichtenschonung – kann er sehen: Um das Dorf herum gibt es Weiden, Äcker und Wald. Zum Greifen nah ist eine Stadt in mächtiger Landschaft mit gewaltigen Felsen. Irgendwo zwischen Stadt und Dorf fließt ein Fluss, aber den kann man von hier oben nur erahnen.

Das ist alles noch da.

Auch die Frauen und Männer, die Kinder und das Getier sind noch da. Jedenfalls die, die nicht gestorben oder ausgewandert sind. Wer Leute treffen will, muss zurück ins Dorf, am besten über den Gehweg, der neu angelegt ist, weswegen keiner mehr die Mitte der Straße nehmen soll. Was man aber bedenkenlos tun könnte, denn wenn man hier so geht, hat man oft die Straße ganz für sich, und nur selten begegnet man jemandem, schon gar nicht zu Fuß. Nur ein Traktor tuckert das Dorf hinauf. Zwei Männer in Strickwesten sitzen obenauf und grüßen, indem sie die Kappen heben. Einer hält einen Topf auf den Knien.

Und dann schlendern doch noch zwei Kinder heran. Sie tragen rosarote Schulranzen auf den Rücken und schwenken bunte Turnbeutel. Sie machen einen kleinen Bogen und sagen: »Tach.«

Die Bänke vor den Häusern sind leer. Früher haben dort die Alten gesessen und jeden angesprochen, der vorbeikam. Wahrscheinlich haben sie sich das abgewöhnt, weil ja doch niemand mehr stehen bleibt und Zeit hat, sich alte Geschichten anzuhören.

Auch Frauen in Kittelschürzen sieht man nicht mehr. Mit vor der Brust verschränkten Armen standen sie früher zusammen und tauschten ihre Neuigkeiten vor dem Bäckerauto. Sie waren die Tanten aller Kinder im Dorf: Tante Hedi, Tante Hildegard, Tante Hanna, Tante Annchen, Tante Rita. Die Männer hießen ähnlich: Onkel Fritz, Onkel Heinz, Onkel Jupp, Onkel Karl, Onkel Pitter. Undurchschaubar für Außenstehende. Die Jüngeren haben damit aufgehört. Die Kinder dürfen sie jetzt mit Vornamen nennen, was praktischer ist.

Ein Jugendheim, drei Kaufläden und drei Wirtshäuser hat es mal gegeben. Das war, als die Kirche noch im Dorf stand. Das Jugendheim hat man abgerissen. Aus der Schule ist ein Gemeindehaus geworden. Die Kaufläden sind geschlossen. Die Kneipen sind zu. Die Männer gehen nach der Arbeit nach Hause und der Frühschoppen am Sonntag ist abgeschafft. Die Frauen warten auch nicht mehr mit dem Mittagessen. Kirchenchor, Sportverein und Feuerwehr organisieren ihre Treffen jetzt selbst: sommers in der Grillhütte, winters im Gemeindehaus.

Es gibt da noch etwas. Von der Hauptstraße aus in westlicher Richtung blubbert eine Quelle. Die Ränder sind rot von der Kohlensäure und dem Eisen, auch das Rinnsal, das vom Brunnen aus in den Bach fließt, ist rot. Manchmal platzen Wasserblasen mit dumpfem Knall. Ein Quellenmännchen, uralt und hutzelig, mit blauem Hut, hat früher unten gesessen und Blasen heraufgeschickt. Man brauchte nur Geduld. Es zeigte sich nicht gerne. Es wohnte dort, wo die Tiefe schwarz und noch nie ein Mensch hingekommen ist, nicht einmal die Feuerwehrleute, die jedes Jahr den Brunnen reinigen. Die Blasen der Quelle sind allerdings schwächer geworden. Mag sein, dass sich das Männchen davongemacht hat, weil es den Lärm und die Erschütterungen, die vom Berg kommen, nicht mehr ausgehalten hat.

Wir haben nämlich auch noch einen Berg.

Einen besonderen Berg. Einen aus Lava und Basalt, wo einst Wünschelruten ausschlugen und magische Kräfte aufspürten. Ganz oben trug er mageres Gras und wer ein bisschen in der Erde schürfte, fand Katzengold und versteinerte Muscheln, Schnecken, Seelilien, manchmal zu Stein gewordene Fische. Früher wucherte Hasel – und Berberitzengebüsch an den felsigen Hängen, auch Rosslauch, Heilwurz, seltenes Blaugras, breitblättriger Stengelwurz, schwarze, saftige Brombeeren, die die Zunge färbten. Immer roch es nach Sommer, warm und würzig, oft nach wildem Thymian. Der vielblütige Weißwurz saß im Gras und nickte mit den runden Köpfchen. Höhlen gab es, vor Urzeiten gegraben, mit seltsamen Schriftzeichen auf den felsigen Wänden, über die Moose und Farne krochen und bizarre Käfer mit metallisch glänzenden Rücken. Kinder spielten Winnetou; die Großen entfachten an Sommerabenden Lagerfeuer, spielten Gitarre und verzogen sich paarweise ins Gebüsch.

Im Frühjahr und im Herbst rasteten nächtens die Haolegäns auf den Bergwiesen, blieben ein, zwei Stunden und waren morgens verschwunden. Das ganze Jahr schrien Krähen und Dohlen. Bussarde kreisten in der Luft. Im Gras konnte man liegen und beobachten, wie sie sich in den Himmel schraubten.

Schön war es dort.

Heute steht von unserem Berg nur noch die Fassade. Unermüdlich fressen sich Bagger ins vulkanische Gestein. Wer die Fassade hinaufklettert, hat bald die Grube zu Füßen. Wie der Blick in einen geöffneten Körper auf einem OP-Tisch ist das. Entblößt liegen die einst verborgenen Erdschichten. Da, wo der Bagger noch nicht war, leuchten die Farben des Gesteins orange, braun, rot. Loren und Förderbänder stehen bereit. Solche Erde wird es hier nie mehr geben. Jahrmillionen kann man darin lesen. Der größte Teil ist bereits ausgeräumt. Längst sind die Höhlen verschwunden. Auch die Felsen, das Gebüsch, der wilde Thymian.

Zum Heulen ist das.

In der Zeitung steht, der Berg weicht dem Bagger. Als ob der Berg ausweichen und an anderer Stelle weitergehen könnte. Der Bagger ist gelb. Er arbeitet schnell und gründlich.

Früher wurde dort, wo jetzt die Grube ist, jedes Jahr auf Christi Himmelfahrt ein neuer Schützenkönig ausgeschossen. Im Staub des Berges standen die Schützen in ihren steifen Uniformen vor blühendem Ginster, prüften die Gewehre, hoben sie ans Auge, zielten in den Himmel, der immer so blau war wie mancher Schütze schon am hellen Nachmittag. Fahnen wurden entrollt, Zielscheiben an den Felsen befestigt. Immer, wenn einer anlegte und Schüsse widerhallten, ging eine Tafel mit der Zahl der getroffenen Ringe hoch, stets begleitet von Lärm, Pfiffen, Rufen und Bier. Das dauerte so lange, bis der neue König feststand und alles singend in die Wirtshäuser zog.

Am Jüngsten Tag, sagte mein Vater, treffen wir uns oben am Berg. Am Jüngsten Tag. Das ist, wenn die Erde bebt, der Himmel bricht, die Gräber umgedreht, die Seen ausgegossen werden und die anderen Berge wie Wollbüschel davonfliegen. Damals, als er das sagte, habe ich sie alle vor Augen gehabt: Tante Gretchen, Tante Zilla, Tante Annchen, Korle Walter und Christa, Backes Jennes, Leuwer Pitter, Pannen

Hedi, auch Berni, den Küster. Alle erwartungsvoll, in Sonntagskleidern und dunklen Anzügen, Hüte auf den Köpfen, mit umgehängten Handtaschen und Koffern zwischen den Beinen. Wir mittendrin, geschultert das Gepäck, Ausschau haltend nach dem Kommenden.

Was aber, wenn das Jüngste Gericht eingeläutet wird und wir den Berg nicht mehr haben? Wenn der Berg von Baggern gefressen ist, die Lava nach China verschifft und die Felsen zertrümmert sind? Wenn die Vögel am Berg keine Nester mehr bauen und die Pflanzen keinen Grund mehr finden, in den sie ihre Wurzeln senken können.

Die Vögel werden weniger, sagt meine Mutter. Sie sagt es, da ist der Berg schon halb tot. Mehr sagt sie nicht.

Anm.: Bis Mitte dieses Jahrhunderts werden etwa 40 bis 50 Eifelberge verschwunden sein. Einige sind schon jetzt verloren, wie unser Wöllersberg (bei Lissingen/Gerolstein), von dem nur noch die Fassade steht. Was bleibt, ist nicht nur eine zerstörte Landschaft und ein zerstörtes Ökosystem. Mit jedem Berg verlieren wir ein Stück Heimat.

Eine Stunde

Manches wird erst in der Erinnerung groß und farbig; vieles erhält erst sein materielles Gewicht, wenn wir zurückdenken. Die Erinnerung macht es auch, dass wir uns nach etwas sehnen, uns Verlorenes wieder herbeiwünschen. Aber unsere Erinnerungen reichen nicht weit.

Von denen, die vor uns hier gelebt haben, hätte sich keiner träumen lassen, dass unsere Berge irgendwann verschwinden und weg sein könnten. Schon gar nicht, dass jemand auf die Idee käme, sie nach China zu verkaufen. Das wäre ja so, als ob man den Mond versteigern oder einen Stern pachten würde.

Da steht an einem Mittwochnachmittag eine Frau auf unserem Berg. Berg und Frau sind alt. Natürlich ist die Frau jünger als der Berg. Aber was sind ihre Jahre schon gegen zehntausende, die der Berg auf dem Rücken hat? Die Frau steht dort, wo der Berg am höchsten ist. Es ist März, der Wind ist noch eisig und die Frau zu dünn angezogen. Sie trägt ein Strickkleid unter einer lilageblümten Kittelschürze, hat die Haare zum Dutt geknotet und Gummistiefel an den Füßen. Sie schiebt die Ärmel ihres Kleides hoch und schwenkt die Arme, als wolle sie jemandem winken. Der Wind lässt die Kittelschürze flattern, die Frau schwankt ein bisschen. Keine zwei Schritte von der Stelle entfernt, auf der sie steht, geht es in die Tiefe. Unten, im Krater des Berges, bewegt sich ein Bagger. Unermüdlich frisst er sich ins vulkanische Gestein. Eine Schaufel Lava nach der anderen nimmt er fort. Die Grube ist schon halb ausgeräumt. Die Baggerzähne hinterlassen Wunden. Wie ein dunkelrotes Geäder leuchtet das frisch entblößte Gestein.

Ein Kipplaster kommt mit Schwung um die Ecke, bremst vor dem Bagger, der ihn mit Steinen belädt. Ununterbrochen lädt der Bagger Basalt und Lava auf den Kipper. Ständig fahren Lastwagen in der Grube ein und aus.

»Die Eingeweide rausreißen, ja, das könnt ihr!«, ruft die Frau den Fahrzeugen entgegen und schreit hinterher, dass sie den Hals nicht voll kriegen können. Sie bückt sich nach einem der schwarzen Lavakrotzen, den sie senkrecht in die Luft wirft und mit der gleichen Hand wieder auffängt. Dann wirft sie ihn in hohem Bogen von der rechten in die linke Hand und wieder zurück. Ein paar Mal fliegt der Stein hin und her. Jetzt bückt sich die Frau nach einem zweiten Krotzen, wirft beide über Kreuz und in schnellem Tempo von Hand zu Hand, hebt einen dritten auf und plötzlich wirbelt sie mit geschickten Händen drei Steine rund um ihren Kopf, dass es einem schwindelig werden könnte. Wie im Zirkus ist das. Die Krotzen kreisen und fliegen. Das hätte man der alten Frau wirklich nicht zugetraut.

»Ihr werdet alle noch sehn!«, schreit sie in diesen Wirbel und trippelt mit den Füßen, wohl um das Gleichgewicht zu halten. Dann lässt sie die Krotzen in die Schürzentasche gleiten, stellt sich dicht an die Klippe, winkt in Richtung Bagger und ruft durch die Muschel ihrer Hände, dass man sein Tafelsilber nicht verjubeln dürfe, dass alle noch dran denken, dass alle sich noch wundern werden. Sie hat eine Mädchenstimme, und die Kittelschürze flattert. Die Krotzen zeichnen sich ab unter dem geblümten Stoff. Wahrscheinlich reibt sie sich damit die Hornhaut von den Füßen.

Der Bagger gräbt weiter. Da geht die Frau einen guten Schritt nach vorne und jetzt ragen die Spitzen der Gummistiefel über den Abgrund hinaus. Es ist sonnig, aber kalt. Krähen und Dohlen sitzen im kahlen Schlehengesträuch. Mit misstönendem Geschrei schraubt sich ein Hühnervogel in den Himmel. Äcker braunen und laufen lang hinaus, fransen sich aus an Wiesen. Knorrige Apfelbäume treiben schon, stehen aber noch blattlos. In der Ferne und fast durchsichtig im Blau der Luft liegt ein Dorf. Ein Fluss schimmert durch das Gebüsch. Vom Berg aus kann man ihn nur ahnen.

Als die Frau sich vorbeugt, stoppt der Bagger, ein Mann im Arbeitsanzug und mit gelbem Schutzhelm auf dem Kopf springt heraus, hält die Hände wie einen Trichter vor den Mund und ruft: »Zurück! Gehen Sie zurück!« Die Frau lacht, verschränkt die Arme hinter dem Kopf, beugt und streckt das rechte Bein. Der Mann aus dem Bagger macht Anstalten, die Felswand hochzuklettern, aber das schafft er nicht. Die Frau lacht und lacht, verrenkt sich, beugt sich nach hinten, dann nach vorne, steht auf einem Bein, stemmt die Hände in die Hüften. Der Mann eilt zurück, gibt dem Kollegen im Lastwagen Zeichen, indem er die Arme hochreißt. Der Kollege hält an, öffnet die Fahrertür, springt vom Tritt, ruft etwas, was der Wind mitnimmt. Zusammen stehen die beiden Männer jetzt unten, heben die Hand über die Augen, werfen der Frau Befehle hinauf. »Stehenbleiben!« »Sofort!« Die Frau dreht sich mit grazilen Schritten, rudert mit den Armen und tut so, als ob sie auf den Windstößen schwimmt. Die Männer reden miteinander. Einer zieht ein Handy aus der Tasche, tippt auf die Tasten und malt, während er spricht, mit dem Fuß kleine Kreise in den Sand. Die Frau klatscht in die Hände, bückt sich nach neuen Steinen, die sie durch die Luft jongliert. Die Männer gehen hin und her, sehen auf die Uhr. Der mit dem Lastwagen versucht an einer anderen Stelle den Aufstieg, aber die Wände sind glatt und er schüttelt den Kopf. Rufen und Reden klingt durch die Luft. Die Hühnervögel und Krähen haben sich längst davon gemacht. Nur eine Elster hüpft heran auf ihren Silberfüßen, sieht mit geneigtem Kopf zu, wie die Frau auf die Knie geht, sich vorbeugt, sich auf beide Arme stützt und ein Bein himmelwärts hebt.

Ein Polizeiwagen schießt heran, wirbelt rötlichen Staub auf und parkt hinter dem Bagger. Zwei Polizisten haben ein Sprachrohr dabei. »Bleiben Sie stehen! Gehen Sie keinen Schritt weiter!« Die Frau hebt das rechte Bein über den Abgrund. »Zurück! Gehen Sie zurück!« Da wechselt die Alte das Bein und dreht Pirouetten. Die Polizisten telefonieren. Eine gute Viertelstunde vergeht, die Frau lässt die Arme kreisen, als sich, von der anderen Seite des Berges, Stimmen nähern. Zwei junge Sanitäter in orangefarbenen Arbeitsanzügen kommen über den Kamm, gehen geradewegs auf die Alte zu, packen sie links und rechts am Arm, zerren sie vom Abgrund weg. »Was tun Sie da?«, fragt einer der Männer und lässt die Frau erst los, als der Boden unter den Füßen wieder sicher ist. Die Frau sagt nichts, hebt noch ein paar Krotzen vom Boden auf, dreht sich um und will gehen. Die Männer holen sie ein. »Geht es Ihnen gut? Sind Sie verletzt? Wir brauchen Ihre Personalien«, sagt einer und zückt sein Handy. Die Frau sieht ihn kurz an und will wissen, wie spät es ist. »Gleich sechs«, sagt der Jüngere von beiden und fragt, ob sie aus dem Dorf kommt und ob er ihr helfen kann. Die Frau lächelt. »Gleich sechs. Seit halb fünf bin ich hier. Eine gute Stunde also. So lange hab ich den Bagger aufgehalten. Wie viele Ladungen sind das?« Eine Antwort wartet sie nicht ab. Mit ihren schweren Gummistiefeln, die Tasche voller Krotzen, geht sie den Kamm hinunter. Im Weggehen dreht sie sich um: »Das sind mindestens zehn Ladungen!« Dann macht sie einen ganz kleinen Luftsprung, so elegant, wie es in Gummistiefeln eben geht.

Anmerkung: Der mutige Einsatz dieser Frau war einer von vielen Versuchen, den massiven Abbau der Eifelvulkane zu behindern. Die Einwohner fürchten um ihre Heimat. Wenn die Berge verschwinden, verschwindet auch Identität.
Aus dem Roman »Vom letzten Tag ein Stück«

Herztöne

für Maria und Martha

Dein Onkel hat einen Vogel. Und keinen kleinen, sagten mir die Leute. Sie meinten, dass er wegen seines Lebenswandels und seiner schrägen Ansichten eines schönen Tages vor die Hunde gehen würde. Ich stellte mir meinen Onkel beim Gang vor die Hunde vor: beschwingt, mit lockeren Hüften und einem Lächeln im Gesicht.

Wenn man meinen Onkel gefragt hätte, welcher Arbeit er nachging, dann wäre wahrscheinlich nur Spöttisches über seine Lippen gekommen. Mein Onkel war nämlich Meister im Träumen. Seine Träume funkelten. Manchmal erzählte er sie, aber nur uns Kindern. Die Älteren winkten ab, wenn er damit anfing. Spinner, sagten sie, tippten sich an die Stirn, rollten die Augen, schüttelten den Kopf und sahen sich vielsagend an.

Meinen Onkel brachten sie damit nicht aus der Bahn. Für ihn waren Träumer wichtig, so wichtig wie Ingenieure oder Lehrer oder Klempner, und er war sicher, dass alle das irgendwann begreifen würden.

Wenn mein Onkel uns Kindern seine phantastischen Geschichten erzählte, saßen wir dicht beieinander, gruselten uns, bangten mit den Helden, lachten über deren Missgeschicke. Die Gestalten waren so echt, so wahr, so nah. Wie im Kino. Manchmal erschraken wir, weil neben uns Mäuse kauerten, so groß wie wir selbst. Oder es umwimmelten uns grüne Männchen, die uns zum Mars mitnehmen wollten.

Mein Onkel sagte manchmal merkwürdige Dinge, zum Beispiel, dass man, um wirklich etwas zu begreifen, nichts, aber auch gar nichts anderes tun dürfe, als über diese einzige Sache nachzudenken und dass wir mal versuchen sollen, drei Minuten nur an eine einzige Sache zu denken, zum

Beispiel an einen grünen Elefanten mit riesigen Ohren, mit denen er fliegen könne wie Dumbo im Zirkus.

Sofort beschäftigten uns die Flügelohren, aber die Gedanken eilten weiter, wir schnatterten durcheinander, wollten wissen, ob es wirklich grüne Elefanten gäbe, was sie fressen und ob sie 100 oder 1000 Jahre alt würden. »Keine zwei Minuten!«, triumphierte mein Onkel, »ihr habt es keine zwei Minuten geschafft, einfach nur an einen grünen Elefanten zu denken.« Er fügte hinzu, dass das auch ganz schön schwierig sei und Training erfordere. Zehn Jahre mindestens. Dann machte er mit uns die Gegenprobe, kündigte an, dass wir, nachdem er bis drei gezählt habe, um keinen Preis an eine getupfte Giraffe denken dürften. Er zählte und obwohl wir sonst nie an so ein Tier dachten, war es unmöglich, das Denken in eine andere Richtung zu lenken. Ich sah die Giraffe den langen Hals recken und mit einer rotgetupften Zunge Laub von den Bäumen fressen. Noch lange hatte ich sie in meinem Kopf.

Der Lieblingsort meines Onkels war unser vulkanischer Berg, wo er sich in den Felsenhöhlen ein Lager gerichtet hatte, manchmal ein Feuer unterhielt und seine Zeit verträumte. Er kannte sich gut aus am Berg, unterschied Pflanzen und Tiere, Tausende von Käfern, die es dort gab, wusste, wo der Hühnervogel brütete und wo im Herbst die Haolegäns rasteten. Er hatte festgestellt, dass der Berg lebte, was für uns kaum vorstellbar war. Wir hatten gelernt, dass Pflanzen, Tiere und Menschen leben, auch Insekten, alles, was sich bewegt – aber Berge? Er erklärte uns, dass wir es den Bergen nicht ansehen könnten, weil sie so langsam lebten, deshalb auch uralt würden, dass sie aber lebten, jeder einzelne Stein und jedes Sandkorn und sowieso alles miteinander verbunden sei, der Berg, das Gras, die Kühe und wir. Dass aber nicht alle Leute das wüssten, weil sie zu beschäftigt seien und keine Zeit hätten, lange auf einen Felsen zu gucken.

Einmal, es war Sommer, ein heißer Tag. Ich traf ihn auf dem Weg zu einem Tümpel, in dem Frösche und Molche lebten und blauflügelige Libellen durch die Luft vibrierten. »Komm mit rauf«, sagte er und zeigte nach dem Gipfel des Berges, »ich zeig dir was.« Er tat geheimnisvoll. Ich war 13 vielleicht, auch jünger, er knappe 40, lässig und allem überlegen, einer, von dem ich dachte, dass ihm die Welt nichts anhaben konnte.

Wir stiegen vom Sandberg aus auf. Unterwegs steckte er sich eine Zigarette an, die er wie selbstverständlich an mich weiterreichte. Ich nahm einen Zug, unterdrückte den Hustenreiz, behielt den Rauch kurz im Mund und pustete ihn wieder aus.

Auf dem höchsten Punkt setzten wir uns ins Gras, betrachteten die kuhwarmen Weiden, die sich zu Füßen des Berges ausriffelten, unser Dorf, durchsichtig im Blau der Luft, gefleckte Rinder, die breit im Schatten unter den Bäumen lagen und mit den Kiefern mahlten.

Ich verbrannte mir fast die Lippen bei den letzten Zügen am Zigarettenstummel, da legte sich mein Onkel bäuchlings auf die Erde, verschränkte die Hände im Nacken, presste Kopf und Ohr ins Gras. »Mach es so wie ich«, sagte er, »hör genau hin.« Dabei schloss er die Augen und zog die Brauen zusammen, was sein Gesicht angestrengt aussehen ließ. Ich zerrieb den Zigarettenstummel auf einem Stein, legte mich neben ihn, seitlich den Kopf, das Ohr auf dem Gras und horchte. »Manchmal dauert es ein bisschen«, sagte er, »aber dann hörst du es.« Ich drückte mein Ohr fester ins Gras. Die Halme kitzelten auf meiner Haut. Es roch erdig und grasig, etwas raschelte. Eine ganze Weile lagen wir so.

Ich horchte und lauerte, strengte mich an und fast wollte ich aufgeben, da schwang etwas von ganz unten herauf. Es war wie ein tiefer ruhiger Herzschlag, dunkel, schön und gleichmäßig, etwas wie ein unterirdischer Schlag auf einen riesigen Amboss, dazwischen helle Hammersignale. Ich hielt die Luft an. Auch er schien etwas zu hören, denn er öffnete die Augen, sah mich an und nickte mir zu. Ich hörte es nur kurz. Ein paar Sekunden. Unvergesslich.

Dann sprangen wir auf, juchzend rannten wir den Abhang hinunter. Ich hinter ihm her. Bis wir keine Luft mehr hatten und die Lungen stachen.

Viele Jahre ist das her. Mein Onkel starb vierzigjährig, nachdem er sich einen Strick gekauft und benutzt hatte. Die Stelle, auf der wir damals lagen, ist längst weggebaggert. Fortgeschafft sind die Felsen, die Höhlen, die Lava, der Basalt. Bald wird es den Berg nicht mehr geben. Seinen Herzschlag kann schon lange niemand mehr hören.

Dorf Land Fluss

Gewidmet der Künstlerin Lydia Weber aus Usch-Zendscheid.

Das Dorf liegt am linken Ufer der Kyll, an der Straße nach Trier. Von dort aus kann man es erfassen: Gleise und Bahnstation, Wege und Pfade, zwei Wirtshäuser, eine Kirche, ein Friedhof. Drumherum Wiesen, Weiden, Felder, Wälder und jede Menge Gewässer: Fischbach, Katzbach, Wingertsbach, Kuppelbach, Datsbach.

Es ist Frühjahr und später Vormittag. Eine Frau kommt den Weg herauf. Feste braune Schuhe, Jeans und T-Shirt, die blonden Haare vom Wind zerzaust. Sie geht leicht und schön und von weitem sieht es aus, als ob sie lächelt. Eigentlich ist es noch zu kühl, um ohne Jacke zu gehen, dennoch tut sie es. Sie möchte den Wind spüren, die Sonne, den Tag. Sie winkt zwei Jungen zu, die mit einem Eimer vom Fluss her kommen. Eine winzige Forelle schwimmt im Behältnis. Die Jungen lachen. »Lasst sie wieder schwimmen«, sagt die Frau, »die ist doch viel zu klein.« Die Antworten der Jungen sind wie ein Achselzucken. Die Frau geht weiter und verschwindet hinter der Biegung, die zum Wald hinaufführt.

Die Straßen hier sind nicht lang. Bald hört der Teer auf und es wird steinig. Das Gras auf der Wiese ist hoch und üppig. An den Gräben wächst krautiger Bärwurz, der zu früh braunfleckige Blätter zeigt. Jemand hat Altreifen hinter einem Zaun entsorgt. Sie sind schon fast zugewachsen.

Zwei, drei Schritte weiter blüht sparriger Schlehdorn. Brennnesseln wuchern und Rainfarn hat schon seine doldentraubigen knopfartigen Blüten ausgebildet. Fichten haben neue Triebe angesetzt; hellgrün leuchten die frischen Spitzen.

Die Frau hat Krähen aufgescheucht. Aufgeregt schwingen sie sich aus dem Gesträuch, schreien etwas über ihren Kopf hinweg und lassen sich dann in entfernteren Hecken nieder.

Fast jeden Tag und bei jedem Wetter kommt die Frau hier herauf. Heute geht sie bis zur Kehre, dahin, wo der Wald anfängt. Von hier aus kann man die Kyll sehen, das Gebüsch und die lehmigen Uferpfade. Da wo die Gleise laufen ist die Kyll tief. Die Frau sieht die Ufer, die Pappeln, die hellen Steine, einen Streifen Weiß, darüber Grün wie ein Band. Sie erinnert sich, wie der Fluss noch vor Wochen lärmte und mit schäumenden Wirbeln heranrauschte, entwurzelte Bäume, Holzreste und allerhand Abfall vor sich her trieb. Jetzt aber ist das Wasser ruhig.

Sie setzt sich auf einen Stein. Vom Dorf herauf läutet es. Die Töne verschmelzen mit dem Wiesengrün, dem Waldstreifen, dem Himmelsblau. Das Gebimmel verebbt und für Sekunden ist alles ganz still, so still, dass sie meint, die Stille zu hören. Wie ein leises Summen ist das, aber eigentlich doch nicht hörbar. Sie lauscht, hält das Gesicht in die Sonne, der Blick verengt sich, die Lider ziehen sich zusammen. Für einen Moment schließt sie die Augen. Sie will die Töne und Farben festhalten, die Sekunden voller Licht, will sie speichern, für später.

Aber im Wald bleibt es nie lange still. »Viid – viid – viid, tsii –i, tsii, zizizi.« Ein Specht klopft, ein Eichelhäher rätscht. Duftwolken von wildem Thymian erinnern schon an Sommer. Eine Schlehenhecke hat kugelige Steinfrüchte angesetzt; Sonne brütet auf den noch grünen Beeren. Ein Hühnervogel zieht hoch oben seine Kreise. Reglos steht er in der Luft, dann schlägt er mit den Flügeln und kippt seitlich weg.

Plötzlich hat die Frau den Duft von Veilchen in der Nase. Sie bückt sich und da, unter dem Brombeergestrüpp, strecken Veilchen ihr zarte, violette Gesichter entgegen.

Jetzt passiert Seltsames.

Die Frau steht auf, und so wie andere Leute einen Hut in die Höhe werfen, zieht sie einen Stift aus der Hosentasche und schreibt Zeichen in die Luft: kurze Striche, senkrechte und waagerechte, alles mit raschen Bewegungen. Buchstaben und Kreise sind auch dabei. Und Wörter. Das alles geht schnell, höchstens ein paar Sekunden. So schnell, dass es man es fast nicht sieht. Sie überlegt, wo die Wiese aufhört und der Weg anfängt und ob es eine Grenze gibt. Da bemerkt sie einen Mann, der die Dorfstraße entlang kommt. Von hier oben sieht er klein und schwarz aus. Er geht an einem Schuppen vorbei, verschwindet für ein paar Sekunden und wird in der Lücke bis zum nächsten Haus wieder sichtbar. Die Frau umkreist ihn mit dem Stift, zeichnet seine unscharfen Konturen nach. Und setzt ein Ausrufezeichen dahinter. Dann steckt sie den Stift wieder ein. Ein Kuckuck ruft, weit weg, aber deutlich und regelmäßig. Er hat schon oft gerufen, bis sie auf die Idee kommt, mitzuzählen. Sie fängt einfach bei zwölf an: dann dreizehn, vierzehn, fünfzehn. Es geht noch bis achtundfünfzig. Und dann? Was dann? Man sagt das so mit dem Kuckuck.

Später, zu Hause, kocht sie Tee, steht mit der dampfenden Tasse am Fenster und sieht hinaus. Das Licht ist anders geworden. Grauweiß und kühl.

Abend und Nacht kommen.

Am Ende der Nacht sieht man die Frau den gleichen Weg gehen. Wieder geht sie ohne Jacke. Tintenschwarz steht der Wald, nur der Mond macht hell, zeichnet die Bäume wie Schattenrisse. Auf das erste Licht muss sie nicht lange warten. Es ist bläulich und zag. Nebel zieht herauf, spinnt weiße Fäden und Bänder, knüpft sie mit unsichtbarer Hand an Halme und Sträucher. Da kommt es ihr so vor, als ob auch der Nebel in die Landschaft schreibe. Das Durchsichtige ist seine Farbe. Alles hüllt er damit ein, lässt Hecken und Sträucher verschwinden, um sie dann wieder freizugeben und mit anderen Farben zu umspielen: einem zarten Blau, einem grellen Gelb mit einem Schimmer Rot, einem Klecks Lila, bald mit allen Farben gleichzeitig. Zuletzt ein blasses Grau, spinnenwebartig und milchig trüb, durchzogen von Kreisen und Schleifen. Das Licht, das zwischen den Schwaden steht, scheint ihr unwirklich, wie aus einer großen Ferne. Aber so bleibt es nicht. Die Sonne sorgt dafür, dass der Dunst dünner wird und klarer und sich schließlich auflöst. Alles wird heller, wärmer. Das Licht tupft Flecken auf die Wiese, lässt die Tannenspitzen leuchten, zeichnet den Fluss nach und sorgt dafür, dass die Frau blinzeln muss. Erste Vogelstimmen werden laut. Festhalten wird sie das alles: den Gesang der Vögel, die Farben des Nebels, den Atem der Nacht. Wieder zieht sie den Stift aus der Tasche, hält ihn hoch in die Luft, schließt die Augen und atmet. Alles ist da und nah.

Als sie längst gegangen ist, singen die Vögel noch weiter. Der Wald aber hält die Lider geschlossen.

Der Mann im Bach

Da steht ein Mann im Bach. Er steht ruhig, als warte er auf einen Wind, ein Gluckern, ein Licht, einen Vogelruf. Seine Gummistiefel glänzen vor Nässe. Eine Weile verharrt er auf glitschigen Steinen, dann watet er gegen die Strömung, klettert über einen vermorschten Baum, in dessen Geäst Blätter und Gräser treiben. Bei jedem Schritt schwappen Zitterwellen ans Ufer. Es riecht modrig nach Schlamm. Der Mann hält etwas Großes, Weißes, Flaches, Eckiges in den Händen, hält es hoch, lässt es wieder sinken. Dann steht er wieder und wartet, die Hand am Ohr. Als ob er in den Bach hineinhören will.

Gelb leuchtet es von den Wiesen, üppig blühen Schlüsselblumen und fett das Wiesenschaumkraut. Die Mücken sind schon frech, Schwalben schießen hin und her, werfen sich hoch und drehen sich, dass die weißen Brüste blitzen.

Jugendliche haben oben an der Brücke ein Feuer angezündet. Ihr Rufen dringt zu dem Mann herüber. Der aber bewegt sich nicht. Er steht immer noch.

»Was macht der da im Bach?«, johlen die Jungen, stehen mit der Hand über den Augen und schauen. Dass der Mann fischen will, ist nicht ausgeschlossen.

Der Bachgänger dreht sich um und geht zurück, so weit, bis er zwischen Sträuchern und Hecken ihren Blicken entschwindet. Er geht ein gutes Stück bachabwärts, dann steht er wieder, sieht ins Wasser, wie es fließt und wirbelt, sieht gespiegelte Augen und sein eigenes, wankendes Wasserbild.

Wieder geht er ein Stück, sieht sich um und horcht. Dann hebt er das Große, Weiße, Flache, Eckige in die Luft, und jetzt sieht man, es ist ein Rahmen, mit Tuch bespannt, vielleicht eine Reuse, mit der er etwas fangen will.

Er zögert einen Moment, beugt sich herab und senkt das Ganze mit der bespannten Seite nach unten ins Lichtgefunkel des Baches. Sofort durchfeuchtet das Wasser Tuch und Holz, die Strömung greift danach, und so tastet er nach Steinen, mit denen er den Rahmen an den Ecken beschwert.

Jetzt steht er wieder und schaut. Der Bach ist an der Stelle, an der die Leinwand liegt, schmal, das Wasser flach. Beide Ufer sind von der Mitte aus mit einem Schritt zu erreichen. An der Leinwand ist eine Schnur befestigt. Sie bewegt sich im Wasser wie eine Schlange. Er bückt sich, nimmt die Schnur auf und macht einen wackligen Schritt in Richtung Ufer. Über der Leinwand breitet eine Erle ihre Äste aus. Sie ist alt, narbig und knorrig. Der Mann wickelt die Schnur um ihren bemoosten Stamm. Beim Festzurren platzt Rinde ab, fällt ins Wasser, schaukelt über dem Tuch, wird von der Strömung weitergetrieben.

Die Leinwand liegt gut im Wasser, fest verankert, das Zugseil ist gespannt. Ein Kuckuck schlägt an im Wald, ruft und ruft, unser Mann hebt den Kopf und zählt, legt die hohlen Hände um den Mund und ahmt den Vogel nach. Gu-kuh, gu-kuh, viele Male.

Dann sieht er wieder ins Wasser, denkt darüber nach, wer es wohl antreibt und was es doch für ein merkwürdiges und launisches Element ist. Fortwährend ändert es seine Gestalt, es plätschert und raunt, aber genauso schnell schwillt es an, wird stürmisch und lärmt. Er denkt daran, dass das Wasser nie zurückkehrt, wenn es sich Strauch für Strauch verabschiedet. Er denkt daran, dass es alles mitführt, was es durchfließt. Dass es Steine abschleift und weiter trägt, Samen und Pollen verteilt, dass es ständig fließt: in einen größeren Bach, dann in einen Fluss, in einen Strom und schließlich ins Meer.

»Ich will dich erkennen«, sagt der Mann zum Bach, »male dich«, dreht sich um und geht seiner Wege.

Es ist Frühjahr.

Der Bach plätschert und murmelt, springt über Kiesel, glitzert und wirbelt, als ob er tanzen will. Das Wasser ist dunkel und grünlich. Bemooste Steine ragen aus der Flut, manchmal schimmert ein Fisch herauf. Eine Bachstelze lässt sich auf einem feuchten Stein nieder, wippt mit winzigen Bewegungen federnd den Sterz, läuft auf schwarzen drahtigen Beinchen ein Stück am Ufer entlang und beäugt das Wasser, über dessen kräuselige Oberfläche eine Spinne in abrupten, schnellen Sprüngen huscht. Unruhig bewegt die Bachstelze den Kopf, hüpft noch dichter ans Wasser heran. Der Kopf zuckt, dann erstarrt sie, als ob sie über etwas erschreckt und verschwindet.

Da, wo die Leinwand liegt, ist das Wasser unruhig.

Jede Welle zerschlägt sich daran, spritzt und prallt zurück, sucht sich neue Wege. Steinchen setzen sich auf das Tuch, Wasser fließt drumherum. Das Wasser ist hinter den Steinchen langsamer, staut sich. Bunte Sande bleiben dort liegen, vermischen sich mit Schlamm, der sich leise und stetig über das Tuch legt, sich in den Ecken des Rahmens sammelt, immer wieder durch das bewegte Wasser hochgewirbelt wird, weiter treibt oder absinkt. Ein Wasserkäfer ritzt seine Spur hinein, Lebenslinien bleiben zurück. Eine Wurzel verheddert sich in der Schnur, Treibgut fängt sich darin. Und Algen. Ein Blütenteppich strömt heran, übertupft die Leinwand mit kleinen weißen Punkten.

Die Erle wirft altes Laub darüber.

Am Abend kommt Wind auf, fährt in die Bäume, wühlt im Gesträuch. Ein Fisch springt nach Mücken, blitzend wirft er mit Perlen. Nebel kriecht heran. An manchen Stellen sieht das Wasser weiß aus; an anderen Stellen grau, wie geschmolzenes Blei.

In der Nacht bricht Regen los, stürzt in silbernen Tropfen nieder, prasselt auf die Leinwand, trommelt auf das Tuch, löst Sande und Blätter, aber neue Sande und Blätter wirbeln heran, überlagern den Schlamm. Fischmaulbenagte Gräser und Blätter folgen, krallen sich fest. Als sie loslassen, bleiben Spuren vom Kampf mit dem Wasser zurück.

Der Regen hört auf. Aber die Nacht bleibt schwarz und feucht.

Nach Mitternacht tanzen Nymphen und Nixen einen Reigen um die Leinwand. Sie singen mit betörenden Wasserstimmen, zupfen an der Schnur, drehen Pirouetten auf ihren Fischschwänzen, locken Faun und Wassermann, die sich nicht lange bitten lassen.

Am Morgen sind sie verschwunden. Übrig bleiben Wasserkreise und ein blaugrünes Schimmern vom Bachgrund herauf. Als ob nichts gewesen wäre, hackt eine Amsel auf einem Wurm herum, der sich aus dem Schlamm heraufgewühlt hat.

Zwei Tage dauert es. Da kommt der Mann wieder.

Er kommt über einen matschigen Kuhpfad, überquert eine Wiese. Er lässt sich Zeit. Manchmal bleibt er stehen, bückt sich. Was er findet – kleine Steine, Vogelfedern und Glasstücke – verschwindet in seiner Jackentasche. Den Bach sieht er schon von Weitem kommen, sieht auch die Ufer, das Dorf, den Streifen grün, wo der Wald anfängt, bis dahin, wo der Himmel über alles herabfällt. Aufgeschreckt durch seine Schritte schwingt sich ein Vogel auf, ein Spatz oder ein Fink. Auch ein zweiter und dritter Vogel erheben sich aus der Hecke. Sie fliegen hoch bis über die Baumspitzen. Eine Krähe schreit.

Diesmal hat der Mann einen Hut auf dem Kopf und betritt den Bach an einer flachen Stelle. Die Leinwand ist noch da. Sie liegt jetzt seitlicher, Blätter und Gras hängen darin. Er löst die Schnur, streicht über den Stamm der Erle. Dann bückt er sich und hebt die Leinwand vorsichtig auf. Wasser trieft heraus. Er trägt sie ans Ufer, legt sie ins Gras, entfernt das schwarze Wurzelgeflecht, das sich im Rahmen verfangen hat. Er geht in die Hocke, beugt sich über den Rahmen, sieht auf das Tuch, das der Bach gefärbt hat. Grau, Braun, Rot, Schwefelgelb, auch Orange, Violett und Ocker mischen sich mit dem hellen Grünton von Algen. Die fließende Wasserkraft ist wie ein Pinsel. Die Linien im Schlamm sehen aus wie Lebenslinien mit Verästelungen, Krümmungen und Biegungen. Wie ein dünnflüssig verlaufendes Relief. Deutlich erkennt er die schleimige Schleifspur einer Schnecke, den Abdruck eines toten Insekts. Er deutet den Schlamm, den Sand. Beide sind rötlich, des Eisens wegen. Er liest aus dem Abdruck eines Vogels, bemerkt die winzigen Punkte, die auf dem Schlamm zurückgeblieben sind und weiß, dass es geregnet hat. Nur von Nix und Nöck sieht er nichts.

Er wartet, bis der Schlamm an den Rändern heller wird. Dann hebt er die Leinwand hoch, hält sie waagerecht und betritt den Bach an der Stelle, an der sie gelegen hat. Dort steht er, greift in seine Tasche und wirft zum Dank eine Handvoll seiner Jackentaschenschätze in die Flut.

Er weiß: Der Bach hätte die Leinwand schon gern mitgenommen. Aber er ist ja dann doch nicht so, der Bach.

Gewidmet dem Künstler Mario Reis aus Michelbach/Eifel, der für Naturaquarelle ein spezielles Konzept entwickelt hat und Wasser als Malmedium nutzt. Mario Reis lässt dabei das fließende Wasser den Pinsel führen. Er installiert einen mit einem Baumwolltuch bespannten Keilrahmen in von ihm ausgewählten Bächen und Flüssen, so dass sich deren Sedimente auf dem Tuch ablagern, es strukturieren und einfärben. Nach einer bestimmten Zeitdauer hebt er den Rahmen aus dem Wasser, trocknet das Tuch und versiegelt die Oberfläche.

Dorfklatsch

Gewidmet dem Maler Pitt Kreuzberg aus Schalkenmehren.

Schalkenmehren 1916

Also, ich muss das jetzt mal wissen.
Die wohnen doch schon länger als drei Jahre bei euch in dem Sälchen.
Zahlen die überhaupt Pacht?
Ich hab gehört, er stammt aus Ahrweiler.
Schaffen tut der jedenfalls nix.
Am Maar sitzt er und malt.
Den ganzen Tag tut der nix anderes.
Wüsst mal gern, wovon die leben.
Also sie näht ja.
Einer muss ja schließlich was schaffen.
Aber er?
Ich frag mich, wer dem die Bilder abkaufen soll?
Ich tät mir sowas jedenfalls nicht aufhängen.
Denk mal, jetzt haben sie einen Garten.
Jesses, das musst du dir mal angucken.
Da wuchert das Kraut sogar unterm Zaun durch.
Unkraut gäb es nicht. So schwätzt der.
Jedes Kraut hätt seine Berechtigung …
Also, wenn ich jedem Kraut seine Berechtigung ließe …
Wo kämen wir denn da hin? Von Ordnung haben die jedenfalls noch nie was gehört.
Das siehst du schon, wenn du dir die Wäscheleine anguckst.
Wie Kraut und Rüben. Socken hängen zwischen Unterhosen und Bettzeug.
Wie es bei denen wohl in der Stube aussieht?
In die Kirche gehen die auch nicht.
Sie hab ich mal gesehen, aber ihn?

Der denkt ja gar nicht dran.
Künstler eben.
Die sollen ja auch furchtbar arm sein.
Kein Wunder. Wo soll es denn auch herkommen?
Wer was essen will, muss eben schaffen.
Wie die sich das vorstellen …
Ist ja auch nichts für das Kind. Wie alt wird der Junge sein?
Drei, vier?
Neulich haben sie Besuch gehabt. Noch ein Maler.
Am Maar haben sie gesessen.
Sind nicht mal heimgegangen, als es Mittag geläutet hat.
Aber die kennen ja keine Zeiten.
Es wird wohl auch nix auf'm Tisch gestanden haben.

Punkt zwischen Himmel und Erde

Annäherung an Peter Zirbes, den ersten Eifeldichter

An seinem Hausiererkarren mit dem vorgespannten Esel glaubte ich ihn erkannt zu haben. Der Karren, ein gutes Stück auf dem Weg vor mir, schaukelte und schwankte. Der Mann, der neben dem Gefährt ging, den Esel am Strick, hatte eine Mütze tief ins Gesicht gezogen. Seine Schritte waren kurz, schlurfend. Beide, Mann und Esel waren alt. Auf dem Karren standen Körbe und Kisten nebeneinander, gefüllt mit glasierten Steinguttöpfen und Porzellan, dazwischen Stroh. Die Räder des Wagens, mit Eisen beschlagen, furchten den morastigen Weg. Jetzt blieb der Mann stehen, hob die Hand über die Augen, wohl um nach den Vögeln zu sehen, deren Geschrei im kalten Licht hing. Haolegäns waren es, auf dem Weg nach Nordosten, laute Himmelsketten zwischen faserigen Wolken.

Dann ging er weiter, die Hände im Ärmel vergraben. Er fror. Die spärliche Sonne wärmte nicht, verwandelte aber den letzten Schnee in Wasser und weichte die Erde.

Ich hatte ihn bald eingeholt. Jetzt gab es keinen Zweifel mehr. Vor mir ging Peter Zirbes, der allererste Eifeldichter. Achtzehnhundertirgendwas in Niederkail geboren ging es mir durch den Kopf und ich konnte kaum fassen, ihm wirklich zu begegnen. Unsicher verlangsamte ich den Schritt, blieb eine Weile hinter ihm, dann aber siegte die Neugier. Ich grüßte. Und als ich zu fragen wagte: »Ihr seid doch Peter Zirbes?«, sah ich in ein erstauntes Gesicht. Er blieb stehen. Wache, graue Augen trafen meine, ein eindringlicher Blick aus einem faltigen, bärtigen Gesicht. »Kennen wir uns?« Er sah genauso aus wie auf dem Foto, das ich im Museum in Niederkail gesehen hatte. Ich brauchte einen Moment, suchte nach einer Antwort. Zu seltsam war es, ihm gegenüber zu stehen. »Ich kenn Euch, aber Ihr kennt mich nicht. Das wäre auch nicht möglich, denn ich bin viel später geboren als Ihr. 1961. Und jetzt ist es schon 2024.«

»2024?« Er blinzelte gegen das Licht. Trotz der Kälte trug er die blaue Eifeltracht aus Leinen. Seine Füße steckten in merkwürdig geflickten Schuhen, die abgetragen und löchrig waren. Die Jahreszahl schien ihn nicht weiter zu beunruhigen, denn er war auf anderes aufmerksam geworden. Er musterte die Jeans, die ich trug. »Müsst Ihr Euch verstecken?«, fragte er und ich verkniff mir das Lachen, als ich den Grund seiner Frage ahnte. »Zu Eurer Zeit war das wohl nicht Usus. Aber heute ziehen alle Frauen Hosen an.« Er schüttelte den Kopf, tippte sich an die Stirn. »So was!« Er nahm mich genauer in Augenschein, beäugte die festen, stabilen Stiefel, die warmen Handschuhe, die Jacke aus Goretex, regenabweisend und atmungsaktiv, mit modischen Verschlüssen. Wie musste ich ihm wohl vorkommen? Offenbar kam er zu dem Ergebnis, dass ich merkwürdig aussähe, denn mit Blick auf meine Jacke murmelte er: »Es ist kein Leder, auch keine Wolle. Leinen ist es auch nicht.«

»Damit wärt Ihr früher auf Euren Fahrten gut dran gewesen«, sagte ich, »da geht nichts durch, kein Regen, kein Schnee, keine Kälte.« Er dachte nach, konnte offenbar mit meiner Antwort wenig anfangen. »Woher kennt Ihr mich?«, wollte er wissen. »Ich kenne Eure Gedichte. Auch die Sagen.« Zweifelnd war sein Blick, als ich erzählte, dass es immer wieder Liederabende zur Erinnerung an ihn gäbe, dass viel über ihn geschrieben worden sei. »Über mich? Früher hat keiner was von mir wissen wollen. Und 2024 kennt mich noch einer?«

»Einer? Viele. Nicht nur in Niederkail. Auch in Wittlich, im Trierer Land, in der ganzen Eifel. Ihr seid der erste Eifeldichter, zumindest der erste bekannte.« Ich sah, wie er sich das Seil fester um die blaugefrorenen Hände wickelte und fuhr fort: »Eine Schule ist nach Euch benannt, auch eine Straße. Euer Wohnhaus ist heute ein Museum. Die Niederkailer sind stolz drauf.« Als ich anfing eines seiner Gedichte herzusagen und hinzufügte, es in der Schule gelernt zu haben, ging ein erstes Lächeln über sein Gesicht. »Opp Chreesdaach morjen woar et kalt und knüppelhart gefrorre … Das hab ich 1860 geschrieben. Vorher hat Oertel mir geholfen, einen Gedichtband rauszubringen.« Er grübelte über etwas, denn er hob die Hand, legte die Finger an die Stirn. »Jedes Jahr fahre ich auf Gertrudis mit dem Porzellan. Hab Hefte in meiner Tasche. Und wenn ich auf Hubertus zurückkomme, sind die Hefte vollgeschrieben.«

»Ich weiß«, antwortete ich und es freute mich, ihm mitzuteilen, dass seine Bücher inzwischen gesucht seien, besonders die alten Ausgaben und sich in vielen Bibliotheken fänden. Ich erzählte, was ich sonst noch über ihn wusste. Auch das Drama mit dem Dorfpfarrer erwähnte ich. Sein Gesicht wirkte angestrengt. Schließlich erkundigte er sich nach einer Frau aus seinem Dorf. Es sei viel Zeit vergangen, seit er sie das letzte Mal gesehen habe. Darüber konnte ich ihm nichts sagen, was ihn traurig stimmte. Ich versicherte, dass es ihr sicherlich gut gehe, dass sich seit dem letzten Jahrhundert viel geändert habe, dass es den Niederkailern allgemein gut gehe, den Eifelern überhaupt, dass niemand mehr Hunger leide und die Leute jetzt andere Sorgen hätten. Auf Letzteres reagierte er nicht. Es gefiel ihm zu hören, dass jedes Kind in die Schule gehen dürfe, je nach Neigung und Talent gefördert werde, etliche sogar studiert und es zu besten Positionen gebracht hätten. »Aber sicher nur der Adel?« Ich berichtete, dass es mit dem Adel gänzlich vorbei sei, dass es aber noch furchtbare Auseinandersetzungen und unzählige Tote deswegen gegeben habe. Auch über die Weltkriege sprach ich. »Aber jetzt leben wir in einem demokratischen Land, wo jeder wählen darf, Frauen den Männern gleichgestellt sind, obwohl sie immer noch weniger Geld verdienen. Die 48er Revolution war also nicht umsonst.« Er erkundigte sich nach den rheinischen Dichtern, die er gekannt und gelesen hatte. Ich zählte Heine, Lenau, Büchner und Brentano auf, worüber er sich freute und sagte: »Sie waren so wichtig.« Ich berichtete auch hier was ich wusste, dass ich erst kürzlich, Caroline von Günderrodes wegen, Winkel am Rhein besucht hatte.

Dann kamen wir auf seinen Hausierhandel zu sprechen. Es wunderte ihn zu hören, dass die Niederkailer Händler, wenn heute überhaupt noch, dann mit Lastkraftwagen loszögen, dass der Handel damit leichter und schneller vonstatten ginge, dass sogar das Fliegen längst üblich zu nennen sei. Dazu fiel ihm die Eisenbahn ein und er warf ein, dass er das schon geahnt hatte. Das neue Europa interessierte ihn nicht, ich sah es ihm an. Zu schnell hatte mein Bericht von den preußischen Provinzen, die er kannte, den Bogen geschlagen. Wie es aber sei, dass niemand mehr auswandern müsse und alle medizinisch versorgt seien, wollte er genauer wissen.

Wir waren inzwischen ein Stück gegangen, schweigend hatte er mir zugehört. »Dann geht es euch ja allen gut«, meinte er. Sein Blick allerdings blieb skeptisch. Ich nickte und wollte ergänzen, dass es Armut sehr wohl gäbe und wie sie heute aussähe, aber während er dem Esel eine löchrige Decke über den Rücken warf, fiel er mir ins Wort: »Dann ist das jetzt also nicht mehr das preußische Sibirien hier …«

»Nein, davon will heute keiner mehr was hören.« Meine Antwort war ungeschickt, denn ich hatte anschließend alle Mühe damit, ihm zu versichern, dass nichts davon vergessen sei, dass allerdings die Jugend nach vorne blicke, wohl auch müsse, und sich vieles gar nicht mehr vorstellen könne. Auch dass die Zeit genauso unwiederbringlich wie schnelllebig sei und Vergangenes nur schwer ins Bewusstsein drängen könne, wenn es nicht erlebt worden wäre. »Man kann den Leuten nicht verdenken, wenn ...«

»Ja, ja«, unterbrach er mich, »man kann den Leuten nie was verdenken. Jeder lebt so, wie er zu denken gelernt hat. Wenn es nur allen besser geht.« Ich dachte an die vielen Obdachlosen, die Alkoholiker, die Drogenopfer, die Durch-das-Raster-Gefallenen, die Gewalttätigen, die psychisch Kranken, die Gehetzten, die Geflüchteten und die vielen Einsamen. Aber davon sagte ich ihm nichts.

Wir gingen noch ein Stück zusammen und am Ende gab er mir seine Hand, nicht ohne mich nochmals von Kopf bis Fuß zu mustern. »Und das ist wirklich alles wahr?« Ohne eine Antwort abzuwarten, ließ er mich zurück, zog den Kopf des Esels zu sich heran und murmelte: »So was. Eine Frau, die mich und meine Gedichte kennt. Und Hosen anhat! Was die alles erzählt hat. Dass man in drei Stunden bis Meisenheim kommt und in nem halben Tag nach Amerika! Dass man sich jeden Tag satt essen und sich das Essen sogar aussuchen kann! Dass der Kaiser weg ist und jetzt jeder wählen kann. Dass jeder in die Schul gehen kann. Und Frauen sollen genauso gestellt sein wie die Männer! Das wäre aber, das wäre ja ...«

Den Rest konnte ich nicht mehr verstehen. »Ja, das ist wirklich alles wahr!«, rief ich ihm hinterher. Unter dem Geschrei der Haolegäns wurde er mit seinem Karren kleiner und kleiner, schließlich zu einem Punkt, der zwischen Himmel und Erde verschmolz.

Peter Zirbes, 1825 in Niederkail/Eifel geboren und dort am 23. November 1911 gestorben, gilt gemeinhin als der erste Eifeldichter. In ärmlichsten Verhältnissen einer Hausiererfamilie aufgewachsen, erhält er zeitlebens keine Möglichkeit sich auszubilden. Auf seinen Hausierfahrten durch das Rheinland dichtet er, schreibt

Lieder, Balladen und Eifelsagen, die er seiner Kundschaft vorträgt. 1852 wird der Schriftsteller Wilhelm Oertel auf ihn aufmerksam und unterstützt ihn, eine Gedichtsammlung zu veröffentlichen. Trotz einer vielversprechenden ersten Auflage bleibt bei weiteren Publikationen die Nachfrage aus. Nicht nur die Armut, auch der Spott und die Missgunst der Dorfbewohner belasten Zirbes zeitlebens. Die Dorfgemeinschaft schließt ihn vollends aus, als er 1901 zum Protestantismus konvertiert. Eine daraus resultierende Hetzjagd auf ihn und seine Familie findet ihren Höhepunkt in einer Brandstiftung, bei der er nur knapp dem Tod entgeht.

Die Bitte

Am Tag vor St. Barbara, dem 3. Dezember 1785, entschloss sich Mathias Merges wegen seiner immer armseliger werdenden Lage als Lehrer und Pfarrherr zu Mürlenbach und Lissingen im Kylltal, einen Brief zu verfassen, um den Amtsverwalter in Trier über seine Nöte in Kenntnis zu setzen.

Bereits in der Woche vor Erntedank hatte er beim Vikar um Vorstellung angefragt, war auch eingelassen worden, fand aber nicht die rechten Worte und ließ sich mit ein paar belehrenden und nichtssagenden Floskeln abspeisen. Der Ärger über diese unnütze Unterredung war ihm hartnäckig im Hals stecken geblieben und er wollte sich nun brieflich Luft machen. Nein, er musste nicht nur eine Verbesserung seines Gehaltes erreichen, sondern auch Vorschläge machen zwecks Hebung der Lage in den Dörfern und der weit verstreuten Siedlungen, die ihm, als Hirte der Seelen, anvertraut waren. Saß doch die Not hinter jeder Tür, nährten die mageren Wiesen kaum Mensch und Vieh. Arg war es ihm, den Amtsverwalter mit einer Schilderung seiner misslichen Lage zu belästigen, aber unabdingbar. Denn, so dachte Merges, allein in dessen Gesinnung läge es, ihn in einen Stand zu versetzen, der es erlaube, sich ehrlich und redlich zu nähren, um nicht am Bettelstab zu enden.

Den ganzen Mittag schon sann er über die rechte Wortwahl nach, die rechte Darstellung, hatte auch einiges zu Papier gebracht, was er allerdings mehrfach verwarf, denn schwer fielen die Sätze, die Bitten, und immer wieder strich er in seinem Geschriebenen herum, drehte, verbesserte und ergänzte die Einzelheiten, notierte seine Gedanken mit geschwungener Feder über und unter den Zeilen.

Bis zum späten Nachmittag war ihm immer noch kein schlüssiger Wortlaut eingefallen und er betete darum, dass ihm die richtige Eingebung auf dem Weg zu seinen Lissinger Seelen kommen möge, denn er hatte eine Andacht zu halten, in St. Margarete, zu Ehren der Hl. Barbara.

Draußen hatte es geschneit und als er vor seine Hütte trat, waren die Wege kaum auszumachen. Es würde ein beschwerlicher Gang werden diesmal, aber was war nicht beschwerlich in seiner Lage?

Er kam nur langsam voran, denn obschon der Schnee stark verweht war, hinderte ihn ein scharfer Nordost, der ihm schneidende Kälte ins Gesicht blies. Gedankenschwer zog er den Umhang fester, hielt sich ein fadenscheiniges Tuch vor Mund und Nase, stapfte mit seinen derben Schuhen durch den Harsch, der in tausend Funken um ihn herumwirbelte, und gedachte seinem Bittschreiben.

Als ihn der Kyllwald umfing, war es ihm, als ob selbst der Nebel, der zwischen den Tannen stehen geblieben war, gefroren sei. Die Rinden der Bäume und Sträucher waren einseitig weiß, die Äste hingen schwer auf den Weg und Merges geriet immer häufiger auf unebenen Boden. Wie könnte er bloß den Brief beginnen lassen? Die Anrede fiel leicht. »Hochedelgeborener, hochgeehrter Herr Amtsverwalter« wollte er schreiben, und dann, so dachte er, sei es klug, zunächst etwas Freundliches zu erwähnen, ein Kompliment etwa, um eine milde Stimmung herbeizuführen.

Schnee knirschte unter seinen Schritten. Immer wieder hob er den Blick gen Himmel und seufzte. Endlich entschied er, dass der erste Satz, den er bereits in seiner Kammer notiert hatte, brauchbar wäre: »Wenn ich nicht von Eurer Hochedelgeborenen Gewogenheit und Macht überzeugt wäre, so würde ich es kaum wagen, Ihnen den armen und verwirrten Zustand hiesiger Schule und Küsterei untertänigst vorzutragen.« Danach, so dachte er sich, könne er ein paar Beispiele folgen lassen, seinen Verdienst etwa, das armselige Pfarrergehalt von 21 Maltern Korn und fünf Maltern Hafer, zusätzlich vom Sterbefall eines Mannes fünf Brote, neun oder zehn Pfund schwer, vom Sterbefall einer Frau zwei Brote, höchstens sechs Pfund schwer, drei Brote an den Hochfesten und die auch nur zu Mürlenbach. Gab es eine Hochzeit, so wäre er zwar zum Essen geladen, hätte dafür aber auch zu singen und die anderen, übrigen Umstände zu tun. Von der Taufe eines Kindes bliebe ihm nur ein Brot. Überhaupt das Brot. Nicht verschweigen wollte er, dass es meist nur grob gebacken und kaum genießbar war. Ja, die Sache mit dem Brot war schlecht. Er wollte ja gar nicht klagen, dass der Lohn für Taufen und Sterbeämter zu gering wäre, aber das Brot sei den Leuten zu lassen, waren sie doch allesamt so arm, dass sie es kaum zu geben vermochten. »So will ich Euer Hochwohlgeboren untertänigst gebeten haben, den Lohn für Taufen und Sterbeämter in Geld oder Getreide zu bestimmen«, das musste hinein in sein Schreiben, denn dann würde die Not gemindert und er während der Schulzeit nicht mit unnützem Herumgehen in der Gemeinde genötigt.

Er war froh, als der Kyllwald lichter wurde, denn die Dämmerung stand bevor und er fürchtete, nicht mehr rechtzeitig vor Anbruch der Dunkelheit in Lissingen anzukommen.

Still floss die Kyll zu seiner Rechten, gesäumt von verschneiten Ufern mit Pappeln, eingeengt durch Hügelrücken und geschützt vor kalten Winden durch den steilen Osthang der Hardt. Hier, wo er im Sommer oft ruhte, konnte er heute nicht verweilen und so stakste er weiter, folgte dem Flusslauf noch ein gutes Stück, bis die ersten Häuser von Lissingen auftauchten. Hinter ihm lag der dichte Tannenwald und einzig seine Spur blieb zurück. Vor ihm war alles weiß und unberührt. Nur wenige zerstreute Lichter funkelten über die glitzernde Schneelandschaft. 34 Familien lebten hier, gesamt knappe 250 Seelen, 17 Jungen und 20 Mädchen besuchten die Schule und für alle galt es, Wort zu ergreifen.

Im Dämmer lag die Kirche mit der Linde auf einem Hügel, vor dem Waldhintergrund, ein schlicht geputzter Bruchsteinbau, dessen schiefergedeckter schwarzer Turm sich nach dem Dorf zu neigen schien. Jemand hatte eine Kerze angezündet; in den Fenstern des Seitenschiffes flackerte ein schwaches Licht. Hinter der Kirche zeichnete sich eine Burg ab, mit einem Wehr- und einem Treppenturm, die, gleich von welcher Seite man das Dorf erblickte, das Bild beherrschte. Dumpf begann eine Glocke zu läuten. Merges beschleunigte seinen Schritt.

Wovon er unbedingt auch schreiben musste, war seine missliche Lage als Lehrer. Noch drei Monate, dann endete seine Anstellung wieder. Nach der Fastenzeit gingen die Lissinger Kinder mit auf die Felder und er hatte sein Amt einzustellen bis um Allerheiligen. Sebastian Weber, sein Vorgänger, hatte ein ordentliches Geld für seinen Schuldienst empfangen, eine Summe, die man ihm bei seiner Bestellung versprochen, aber niemals ausbezahlt hatte. Dabei war ihm das Geld vom Vikariat zu Trier zuerkannt und dekretiert worden. Bloß hatte er den Rückstand aus Furcht vor Absetzung ruhen lassen, aber jetzt war es genug des Schweigens.

Keine Menschenseele begegnete ihm auf seinem Weg, niemanden trieb es bei diesem Wetter hinaus. Er hastete entlang des Heiligenpfades bis zur Kläswies und noch als er über Kraheld ging, wo schwarze Saatkrähen in den verschneiten Kuhlen der Felder vergeblich nach Körnern suchten, lag alles öd und verlassen vor ihm. Von den verwitterten Feldkreuzen, die schief im Boden standen, ragten nur noch die Spitzen aus dem Schnee hervor.

Den Hügel hinauf drängte es ihn, der Kirche zu, wo es bereits ein Geläuf vor dem offenen Portal gab. Es kam ihm in den Sinn, den Vorschlag zu unterbreiten, dass jedes Schulkind, dessen Eltern dazu im Stande seien, vielleicht ein gewisses Geld auf ein Viertel des Jahres oder zum Ende des Winters zu zahlen hätte. Vielleicht würde das helfen? Aber nein, den Leuten sollte Last abgenommen werden. Auch das musste in den Brief. Das zuallererst.

Ein paar Bauern zogen den Hut, als er eilig die Schuhe abklopfte und durch die holzgeschnitzte, rundgebogene Pforte schritt, sich am Weihwasserbecken die Finger benetzte und das Kreuzzeichen machte. Er pressierte durch den langen Mittelgang, über die grauen Steinplatten entlang der offenen Beichtstühle, ein paar Stufen hinauf zum Altarraum. Während er auf der obersten Stufe niederkniete, sein Blick ruhte auf dem hölzernen Altar mit dem Lamm, gedachte er eines Feldes hinter dem Schulhaus, einem kargen Stück Land, das vor einiger Zeit für fünf Rheinische Taler von der Gemeinde verpachtet, dieses Jahr aber nicht mit versteigert wurde, weil einige Bürger es dem Lehrer zusetzen wollten. Auch dieser guten Absicht wollte er im Brief Ausdruck geben.

Sein Blick streifte die Holzfigur Mariens, die in einem langen, faltenreichen Gewand die rechte Hand mit einem Zepter streckte und auf dem linken Arm das Kind trug. Jedes Mal, wenn er die Figur ansah, dachte er daran, dass das Kind zu klein sei, viel zu klein im Verhältnis zur Gottesmutter und doch, gerade in dieser Darstellung lag Hoffnung. »Heilige Maria, Mutter Gottes, bitte für uns, mach dieser Not ein Ende. Hilf allen, hilf mir.«

In der Sakristei empfing ihn der Küster und berichtete von den erbärmlichen Einnahmen aus Messstiftungen, die von Woche zu Woche kläglicher ausfielen, und das, obwohl doch jedermann um die Wichtigkeit der Spenden für die Kirche wisse. »Selbst an Wachs und Dochten fehlt es, die Abgaben sind kaum mehr einzutreiben«, wisperte er, indem er Merges das Messgewand reichte, »die Gemeinde ist mit hohen Summen im Rückstand. Und es ist ihnen auch nicht zu verdenken. Immer elender wird das Leben hier. Kaum, dass wir unsere Opfer noch feiern können.«

»Ich weiß um dies alles. Es wird ein Brief geschrieben«, versicherte Merges, »glaubt mir, heute noch. Ich selbst werde schreiben. Wir müssen Vertrauen haben und beten. Es wird keine Fehlbitte sein. Und dann wollen wir sehn.«

Als Merges wenig später mit dem Messbuch in der Hand den Altarraum betrat und seine Gemeinde vor Augen hatte, die Männer auf der linken Seite, die Frauen rechts, alle abgehärmt und geschunden, fiel ihm plötzlich ein, dass man ihn dereinst – bei Antritt seines Dienstes – unter den Schutz der Herren Commissarien zu Trier gestellt hatte. Sogar versprochen waren ihm deren Beistand und Geleit. Dass er so etwas je vergessen konnte? »Hochedelgeborene, hochgeehrte Herren Commissarien«, so müsste es lauten, so müsse er schreiben, denn nicht der Vikar, auch nicht der Amtsverwalter, sondern die Commissarien würden entscheiden! Das wäre richtig, das wäre gut. Sie würden helfen. Warum war ihm das nicht früher eingefallen? Erleichtert stimmte er den Eröffnungsvers aus dem 70. Psalm des Graduale Romanum an: »Deus, in adjutorium meum intende …« Jetzt würde das Schreiben leichtfallen, bald würde er gehört!

»Ich bin Ihnen auf immer verbunden und verharre meiner Hochedelgeborenen Herren treu gehorsamster Diener Mathias Merges«, das sollte ganz am Schluss stehen. Dabei spürte er eine große, deutliche Hoffnung, die er fast anfassen konnte. »Danke«, murmelte er, während er zur hölzernen Gottesmutter hinübersah, die den zu klein geratenen Jesus im Arm hielt, »danke.«

Nachsatz: Der Pfarrherr Mathias Merges erreichte durch sein Schreiben erstmals im Sommer 1786 die gewünschte Ablösung in Geld oder Korn.

Ein Jahrgeding*

In der Nacht auf Andreas war das Wetter umgeschlagen. Als sich Diderichs am Morgen auf den Weg machte, stand der Himmel voll fahler Helle und die Luft war diesig. Ab und an brach die Sonne durch Wolkenfetzen, beleuchtete die im Dunst aufdampfenden Wälder, ließ die Rauchschwaden verblassen, die sonst, wenn er in der Dämmerung diesen Weg nahm, überall dort aufstiegen, wo Köhlerhütten standen.

Er fror. Sein Lager in St. Thomas war klamm gewesen und er hatte sich bis zum Morgen nicht wärmen können. In Meisburg war Jahrgeding und während er Fuß vor Fuß setzte, legte er sich Erklärungen zurecht, wie er die Äbtissin über einen Brandherd in Kenntnis setzen konnte, dessen Funke jederzeit übergreifen und – dessen war Diderichs sich sicher – die ganze Gegend bald ins Elend stürzen würde. Die krumme Lies, des Reitmeisters Witwe, der er nach einer überstandenen Seuche das Haus mit Essig gereinigt und danach frisch gekälkt hatte, war auf seinen grüblerischen Zustand aufmerksam geworden und hatte ihm geraten, um die Mitternacht ein Feuer zu entzünden und sein Anliegen in die Flammen zu sprechen. In der Asche, die übrig bliebe, würde er ein Zeichen finden und den rechten Weg dazu. Das Feuer hatte Diderichs gemacht und lange in die Glut gestarrt, aber als sie verglomm, war nichts als grauer Staub geblieben.

Bis zu den verlassenen Gehöften von Rackenbach begegnete ihm niemand. Das letzte Jahrgeding ging ihm durch den Kopf. Ein Spektakel war es gewesen. Schon in aller Frühe hatten sich Untertanen und Gehöfer vor der Kirche eingefunden, Schöffen und Stockbesitzer standen in lautem Gespräch, spekulierten über die zu verhandelnden Streitigkeiten und das mögliche Strafmaß. Düfte von Braten und

* Gerichtstag

frischem Brot waren über den Platz gezogen. Erbsen mit Speck gab es, das Fleisch drei Finger über die Schüssel hinausragend, dazu ein Sester Wein, den die Äbtissin auf den Stein bei der Kirche hatte setzen lassen.

Die Äbtissin, Anna Apollonia Mohrin von Waldt, war ihm noch deutlich vor Augen: Sehr schlank und sehr aufrecht hatte sie in ihrem Stuhl mit der hohen Lehne vor dem Kirchenportal gesessen, einen Stab in der Hand. Das dunkle Tuch, das fest um Kopf und Schultern geschlungen war, hatte sich abgehoben vom Weiß ihrer Haut, die durchscheinend schien, wie bei einer Heiligen. Da waren die Schöffen gewesen. Kniend hatten sie eine Hand ans Kruzifix gelegt und geschworen, gerecht und verschwiegen zu sein und zum Wohl des Gerichts und der Gemeinde, in Verantwortung vor Gott und dem Grundherrn, ihr Amt auszuüben.

Alles Mögliche war verhandelt worden. Begnadigungssachen, Gesträuch und Holzungen, Wild- und Fischbestände, Früchte, Hühner und Flachs. Um Johannes Webers und dessen plumpe Beleidigungen gegenüber seiner gnädigen Grundherrschaft ging es, um das Erbe des Matheis Flesch von Deutesfeld, um Philiphen Wientz, der als Aufseher für Büsche und Waldungen zwei Bäume gestohlen hatte. Diderichs dachte an Margarete Blonzen, die der Zauberei bezichtigt worden war, ihre Schandtaten aber nicht gestehen wollte. Nie hatte er Margarete über den Weg getraut. Wie sollte man auch einem Weib trauen, das Männer mit Blicken behexen und Blut stillen konnte? Viel zu mild war sie davongekommen, weil die Zeugen keine rechten Beweise brachten. Auch die Klage der Apollonia vom Schwickerather Hof, der Frau des Rademachers, war abgewiesen worden. Dabei hatte die alte Zirvas böszüngig und für alle hörbar herumgetragen, dass Apollonia ehebrüchig sei, den Wagener Theiß mit allerhand Leckereien locke und nicht in Ruhe ließe. Einzig widerrufen musste die Alte und nur für den Fall, dass sie keine Ruhe gäbe, hatte man ihr mit allerhand Peinlichkeiten gedroht. Ähnlich verfuhr die Äbtissin im Fall des verschwundenen Bienenstocks am Schafbach, obwohl dem Angeklagten die Hinterlist ins Gesicht geschrieben stand. Auch die Sache mit dem gestohlenen Pflug am Feiertag Maria Geburt, die Pachtstreitigkeiten wegen eines Gartens auf dem Bungert, die Brandstiftung an der Schneidemühle: Wenn weiterhin so glimpflich verhandelt würde, so dachte Diderichs, würden Frevel und Dreistigkeiten bald ins Unermessliche reichen.

Am Drees* holte ihn ein Ochsenfuhrwerk ein. Obwohl die beiden vorgespannten Tiere kräftig waren und mit aller Kraft zogen, kam es nur langsam vorwärts. »Eine Schinderei ist das!«, fluchte Paulus Unterster, der auf dem Bock saß und immer wieder die Peitsche über die schweißnassen Tierrücken gehen ließ. Er war ein knochiger Kerl mit fahlen Haaren und weit auseinanderstehenden wässrigen Augen. Als er Diderichs erkannte, sprang er ab, blieb aber dicht bei seinen Tieren, deren Stricke er sich um die Hände wickelte. »Das ist schon meine zwanzigste Fuhre. Verdammte Buckelei! Und jetzt hab ich auch noch den Zehnten zu expedieren«, begann er und ohne Diderichs' Gruß zu erwidern, keifte er: »In unseren Gruben waren letztes Jahr nicht mehr als 600 Karren Erz zu holen! Gibt gute hundertfünfzig Karren Eisen. Aber die Äbtissin klagt! Meint, es müsste mehr zu holen sein. Jedes Jahr klagt sie.« Diderichs besah sich die Ladung. Rotbraune Erzbrocken, mit Seilen gesichert, ragten über die Seitenwände des Karrens hinaus. Das Zuggewicht musste enorm sein. Er rechnete. »Hundertfünfzig Wagen Eisen … Wenn ich mir vorstelle, wie viel Holzkohle dafür verfeuert wird.« Unterster nickte. »Es ist kaum noch welche zu kriegen. So wie jetzt war es noch nie.« Er zwinkerte Diderichs zu. »Man

---

* Wasserquelle

muss schon erfinderisch sein, um an Kohle zu kommen. Wer schlau ist, ist im Vorteil.« Diderichs zögerte. Schließlich sagte er: »Schlau nennt Er das? Wir haben den gleichen Weg. Ich will die Sache mit dem Holz vorbringen. Was für die Eisenhütten recht und gut ist, ist für den Wald ein Übel. Überall Kahlschläge und Verhau! Unsere Berge zeigen nackte Schädel, die kein Gesträuch mehr deckt.« Er sah, wie sein Begleiter die Tiere strenger ins Geschirr nahm. »He, he«, rief Unterster, indem er einen der Ochsen in die Seite stieß, dann am Strick riss und Diderichs wütend ansah. »Gehört Er also zu denen, die um den Wald fürchten? Um den Wald braucht keiner zu fürchten! Aber um uns! Wir brauchen Holz! Holz um jeden Preis!«

»Genau deshalb werde ich ...«

Unterster fuhr dazwischen: »Etwa zu Gericht rennen? Das hat noch nie geholfen! Wir müssen selbst sehen!«

»Sieht Er denn nicht, wo das Selbstsehen hinführt?«

»Wenn wir uns nicht selbst helfen, hilft uns keiner. Letztes Jahr, da hatt ich noch Fuhren ins Ausländische. Auch Eisen hab ich gefahren. Große Geschosse für die Stadt Köln, Kugeln aller Kaliber, Takenplatten und Kessel, Töpfe und Stubenofen. Dieses Jahr nichts davon. Höchstens Erz für Malberg und Quint. Und allen geht es gleich. Was meint Er, warum mir schon fünf Karren geplündert worden sind, die Ochsen abgespannt und fortgeführt? Das kommt noch dazu. Die verdammten Banden! Das Strafmaß müsste verdreifacht werden!«

Diderichs dachte an die milden Urteile der Äbtissin. »Verdreifacht werden müssten neue Pflanzungen! Der Raubbau an Holz muss ein Ende haben! Hier wird ja alles gefällt. Sogar junge Bäume. Man schreckt nicht mal davor zurück, aus Obstbäumen Kohle zu machen. Wenn das so fortgeht, gibt es bald kein Obst mehr! Der Wald wird von allen gebraucht. Nicht nur für das Eisen. Was soll aus den Bauern werden?«

»Ach, die Bauern … So schwätzt nur einer, für den nichts auf dem Spiel steht! Wenn wir mehr produzieren, geht es allen besser. Auch den Bauern. Ohne Kohle können wir aufgeben.«

»Kohle gibt es aber nur, wenn es genügend Wald gibt!«

»Wenn wir etwas genug haben, dann Wald.«

Diderichs Augen blitzten. »Hier wird so getan, als ob das Holz wächst wie Salat. Das ist kurzsichtig und leichtsinnig. Und dumm dazu!«

»Dumm also sind wir …« Unterster packte die Wut, dass die Adern an seiner Stirn schwollen. »Wage Er das noch mal!«

Diderichs ließ sich nicht einschüchtern. »Wir müssen einen Überblick bekommen über das Bepflanzen und das Abholzen. Außerdem müssen die Köhler unter Aufsicht gestellt werden. Sie holzen was das Zeug hält. Nicht wenige von denen sind nebenbei Wilddiebe!«

Unterster ballte die Fäuste. »Das sind Unterstellungen! Nichts als Unterstellungen!«, schrie er und fügte hinzu, dass die Äbtissin nichts auf Unterstellungen gäbe und ihn mit seinem Ansinnen in hohem Bogen vom Platz werfen ließe. »Weder die Äbtissin noch sonst jemand interessiert sich für den Wald. Es kommt einzig darauf an, Eisen zu machen. Viel Eisen. Sonst nichts. Nur das …«

»Aber Eisen kann Er schließlich nicht fressen!«

Für diesen Satz wäre Unterster ihm fast an die Gurgel gesprungen, wenn nicht gerade in diesem Moment ein Stein dazu beigetragen hätte, dass ein Rad brach, was Unterster auf den Gipfel der Rage brachte. Er stöhnte und fluchte, schlug nach den Tieren, verdammte Diderichs, dessen üble Gedanken nun dazu geführt hätten, dass er womöglich das Jahrgeding versäume und zudem sein Tagewerk verplempert und vergeudet sei. Mehrfach verwünschte er ihn, wollte ihn verjagen, riet ihm abzuhauen, den Zeitvorteil zu nutzen, um seine Sache zur Äbtissin zu tragen. Zuerst dachte Diderichs wirklich daran, sich aus dem Staub zu machen. Als er aber die verrutsche Ladung betrachtete und Unterster, der sich wutschnaubend daran machte die Ochsen abzuspannen, überkam ihn Mitleid.

Schweigend wuchteten sie die Brocken vom Wagen, keuchten unter dem Gewicht. Dann hoben sie den Karren an, stützten das Fuhrwerk mit einem Balken und besserten das Rad aus. Mehr als drei Stunden zog sich die Prozedur.

Als Meisburg in Sicht kam, stieg bereits Nebel aus den Wiesen und die Dämmerung zog herauf. Auf dem Platz vor der Kirche standen Weiber scherzend über Kochtöpfen, tauchten Brot in Essensreste. Zu gerne hätte auch Diderichs zugelangt.

Vor dem Kirchenportal umringten Leute die Äbtissin. Angeklagt war Gilis Theis. Einen Kläger konnte Diderichs auf den ersten Blick nicht ausmachen, bemerkte nur, dass Augen blitzten und Fäuste geballt wurden. Unterster, der das Fuhrwerk abgestellt hatte, trat hinter ihn und reckte den Kopf. Ein Bauer flüsterte: »Hört, hört, das geht uns alle an.« Die Stimme der Äbtissin klang fest und sicher. »Es kann nicht angehen, dass der Angeklagte Gilis Theis weiterhin 400 Wagen Kohle liefern kann, ohne zu sagen, wo er das Holz her hat. Er wird Rechenschaft ablegen müssen. Aber weder seine Köhlerei darf gefährdet werden noch die Arbeit auf den Hütten. Auch muss jeder hier den Wert des Waldes als Weide für die Gemeinde anerkennen. Es gilt also …« Den Rest konnte Diderichs nicht verstehen. Er fragte Unterster, aber auch der schüttelte den Kopf. Diderichs hob die Hand hinters Ohr. Angestrengt horchte er: »… und deshalb ist ab heute jeder gehalten, Bäume anzupflanzen und zu pflegen. Das Schlagen von Eichen und Buchen ohne besondere Genehmigung ist verboten! Ich wiederhole: verboten!« Ein Rufen und Pfeifen hob an, eine energische Männerstimme sorgte dafür, dass die Äbtissin fortfahren konnte: »Jeder Hausstand verpflichtet sich jährlich zehn Eichen zu pflanzen, die frühestens nach 35 Jahren gefällt werden dürfen. Wir werden eine Bestandsaufnahme machen. Eine Kommission wird die Wälder bereisen und auch die Köhlerhütten begutachten. Für die Köhler wird es eine Aufsicht geben.« Der Rest des Satzes ging in Rufen unter. Zufrieden verschränkte Diderichs die Arme vor der Brust und drehte sich nach Unterster um. Der Platz hinter ihm war leer. In einiger Entfernung sah er, wie Unterster einem der Ochsen einen Tritt versetzte und mitsamt der Ladung vom Platz zog.

Zum Hintergrund: Im 18. Jahrhundert benötigten Hammerwerke, Bergwerke und Hochöfen der Eisenindustrie der Eifel große Mengen an Grubenholz und Holzkohle, die die Köhler in Holzmeilern aus Buchenholz herstellten. Dazu kam Bedarf an Bau- und Brennholz für die wachsende Bevölkerung. Die Eisenindustrie boomte. Die Holzkohlegewinnung führte allerdings zu einer zunehmenden Abholzung der Wälder. Als die prosperierende Eisenindustrie sich gegen die Konkurrenz aus dem Ruhrgebiet nicht mehr durchsetzen konnte und die einst dichten Laubwälder der Holzgewinnung zum Opfer gefallen waren, verarmten viele Menschen und wanderten aus. Erst während der preußischen Herrschaft ab 1815 wurde die Eifel großflächig mit Fichten aufgeforstet.

Weitere Bücher von Ute Bales

ISBN 978-3-89801-465-6
200 Seiten • Gebunden
22,80 EUR

Auch als Hörbuch-Download erhältlich:

Helga ist elf Jahre alt und zählt die Nächte. Die Dunkelheit ist groß. Im Verschickungsheim auf Föhr ist jeder allein. Keiner kann dem anderen helfen. Die Erzieherinnen überwachen, lauern auf, drangsalieren, befehlen. Ihre Sätze sind kurz. Zwei, drei Worte. Hinsetzen. Mund halten. Aufessen. Leise sein. Aus dem Nichts heraus schlagen sie zu. Oft mit Kleiderbügeln. Nichts entgeht ihnen.
Bei Helga setzt ein wiederkehrender Alptraum ein: Sie muss an glühenden Steinen vorbei, die ihre Größe verändern, sich vor ihr auftürmen, den Weg versperren und aus dem Boden wachsen. Hinter den Steinen steht ein Mann an einem Xylophon. Er spielt einen rasenden Rhythmus und die Schlägel, mit denen er auf das Instrument hämmert, sind aus Knochen.
Helga spürt, dass da etwas ist, das sie nicht benennen kann. Wie eine dunkle Wolke fühlt sich dieses Etwas an, das permanent über ihr schwebt.

Jahre später stehen Reporter vor der Tür. Sie drängen ins Haus, befragen den Vater. »Was wollten die eigentlich von dir?«, will Helga wissen, als die Reporter weg sind. Der Vater weicht aus. »Sie suchen nach alten Geschichten, weil sie nicht mehr wissen, über was sie schreiben sollen.«

Weitere Bücher von Ute Bales

ISBN 978-3-89801-442-7
246 Seiten • Gebunden
19,80 EUR

Er kniete auf dem nassen Boden und zog die Mütze vom Kopf. Regen tropfte ihm ins Haar, ein Tropfen, noch einer, wieder einer, immer mehr. Die Tropfen blieben kurz hängen, drehten sich, liefen die Haare hinab, zogen sie mit ihrem Gewicht nach unten, bis sie sich anlegten und strähnig wurden. »So ein Berg«, sagte er, »das muss einfach klar sein, darf nicht einem gehören, auch nicht allen, sondern – niemandem.«

Der Roman erzählt vom Fortgehen und Bleiben und vom Verschwinden einer Landschaft mit einer langen Vergangenheit.

ISBN 978-3-89801-402-1
410 Seiten • Gebunden
22,80 EUR

Sie ist Anfang zwanzig; er Mitte dreißig, Oberarzt mit besten Karriereaussichten, verheiratet. Nichts an ihm ist zufällig, nichts nebensächlich. Sie ist bereit, als er fragt, ob sie seine Arbeit unterstützen will. Saubere Menschen sind sein Ziel. Eine Rasse ohne Makel. Sie tut, was er sagt, verbeugt sich vor jedem seiner Worte.
Eva Justin und Robert Ritter entscheiden während der NS-Zeit über das Schicksal tausender von Menschen. Die Gutachten, die sie über die Sinti und Roma erstellen, bilden die Grundlage für deren Deportation in die Konzentrationslager. Nach dem Krieg setzen beide ihre Karrieren ungehindert fort.

Weitere Bücher von Ute Bales

ISBN 978-3-89801-080-1
280 Seiten • Gebunden
19,80 EUR

»Ich habe keine Tochter mehr«, sagt der Vater, als Angelika gegen seinen Willen im Juni 1919 den aufstrebenden Maler Heinrich Hoerle heiratet. Angelika ist 19 Jahre alt und empfindet den Bruch mit dem Elternhaus wie eine Befreiung. Aber die Zeit ist hart. Die Novemberrevolution scheitert, die Folgen des Ersten Weltkriegs sind augenfällig. Britische Militärs haben die Kontrolle über die Stadt übernommen, Kriegsversehrte dominieren das Straßenbild; die Leute hungern.
Für kurze Zeit gehört Angelika zum Kreis um Max Ernst, Hans Arp und Johannes Theodor Baargeld. Dann schließt sie sich mit Freunden zur Gruppe »Stupid« zusammen.
Sie ist 22, als sie an Tuberkulose erkrankt. Mittellos lässt Heinrich sie zurück …

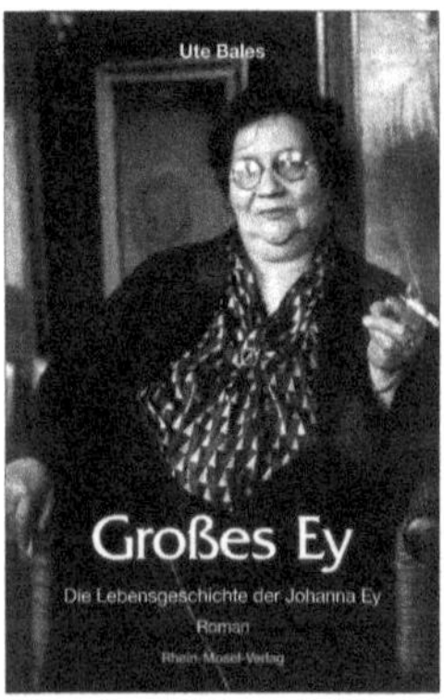

ISBN 978-3-89801-078-8
470 Seiten • Broschur
14,90 EUR

1907 eröffnet Johanna Ey unter ärmlichen Bedingungen einen Backwarenladen in Düsseldorf. Sie ist 43 Jahre alt und – nach einer leidvollen Ehe mit einem Alkoholiker – mit vier Kindern völlig auf sich gestellt. Der Laden wird bald zum Treffpunkt von Studenten der nahen Kunstakademie, die teilweise mit Bildern bezahlen. 1914 muss Johanna ihr Geschäft schließen. Die ihr verbliebenen Bilder verkauft sie und entdeckt, dass man damit Geld verdienen kann. Sie überlegt, eine Kunsthandlung aufzumachen. »Was meinst du, kann ich das schaffen, jetzt, wo ihr alle im Krieg seid?«, fragt sie einen der Künstler. »Wenn eine es schafft, dann du«, antwortet der.

Weitere Bücher von Ute Bales

ISBN 978-3-89801-057-3
520 Seiten • Gebunden
22,80 EUR

Pitt Kreuzberg beginnt 1907 ein Studium an der Düsseldorfer Kunstakademie. Er trifft auf eine Gruppe Künstler, die mit grellen Farben und starken Kontrasten den konservativen Kunstbetrieb erschüttern. In den Atelierhäusern und in der Backstube von Johanna Ey, einem Künstlertreff, geht es um mehr als bloßes Abbilden. Das Wesen der Welt ergründen und darstellen, wird zur tragenden Idee. Als sich Pitt Kreuzberg 1913 in der Eifel niederlässt und in der rauen Vulkanlandschaft seinen künstlerischen Auftrag erkennt, stehen nicht nur die Bauern des Dorfes dem brotlosen Maler misstrauisch gegenüber.

ISBN 978-3-89801-215-7
288 Seiten • Broschur
12,00 EUR

Im Frühjahr 1901 werden Traud und ihre Mutter obdachlos. Sie sehen keinen anderen Ausweg, als sich auf den Höfen der Eifeldörfer als Wanderarbeiterinnen zu verdingen. Durch zusätzliches Hausieren mit Kamille sichern sie sich eine kärgliche Existenz. Als die Mutter stirbt, zieht Traud allein weiter. Der Roman beschreibt die endlose Wanderung der Traud durch die Eifel – vor, während und nach den beiden Weltkriegen, gekennzeichnet von Hunger, Elend und Ausgrenzung, aber auch von Schönheit, Würde und Größe und von einer ungewöhnlichen Liebe zu Paul.

Weitere Bücher von Ute Bales

ISBN 978-3-89801-400-7
188 Seiten • Broschur
11,00 EUR

Jeden Abend lehnt er an Marthas Tresen, unterhält sich, sieht fern, raucht. Vor allem trinkt er. Bier und Schnaps und alles, was Martha so anbietet. Meist lässt er anschreiben. Deckel voller Striche. Regelmäßig kommt seine Mutter, bezahlt die Deckel, weil sie es nicht aushalten kann, wenn er Schulden hat. Jedes Mal, wenn er nach Hause kommt, beklagt sie sich, wirft ihm vor, nicht zu arbeiten und schreit herum, dass er ihr mit seiner Sauferei noch die Haare vom Kopf frisst.

Dieser Roman wurde erstmals 2006 unter dem Titel »Der Boden dunkel« veröffentlicht. Die überarbeitete Fassung trägt den Titel »Amerika ist weit«.

ISBN 978-3-89801-070-2
480 Seiten • Broschur
13,50 EUR

Peter Zirbes, 1825 als Sohn eines Hausierers in einem Eifeldorf geboren, gilt wegen seiner musischen Neigungen schon früh als Sonderling. Durch einen Lehrer entdeckt er die Welt der Sprache. Auf seinen Hausierfahrten durch das Rheinland dichtet er, schreibt Lieder und Sagen, die er seiner Kundschaft vorträgt. Als der Schriftsteller Oertel auf ihn aufmerksam wird und ihn unterstützt eine Gedichtsammlung zu veröffentlichen, glaubt Peter Zirbes sich am Ziel aller Wünsche. Aber statt Anerkennung erntet er in seinem Dorf Spott, Missgunst und Ausgrenzung. Eine Hetzjagd auf ihn endet in einer Katastrophe.